中国人民大学国学院国学与管理丛书

总主编 ◎ 黄朴民 杨先举

向诸葛亮学管理

[张学信 杨先举 ◎ 著]

U0656956

东北财经大学出版社　　大连
Dongbei University of Finance & Economics Press

图书在版编目（CIP）数据

向诸葛亮学管理 / 张学信，杨先举著 . —大连 ： 东北财经
大学出版社，2011.1
（中国人民大学国学院国学与管理丛书）
ISBN 978 – 7 – 81122 – 994 – 3

Ⅰ. 向… Ⅱ. ①张… ②杨… Ⅲ. 诸葛亮（181～234） –
管理学 – 思想评论 Ⅳ. C93

中国版本图书馆 CIP 数据核字（2010）第 086765 号

东北财经大学出版社出版
（大连市黑石礁尖山街217号 邮政编码 116025）
教学支持：（0411）84710309
营 销 部：（0411）84710711
总 编 室：（0411）84710523
网　　址：http：// www. dufep. cn
读者信箱：dufep @ dufe. edu. cn

大连图腾彩色印刷有限公司印刷 东北财经大学出版社发行

幅面尺寸：170mm×240mm 字数：216千字 印张：14 1/2 插页：1
2011 年 1 月第 1 版 2011 年 1 月第 1 次印刷

责任编辑：孙　平 责任校对：孙　萍
封面设计：肖　菁 版式设计：钟福建

ISBN 978 – 7 – 81122 – 994 – 3
定价：30.00 元

目　录

导论

丞相祠堂何处寻，锦官城外柏森森。

映阶碧草自春色，隔叶黄鹂空好音。

三顾频烦天下计，两朝开济老臣心。

出师未捷身先死，长使英雄泪满襟。

—— [唐] 杜甫《蜀相》

中华民族崇尚英雄。英雄忠于民族，忠于社稷，忠于国家，忠于人民，舍身忘我，奋斗终生。他们像夜空中光辉璀璨的星，光照千秋；像原野中高耸挺拔的山，令人仰止。武侯诸葛亮就是这历史群星中最明亮的之一，是原野群山中最高昂的山峰之一。其精神、业绩应该得到颂扬，其内涵的治国、治军、治吏、律己思想应该挖掘和弘扬。

一 诸葛亮其人

诸葛亮，又称诸葛武侯。武侯是后主刘禅赐给诸葛亮的一个封号——武乡侯，因此人们称诸葛亮为诸葛武侯。

公元 181 年，汉灵帝光和四年，诸葛亮诞生。

据《三国志·诸葛亮传》记载："诸葛亮字孔明，琅琊阳都（今山东省沂南县）人也。汉司隶校尉诸葛丰后也。父圭，字君贡，汉末为泰山郡丞。"

据韦曜的《吴书》记载：诸葛亮的先祖原姓葛，居住在琅琊郡诸县。应劭的《风俗通》记载，先祖葛氏为秦末陈涉起义的将军葛婴。葛婴有功，但反被杀害。到汉文帝时，追念其诛灭暴秦有功，遂封其孙为诸县（今山东省诸城县）侯。《吴书》载，葛氏后迁往同郡西南的阳都县。由于阳都县里已先有姓葛氏人家，为了区别，乃将诸县迁移过来的葛氏，称之为诸葛氏。葛氏被封为诸县侯时，应是诸葛氏家族的鼎盛时期。（见《三国志·诸葛瑾传》裴松之注1）

据范蔚宗《后汉书》记载：诸葛亮的远祖诸葛丰，任汉元帝的可持节行事的"司隶校尉，刺举无所避"，为官威严正直，"京师为之语曰：'间何阔，逢诸葛'"（意思是说，由于诸葛丰断案公正，监狱中的犯人少了）。诸葛亮的父亲诸葛圭，任泰山郡丞，为人清正廉洁。

东汉光和四年（公元181年。凡后，在朝代纪年后出现公元纪年时，略去"公元"二字），该年有两个九月，正常的九月与闰九月，该年发生了一次日食，时间在第一个九月初一。传说诸葛圭家的次男诞生在闰九月初一。时任泰山郡丞的诸葛圭，距阳都县有几百里远，获知妻子章氏生下了一个男孩，他在备好的丝巾上写下一个大字"亮"，作为该子的名字，还附上一封信托人带给妻子，内容是：正如九月初一的日食所暗示的，人间面对的是黑暗，取这个名字"亮"，就是希望孩子能为世人带来光明，而且也和其兄瑾的名字含义近似，"瑾"是美玉，它也能发出温柔的亮光。还有另一说法，传说在章氏生下这个儿子的那个夜晚，曾有一颗大星辉耀阳都县城头，诸葛圭因此便为孩子取名为"亮"，取字为"孔明"（非常明亮）。诸葛亮家中还有两个姐姐，一个弟弟。

诸葛亮九岁（一说七岁）丧母，其父续娶一位宋氏为妻，为他们的继母；十二岁时丧父。失去双亲的诸葛兄弟，依靠辞官回乡的叔叔诸葛玄接济度日。童年的诸葛亮在叔父、兄长的帮助下，加之他幼小聪明，刻苦读书，学业大大长进。

东汉后期，统治集团日益腐败堕落，人民赋税、徭役沉重，水旱、蝗虫等灾害频发。公元184年，终于爆发了全国性农民大起义——黄巾起义，天下大乱。汉灵帝允许各地自行募兵防守，于是，青、徐、幽、冀、荆、扬、兖、豫八州军阀并起，曹操（三十岁）、孙坚（孙权父亲，与曹操同岁），身为朝廷命官，打着讨伐黄巾军的旗号粉墨登场。刘备（二十四岁）是一介草民，也趁机自行聚众募兵，进入了军阀行列。这时诸葛亮四岁。

不到一年时间，黄巾起义军失败，随后是各地豪强为争夺土地、掠夺人口而进行的混战。战火也波及诸葛亮的故乡琅琊郡。公元195年，诸葛亮十五岁，诸葛玄带着诸葛亮等前往豫章（今江西南昌附近）赴任，借以避乱。当时年已二十二岁的诸葛瑾，担负起维持家庭经济的重任，为另找生路，不得不离弃祖坟，携继母及妻儿离琅琊远赴江东，诸葛一家人从此离散，各奔西东。

诸葛玄带着诸葛亮姐弟四人，从徐州北部，南下到扬州管辖的豫章郡任太守。诸葛玄到达豫章不到一年，东汉朝廷又派朱皓为豫章太守。诸葛玄兵微将寡，只得匆匆撤离豫章，将诸葛亮一家带到了刘表的治所襄阳城，依靠老友荆州牧刘表的帮助过日子。一年后，诸葛玄忧郁成疾病故。

诸葛亮及其弟来到襄阳后，便在城南刘表办的"学业堂"学习儒家经典。他的两个姐姐分别由叔父做主，先后嫁给了襄阳的名流旺族，一个嫁给了庞德公的儿子庞山民，另一个嫁给中庐县（今南漳县）蒯家大族子弟蒯祺。建安二年（197年），诸葛玄死后，诸葛亮将叔父仅有的微薄财产变卖，直接晋见刘表，表明自己要自力更生地过生活。刘表十分高兴，帮助他们在离襄阳城西20多里的叫隆中的地方（当时归南阳郡邓县管辖）安顿下来，这一年诸葛亮十七岁。从此诸葛亮兄弟就一起以耕种为生，开始了晴耕雨读的隐居生活。直到建安十二年（207年），刘备三顾茅庐，请卧龙出山，诸葛亮在隆中整整寓居了10年。

在隆中的10年中，诸葛亮躬耕苦读，求师访友，先后师从荆襄高士、名隐庞德公、司马徽、和灵山鄷玖，结识了庞统、徐元直、崔州平、石广元、孟公威等朋友。孔明虽未出仕，但已是一个通晓天下大事，谙熟文武之道的战略谋划人才了。

诸葛亮十七岁那年娶黄承彦之女为妻，黄氏十分聪明贤惠，帮助丈夫持家教子，为蜀国建功立业。

公元207年，孔明出山，从此协助刘备，建立蜀国，南征北战，鞠躬尽瘁，直至公元234年8月，与北魏司马懿作战，病逝于五丈原军营之中，终年五十四岁。

二 大哉，诸葛亮

诗人杜甫称颂诸葛亮："出师未捷身先死，长使英雄泪满襟。"诸葛亮一生的伟绩与精神，主要表现在他为蜀国大业的鞠躬尽瘁、出师未捷身先死上。

三国先期，诸侯争霸，军阀林立。当时之世，君在择臣，臣也在择君。诸葛亮要实现自己"自比管（仲）、乐（毅）"的人生理想，必然"智者审于量主"。他为什么独选择了当时"尚无立锥之地"的刘备，作为自己出仕跟随的明主？分析大致有如下原因：

1. 刘备的为人"德布四方"。陈寿在《三国志·先主传》中说："先主（刘备）之弘毅宽厚，知人待士，盖有高祖之风，英雄之器焉。"刘备有务揽英雄之心的气质。

2. 刘备有"以仁治天下"之术，善于团结人。《三国志》本传和裴松之注引《魏书》都说到了这样一则故事：刘备当平原相时，郡中豪绅刘平因不服刘备而派刺客去杀他。没想到刺客见到刘备后，觉得他并不像刘平所言那么可恶而未下手。刘备对这个刺客待之若友，致使该刺客十分感动，"客以状语之（告以实情）而去"。可见刘备"其得人心如此"（陈寿语）。得人心者，事业可成。

3. 刘备为帝王之胄。刘备是汉景帝之子中山靖王刘胜的后代，汉景帝之玄孙。当时的皇上汉献帝还要叫他一声"叔"，所以有"刘皇叔"之称。尽管汉室已经扶不起来，但扶刘备与扶汉室无异。

4. 刘备有帝王之志。《三国志》说：先主少时，与宗族中诸小儿于树下戏玩，言"吾必当乘此羽葆盖车"，以示本人乃"真命天子"。刘备给自己的两个儿子起名字：一个叫刘封，一个叫刘禅，合起来是"封禅"之意。封禅，是君王祭祀天地的大典（登泰山筑坛祭天曰"封"，在山下辟基祭地曰"禅"）。此志向与诸葛亮的志向相通。

5. 刘备虽尚无立锥之地，但已经积聚了一个打不散的领导核心，如武有关羽、张飞等人，文有糜竺等人，形成了忠义诚信、患难与共的团队精神，成为成就事业的基础。这一切为诸葛亮所赞佩与认同。

6. 刘备在二十年的征战中，虽屡战屡败，但屡败屡战，已磨炼出一股百折不挠的斗争意志，积累了丰富的实践经验，还博得了"仁德"之人的美誉。

良禽择木而栖，贤臣择主而事。诸葛亮据上述理由而选择跟随刘备出山、出仕，并为刘备的事业而鞠躬尽瘁。

大哉，诸葛武侯。诸葛武侯之大，首先就大在忠君爱国的理想远大，识大势，顾大局，目光远大，因此，成就了大事业。诸葛武侯在待刘备、待蜀国问题上做出了如下值得称道的"大哉"的事：

1. **隆中对，占荆州，为魏、蜀、吴三分天下努力。**

诸葛亮在《前出师表》中说："先帝不以臣卑鄙，猥自枉屈，三顾臣于草庐之中，咨臣以当世之事，由是感激，遂许先帝以驱驰。"关于这事，《三国志·诸葛亮传》有记载：先主屯新野，徐庶向先主举荐诸葛亮，并说"将军宜枉驾顾之"。"由是先主遂诣亮，凡三往，乃见。"陈寿在他的《进诸葛亮集表》中说："左将军刘备以亮有殊量，乃三顾亮于草庐之中；亮深谓备雄姿杰出，遂解带写诚，厚相结纳。"此时诸葛亮二十七岁，刘备长于孔明二十岁。

刘备三顾茅庐，在最后一次刘备见到诸葛亮时，诸葛亮向刘备进献了一个非常重要的如何对付曹操、孙权的谋略思路，这就是著名的"隆中对"（"草庐对"）："将军欲成霸业，北让曹操占天时，南让孙权占地利，将军可占人和。先取荆州为家，后即取西川建基业，以成鼎足之势，然后可图中原也。"（《三国演义》第38回。凡后，凡引自《三国演义》中的话，只注明其出处回数）诸葛亮还提出了"联吴抗曹，占据荆、益"，然后待天下有变时而出兵宛、洛的战略主张。

诸葛亮在《前出师表》中说：臣"受任于败军之际，奉命于危难之间"。诸葛亮的第一个"大哉"，大贡献，就表现在当曹操进逼荆州、刘备十分困难的情况下，诸葛亮在博望坡设伏，放火烧曹军，火烧新野，挫败曹仁、曹操。以后，诸葛亮为刘备出奇谋，与江东孙权联合抗击曹操。为此，他亲赴江东，当孙刘联兵的说客，舌战群儒，草船借箭，祭借东风，实现了孙刘联手，在赤壁借火攻之力大败曹兵。刘备趁势占领了荆州的江南四郡，建立了根据地，为魏、蜀、吴天下三分奠定了基础。

抢夺荆州，诸葛亮的主要贡献可以概括为以下三点：（1）以科学的眼光分析敌我态势，说服、帮助孙权坚定了联合刘备共同抗曹的决心，并全力支持周瑜，最终取得了赤壁之战的胜利；（2）充分利用荆襄的民心和地理优势，周密部署，乱中取利，占领了荆州南部的四个郡：零陵、桂阳、长沙、武陵，为刘备创业取得了战略立脚点；（3）巧妙地阻止了东吴入川的企图，维护了已经取得的荆州根据地，为进军西川、实现"隆中对"目标，迈出了坚实的第一步。

2. 进益州，入成都，诸葛亮治蜀功勋卓著。

赤壁大战后，三国分立的形势基本形成。荆州地势险要，处在扬州的上游，关系吴国的安危，孙权对荆州是势在必争的。在魏、吴的双重压力下，刘备既得荆州，还必须得到益州，否则很难成立蜀国。

（1）**经营荆州**。关于荆州还得较详细地写上这么一笔：公元208年赤壁大战后，刘备占领荆南四郡；公元209年，刘备成为荆州牧；公元211年，刘备应刘璋之邀，与庞统等人领兵入益州，留诸葛亮与关羽镇守荆州。此间诸葛亮抓紧时间经营荆州，恢复经济，安抚民众。公元213年，刘备在益州进攻刘璋受阻，调荆州军支援。公元214年，诸葛亮与张飞、赵云等率军溯江而上，进军益州，留关羽守荆州。关羽镇守荆州5年，可惜，后来因骄傲自大，大意失荆州，败在孙权、吕蒙手下，败走麦城而死。诸葛亮在荆州驻留7年，与吴国搞联盟，管理荆州取得了成绩，为实现西进益州创造了条件。在这些事情上，诸葛亮功不可没。

（2）**和平入主成都**。先是诸葛亮用计使"西凉兵"的领军人物马超归顺了刘备。马超本是成都刘璋的盟友，马超归顺刘备，迫使刘璋投降。同时，刘备先遣法正给刘璋写信劝降；又遣能言善辩的简雍做说客拜见刘璋，刘璋见大势已去，只好投降，刘备和平入主成都。

（3）**以法治蜀**。刘备夺取益州后，诸葛亮着手组建新的政权，举贤任能，罗织人才，设"招贤台"从民间求贤才。诸葛亮治蜀安民，实行法治，邀请蜀中有影响的代表性人物法正、李严、刘巴和荆州的尹籍等人共同制定了蜀汉最早的法律——《蜀科》。诸葛亮实行以法治蜀政策，打击豪强恶霸的不法行为，没收其控制的盐、铁产业的经营权，遏制他们对民田的兼并掠夺。诸葛亮还亲自写了《八务》、《七戒》等训令，实行"教戒为先，诛罚为后"的政策。在经济上，诸葛亮实行了"与民生息，奖励农耕"政策，重视水利，官营盐铁；统一货币，充实国库；鼓励蜀锦生产，增加财政收入；维护栈道，重视交通等；倡导节俭，抑制奢风。诸葛亮治蜀业绩非凡，功勋卓著。

大哉，诸葛亮的第二个大贡献，乃帮助刘备经营荆州，占据益州，和平入主成都，建立政权，选贤任能，以法治国，奖励农耕，发展经济，使西蜀出现了"风化肃然"的治世局面。

3. 白帝城，备托孤，诸葛亮受命担重任。

建安二十二年（217年）冬，刘备采纳法正建议，命诸葛亮留守成都，以法正为军师，亲率大军，进军汉中。后因进军受阻，调诸葛亮发益州兵支援，建安二十四年（219年）五月，占领汉中。鉴于曹操已被封为魏王，汉室已名存实亡，因而在诸葛亮等人的策划下，刘备在汉中自称汉中王，立刘禅为太子。后返回成都，在成都建立了蜀汉政权。此刻，刘备五十九岁，诸葛亮三十九岁。

建安二十四年（219年）八月，就是刘备在汉中称王后的第二个月，留守荆州的关羽，发动了襄樊战役，向曹军发起猛烈攻击，时逢天降大雨，关羽水淹曹七军逼近樊城，围困襄阳，擒于禁，斩庞德，降服魏荆州刺史胡修，震动华夏中原。鲁肃死后，孙刘联盟呈现危机，加上关羽高傲，无视东吴，违背了"联吴抗曹"的战略方针，曹操却与吴搞起了联盟，使关羽腹背受敌，加上荆州内部不和，关羽终于败走麦城，被东吴所杀，荆州被吴魏两国瓜分。从此，魏、蜀、吴三国鼎立局面形成。

荆州失守，关羽阵亡，引起了刚刚勃兴的刘备集团的强烈反响。建安二十五年（220年），曹操死（六十六岁），曹丕废汉献帝刘协，自立为帝，建魏国。在诸葛亮等众大臣的策划下，为举起复兴汉室大旗，刘备于建安二十六年（221年）四月于成都称帝，建汉国，史称蜀汉，改年号为章武，任诸葛亮为丞相。

为给关羽报仇，刘备不听诸葛亮等人的劝阻，悍然兴兵伐吴。章武二年（222年），刘备伐吴在夷陵大败。

章武三年（223年），刘备在白帝城病死，终年六十三岁。临终前向诸葛亮托孤，诸葛亮跪拜受命。刘禅继位，改年号为建兴，封诸葛亮为武乡侯，总揽蜀国军政大权。

在这段历史时期，诸葛亮的第三个"大哉"，可概括为三点：（1）诸葛亮援兵帮助刘备取得了汉中，并策拥刘备称王；（2）曹丕废汉献帝、建立魏国并称帝后，诸葛亮支持汉中王称帝，举起复汉大旗，建立蜀汉；（3）刘备夷陵兵败、白帝托孤后，诸葛亮辅佐后主刘禅继位，巩固了蜀汉政权，开始了诸葛武侯年代。

4. 攻心为上，攻城为下，诸葛亮挥师平南中。

关羽失荆州，刘备兵败夷陵，蜀汉元气大伤。吴蜀联盟破裂，蜀汉政权面临内政、外交的双重困难。越西郡的"渠帅"高定起兵作乱，益州豪强雍恺聚众行凶，杀益州郡太守正昂，并把诸葛亮派去的继任太守张裔执送东吴，欲联结孙权。孙权也染指南中，蜀汉危机四伏。

在这种情况下，诸葛亮先是采取与民休养生息政策，积极做好内部工作，恢复蜀汉元气。在外交上派尚书邓芝出使东吴，重建吴蜀联盟，讨回张裔；同时闭关息民，治戎讲武，积蓄力量，恢复国力；并令南部关隘加强防务，对南中采取"抚而不讨"的怀柔政策，做说服争取工作。

经过近两年的努力，蜀国"民安食足"，实力达到"而后用之"的程度。这时，诸葛亮一改"抚而不讨"政策，再也不能容忍雍恺等势力继续猖獗，决心发兵平定南中。

蜀汉建兴三年（225年）三月，诸葛亮兵分三路：东路马忠，从今宜宾出发，剿歼朱褒；中路由李恢率领，从平夷（今贵州毕节县）出发，抄袭雍恺、孟获后方；诸葛亮率主力为西路军，从成都出发，直攻叛军老巢越西的高定。

临行前，参军马谡对诸葛亮说："南蛮恃其地远山险，不服（朝廷）久矣。""夫用兵之道：'攻心为上，攻城为下；心战为上，兵战为下。'愿丞相但服其心足矣。"（第87回）诸葛亮采纳其策。

诸葛亮在南征中，对深得"夷、汉所服"的南人首领孟获实施"攻心"战术，将孟获擒了，但不杀不辱，令将其放回，"七擒七纵"，孟获感动地说："丞相天威，南人不复反矣。"在此期间，马忠歼灭了朱褒；李恢也打破叛军。三路大军会师于滇池（今昆明市南普宁县东）。

大哉，诸葛亮第四大贡献，在南征中实行"攻心为上"、"民族自治"之策，起到了"不留兵而留兵"的作用，尊重少数民族的宗教信仰和民族心理，同时传播了中原文明，开发南中，使南中出现了"夷、汉粗安"的局面，成为蜀汉稳定的后方。

5. 北伐中原，六出祁山，诸葛亮为兴汉而战。

"北定中原，兴复汉室"是刘备生前的最终目标。平定南中后，诸葛亮一方面派侍郎费祎出使东吴，进一步巩固吴蜀联盟，以求北伐时无东顾之忧，争取孙权的"犄角之援"；另一方面"治戎讲武"，励精图治，积极准备北伐中原。

蜀汉建兴四年（226年），魏文帝曹丕死，太子曹睿继位，称为明帝。诸葛亮鉴于魏国新君立位，经验不足，于是在第二年春，向后主刘禅上《前出师表》，提出"今南方已定，兵甲已足，当奖率三军，北定中原……兴复汉室，还于旧都"。

从建兴五年（227年）起，诸葛亮开始北伐，到建兴十二年（234年），先后六出祁山，五次北伐，艰难曲折。在第五次北伐中，司马懿督步骑精兵20万与之战，双方主力对峙于渭水边，司马懿不管诸葛亮采取各种办法诱战，只是坚守不出，如此相持百余日。诸葛亮欲战不能，欲退心不甘，郁劳成疾，于八月二十八日病逝于五丈原军营。

大哉，诸葛亮为实现刘备"北定中原，兴复汉室"的遗愿，鞠躬尽瘁，直到"出师未捷身先死"。在前后长达8年的北伐抗争中，他取胜而不骄，有难不灰心，一而再，再而三地与曹魏征战，六出祁山，五伐中原，为理想奋斗不已。这是诸葛亮为蜀做出的第五个大贡献。

6. 鞠躬尽瘁，渭水呜咽，诸葛亮魂归五丈原。

公元234年三月，刘汉王朝的最后一个皇帝汉献帝刘协被曹丕废除后死于山阳县，直到秋八月才以帝礼入葬。同年八月末，为蜀汉操劳了一生的诸葛亮在五丈原的军营中溘然长逝。后人有评论："汉之不亡则（武）侯不死；侯死而汉乃真亡矣。"诸葛亮与汉献帝刘协生于同年（公元181年），卒于同年（公元234年），都是五十四岁，这属巧合。但人们以此之同来推证诸葛亮对汉室的忠贞，昭示诸葛亮与汉室同生死，共命运。

诸葛亮率军出褒斜谷，入魏境内，从二月至八月历时七个月，是蜀军历次北伐中时间最长的一次。诸葛亮因劳累过度，身体越来越不好，食少无眠，连续吐血，自感不会长留于世，便致信成都后主，信中愿请陛下清心寡欲，约己爱民。不久，又密表后主举荐蒋琬："臣若不幸，后事宜以付（蒋）琬。"（《三国志·蒋琬传》）诸葛亮还请特使李福向后主转达，他死后就近葬在定军山，一切从简处理。诸葛亮还准备给东吴的家兄诸葛瑾写信，告知养子诸葛乔（诸葛瑾的次子）在初出祁山时不幸于街亭阵亡的事。诸葛亮还给侄儿诸葛恪、小儿诸葛瞻写信，嘱咐他们要善自为人，善自处事，诸葛亮著名的三篇《诫子书》就是这样留给人世的。

诸葛亮死后，蜀汉北伐大军不得不扶柩而退。在撤退途中，汉军按诸葛亮生前的部署，回师反掩，吓退了司马懿的追兵，留下了"死诸葛吓走生仲达"的千古佳话。

大哉，诸葛亮的精神。诸葛亮为了自己的政治理想，为酬谢先主刘备的知遇之恩，奋斗到生命的最后一刻，做到了鞠躬尽瘁，死而后已，用鲜血和智慧为后人浇注了一座永恒的、令人敬仰的丰碑。

三 诸葛亮之识

如何认识诸葛亮？

"三顾频烦天下计，两朝开济老臣心。出师未捷身先死，长使英雄泪满襟。"杜甫的认识代表了我国人民对诸葛亮的基本认识。

现在有人对诸葛亮有非议,为此我们作辨析。

非议大致有三:(1)世人以成败论英雄,诸葛亮北伐没有成功,斯人不必那么称颂;(2)我们看到的是《三国演义》中的诸葛亮,与正史中的诸葛亮多有不合,《三国演义》中的诸葛亮与刘备是虚伪之徒;(3)《三国演义》中的诸葛亮,能呼风,能辨星象,能掐算阴阳等,是个妖魔人物。

我们认为上述看法是不妥当的。

1. **看一个人是否是英雄,要看其所作所为是否符合历史发展之需要,是否符合国家之需要,人民之需要,有没有客观真理性。**诸葛亮的一生行为,是符合当时三国历史发展需要的,是符合蜀国国情需要的,是符合蜀国人民需要的,有一定的真理性。诸葛亮奋斗一生,打了一辈子的仗,胜多败少,赤壁之战是胜战,举世闻名,历史称道。最后五丈原之战,也不能说诸葛亮是败军,蜀军是因为诸葛亮之亡而主动撤军,是并无损失之仗。

2. **《三国演义》与三国正史,如《三国志》有区别,这不假,但其最基本事实没有不同。**有人说,《三国演义》与《三国志》七分是相像的。有人说,在《三国演义》中刘备对人民有点虚伪,如好哭,这可以讨论,但诸葛亮对人民不虚伪,对其主刘备不虚伪,对蜀汉国家不虚伪,对蜀国人民不虚伪。

3. **《三国演义》是演义,是小说。演义、小说为了提高其可读性,是允许虚构某些内容、某些情节的,甚至出现某些荒诞成分,可以理解,不必拘泥、计较,心领了、意会了就可以。**说诸葛亮是妖魔,相信绝大部分中国人是不会作这样认识的。

让我们继续就诸葛亮的正面评价再谈些看法。

1. **史学家的看法。**西晋史学家、平阳侯陈寿奏晋武帝司马炎的《进诸葛亮集表》中说:"(刘)备称尊号,拜(诸葛)亮为丞相,录尚书事。及备殂没,嗣子幼弱,事无巨细,亮皆专之。于是外连东吴,内平南越,立法施度,整理戎旅,工械技巧,物究其极,科教严明,赏罚必信,无恶不惩,无善不显,至于吏不容奸,人怀自励,道不拾遗,强不侵弱,风化肃然也。"对于诸葛亮的才智,陈寿的评价是:"亮之器能政理,抑亦管(仲)、萧(何)之亚匹也。"

2. **古人、今人的看法。**(1)唐朝宰相裴度说:"度尝读旧史,详求往哲，或秉事君之节，无开国之才，得立身之道，无治人之术。四者备矣，兼而行之，则蜀丞相诸葛公其人也。"（2）唐人杜甫、白居易等人写诗歌颂诸葛亮。如杜甫说："出师未捷身先死，长使英雄泪满襟。"（3）今人顾毓琇在《满江红·长江赤壁（上阕）》一词中说："滚滚长江，浪淘尽，英雄俊杰。叹蜀相，鞠躬尽瘁，出师未捷。借箭东风烧赤壁，抚琴天水悲明月。至今留，两表见忠贞，空心血。"

3. 我国领导人的看法。毛泽东不仅在战争中多次借鉴诸葛亮的智与谋与敌人战，新中国成立后，在处理国内外问题上也曾多次借鉴诸葛亮的智慧。如1950年4月，毛泽东对董其武将军说：有人害怕共产党，那有什么可怕呢？共产党心口如一，表里一致，没有私利可图，要团结一切可以团结的人，把我们的国家搞好。你看过《三国演义》吧？共产党就是以诸葛孔明的办法办事，那就是"言忠信，行笃敬，开诚心，布公道，集众思，广众益"。毛泽东很注意维护民族团结。他说："诸葛亮会处理民族关系，他的民族政策比较好，获得了少数民族的拥护……这是诸葛亮的高明处。"毛泽东还提倡学习诸葛亮的"眉头一皱计上心来"的思考智慧和创造精神。1962年2月，毛泽东与南京炮兵工程学院院长孔从周谈话时，用诸葛亮改革兵器，发明了一次可连发十支箭的连弩机提高射箭准确性的故事，强调了科学技术在军事改革上应用的重要性。他也多次提倡人们要学习诸葛亮的"鞠躬尽瘁，死而后已"的精神，他自己也表示，为人民我要做到鞠躬尽瘁，死而后已。（马银春：《毛泽东与四大名著》，24～27页，北京，中国档案出版社，2008）

4. 当代一般人的看法。你喜欢京剧吗？京剧中就有不少有关诸葛亮的剧目，其内容多半都是歌颂诸葛亮的，或歌颂他忠于蜀国，或歌颂他足智多谋，著名的剧目有《借东风》、《空城计》等。你喜欢电视剧吗？电视剧有诸葛亮的剧。那广泛流传于世的"三顾茅庐"、"三请诸葛"、"三个臭皮匠，抵一个诸葛亮"等成语，说明人们喜欢诸葛亮。人们期盼自己有诸葛之才，人们称颂有智慧的人，说他（们）的聪明"赛诸葛"。

现在，我们可以对诸葛亮做出一个较为正确的评价了。

1. **是政治家。**他治理蜀国、治农、治经济、治边防、治少数民族很有成绩。他实行德政、法治。他是出色的外交家，联合孙权，与曹操抗衡，取荆州，进益州，以此为基础，南平南中，北伐中原，为复兴汉室而奋斗。

2. **是军事家。**他熟读兵法，自己还写有兵书《将苑》。《将苑》是一本有名的兵书，内有很多著名的观点，如"兵权"、"将材"、"厉士"等。他在《南征教》中说的"用兵之道，攻心为上，攻城为下；心战为上，兵战为下"，是代表诸葛亮用兵智慧的名句。他还善用兵，如他在建安十三年（208 年），与孙权、周瑜一起在赤壁抗击曹操，以少胜多，转危为安，仗打得漂亮极了。他在与曹魏、孙吴作战中常常取胜。平定南中之战，七擒孟获，六出祁山北伐中原之战等，无不显示其军事才能。

3. **是著名文化人。**他有文才，写有诸多好文章，如《隆中对》，前、后《出师表》，《诫子书》等，在中国文学史上占有一席之地。

4. **还是一位发明家，能工巧匠。**他发明了"连弩"之箭，制造了"木牛流马"。

5. **最为主要的是他的为人，具有高风亮节的品德。**他有忠心，忠于蜀国，忠于蜀国人民，忠于自己的信仰；有诚心，对同僚诚，对百姓诚，对友人诚，对亲人诚；有公心，执法如山，心平如秤，"尽忠益者，虽仇必赏；犯法怠慢者，虽亲必罚"。

6. **但也有缺点。**如有封建的正统思想，做事过于拘谨，事无大小必亲躬。在用人问题上也有失误之处等。由于历史的局限，由于种种原因，我们不可过分苛求于古人。让我们从诸葛亮的优秀品德、成功智慧中汲取营养，为我们中华民族的复兴大业服务。

在我国历史上，西汉文帝、景帝有"文景之治"的盛世业绩；唐太宗李世民有"贞观之治"的盛事业绩；清康熙、乾隆有"康乾之治"的盛世业绩。

唐朝有位政治家叫孙樵，他从"文景之治"、"贞观之治"中得到启示，有感诸葛亮治蜀成绩卓著，把诸葛亮治蜀称为"武侯之治"。我们借用孙樵的话，以"武侯之治"为基本思路，写作本书，探求诸葛亮的管理智慧，古为今用。

本书主人公是诸葛亮，分四篇："治国"、"治军"、"治吏"、"律己"。

1. "治国"。研讨诸葛亮的治国之道。实行以法治国，包括治农、治经济、治外交、治边疆、治少数民族等经验，研讨他的国富民安理想。

2. "治军"。研讨诸葛亮的治军用兵之道，他是怎样运用兵法思想指挥作战的，如何庙算，如何伐谋，如何预测先知，如何出奇用巧，如何施应变术，如何带兵、练兵、备战等。

3. "治吏"。研讨诸葛亮的治吏经验。治理好吏，才能治理好国家。治理官吏主要包括用好人、管好人，人尽其才，各得其所。要靠"两治"来做好这方面工作，即德治与法治，实行法治，教化为先，严明赏罚，举贤任能。

4. "律己"。诸葛亮有良好的道德操守。这是他静以修身、俭以养德得来的，是淡泊明志得来的，是宁静致远得来的，是严以律己得来的。诸葛亮的品德、人格，正人先正己的精神，鞠躬尽瘁、忠心安民的精神，永远值得人们学习。

本书采用类似"蒙太奇"的手法"放映"诸葛亮的典型论述、典型故事，从中探析其所蕴涵的管理智慧及其现代价值。

本书借鉴吸收了前人的一些研究成果，我们对这些成果的作者表示深深谢意。

　　本书是我们对学习历史知识的一次检阅。由于知识水平有限，书中错误在所难免，欢迎专家、读者指正。

 治国

第 一

南阳原是一名儒，鱼水君臣万古无。

孺子不才非治命，托臣讨贼是良图。

心悲王业三分鼎，力尽偏安六尺孤。

绵竹双忠俱血食，可怜累世为捐躯。

—— [清] 李调元《武侯祠》

一 诸葛亮出山

　　东汉末年，汉王朝垂危，农民军大起义，各路诸侯群雄争霸，天下大乱。在各路英雄逐鹿争霸中，其强者霸相逐渐显现：曹操挟天子以令诸侯是一位，他逐步统一了中国北方九州；孙权借助父兄的遗业占据江东是又一位；另一个英雄人物是刘备，他以一介草莽的形态出现，颠沛流离，最后寄居在刘表属下，在新野小县里蛰居着，但他试图争霸之志不减。

　　刘备，字玄德，涿郡涿县人，汉景帝之子中山靖王刘胜的后代。刘备幼年家境衰败贫寒，和母亲靠织席贩履为生。十五岁时随同郡名儒卢植学习儒家经典。黄巾起义后，因参加平叛有功升为高唐县令。刘备在北方群雄混战中没有固定的立足地盘，先后依附于北方豪强公孙瓒、陶谦、曹操、袁绍名下，最后于建安六年（201 年）南下荆州依附刘表。刘表把刘备安排到新野屯驻，以抵抗曹军南下，一驻就是 7 年。

　　刘备于公元 184 年在楼桑村起兵，到公元 201 年投奔刘表时已转战了 18 个年头。在这 18 年征战中，胜少败多。此刻的刘备虽无领地，却形成了一个打不散的刘备集团的核心力量：武有关羽、张飞、赵云等良将；文有糜竺、孙乾、简雍等忠臣。但最应该拥有的是一位能够帮助他出谋划策、运筹帷幄、有济世雄才的人。

上述最后一句话的语意是水镜山庄司马徽说的。刘备在逃避刘表妻子蔡夫人对他的追杀中，慌不择路，闯入了南漳县的水镜山庄。水镜先生为刘备的兴汉真诚所感动，在与刘备谈话中直言说道：你虽有关羽、张飞、赵云，皆万人敌，可惜尚无善用之人，也就是还缺少良辅，缺少"经纶济世之才"。良辅者，不惟忠义而已，必当有深谋远虑，调理阴阳，运筹帷幄，决胜千里，娴知政理兵机之才。刘备说：我也曾从各方面留心朝中俊杰，探求山野遗贤，但总未得。水镜先生说："岂不闻孔子云：'十室之邑，必有忠信。'何谓无人？"水镜先生又说：不知明公是否听到过荆襄有这样的童谣："到头天命有所归，泥中蟠龙向天飞。"这个"天命所归，龙向天飞"，大概就应在将军你身上了。水镜先生又说：蟠龙者，非应将军一人，此间尚有一名士称"卧龙"，一名士称"凤雏"的，"两人得一，可安天下"。天下的奇才，都隐居在这里，明公应当下决心去探访寻求。（第35回）

另一个促使诸葛亮出山的是孔明好友徐庶的举荐。徐庶，字元直，颍川人，是诸葛亮的至交，比诸葛亮年长十几岁，也是一位足智多谋之士。后来，徐庶找到了刘备，刘备请徐庶做军师。徐庶帮助刘备用计谋袭取了樊城，使曹仁败回许昌。曹操了解到刘备的军师是徐庶，就设计谋非要把徐庶挖过来不可。徐庶孝敬父母。曹操使人把徐母从颍川骗到了许昌，胁迫徐庶归曹。为救母亲，徐庶决定回许昌。刘备尊重徐庶意愿让徐庶离去。刘备亲自相送徐庶。此刻，徐庶向刘备推荐了诸葛亮："此间有一奇士，只在襄阳城外二十里的隆中。"又说：这个人的才能绝非一般，"以某比之，譬犹驽马并麒麟，寒鸦配鸾凤耳。此人每尝自比管仲、乐毅；以吾观之，管、乐殆不及此人。此人有经天纬地之才，盖天下一人也"。"此人乃琅琊阳都人，复姓诸葛，名亮，字孔明，乃汉司隶校尉诸葛丰之后。其父名珪……（现）躬耕于南阳。尝好为梁父吟。所居之地有一冈，名卧龙冈，因自号为'卧龙先生'。此人乃绝代奇才。使君急宜枉驾见之。若此人肯相辅佐，何愁天下不定乎？"（第36回）这使玄德记起水镜先生对他说过的话：伏龙、凤雏，"两人得一，可安天下"。经徐庶的举荐，刘备更加坚定了寻觅"卧龙"

的决心，于是引出了"猥自枉屈，三顾茅庐"的历史佳话。

"三顾茅庐"。"顾"，拜访之意。顾者刘备，被顾者诸葛亮。刘备顾了三次才见到诸葛亮，所以人们俗称"三请诸葛"。

关于"三顾茅庐"的事，诸葛亮在《前出师表》中有反映："先帝不以臣卑鄙，猥自枉屈，三顾臣于草庐之中，咨臣以当世之事，由是感激，遂许先帝以驱驰。"

关于"三顾茅庐"的故事，正史有记载。陈寿的《三国志·诸葛亮传》中就有：先主屯新野，徐庶向先主刘备举荐诸葛亮，并说"将军宜枉驾顾之"。"由是先主遂诣亮，凡三往，乃见。"陈寿在他的《进诸葛亮集表》中又说："左将军刘备以亮有殊量，乃三顾亮于草庐之中；亮深谓备雄姿杰出，遂解带写诚，厚相结纳。"

据《三国演义》第37、38回说，刘备去求见诸葛亮时，态度十分真诚。第一次去卧龙冈，诸葛亮外出，扑空；第二次是冒雪去的，因为诸葛亮"闲游"去了，仍然没有见着；第三次去，诸葛亮虽然在家了，却"昼寝未醒"，刘备与义弟关、张，就在门外耐心地静候多时，不贸然进。

刘备猥自枉屈去见诸葛亮，据《三国志·诸葛亮传》，刘备对关羽、张飞是这样说的："孤之有孔明，犹鱼之有水也。"

关于这，有人说，除了诸葛亮本身有超众的才华使刘备倾倒外，更重要的是诸葛亮与襄阳地区的豪强势力庞德公，荆州地区统治集团中的实权派蔡氏和蒯氏，以及失宠的刘表长子刘琦三股势力有关，是这三股势力编织的（诸葛亮的）豪华关系网，使刘备欣然而去，以便借助这个关系网，使之能在荆州地区站住脚，能在群雄混战中取胜。这种分析可以参考，但我们认为，据诸葛亮的为人品德看，他是不会去编织这个关系网的，另据后续故事的发展情况去看，这个分析也缺乏事实作佐证，欠理，不足信。

这里，让我们约略地说说刘备。刘备，生于公元 161 年，卒于公元 223 年，终年六十二岁（按农历算法应为六十三岁）。刘备是中山靖王之后，出身贫寒，父早死，与母相依为命，靠编织、卖席子苦度岁月，但小少有志，想振兴汉业。刘备初很不得志，年轻时当过县尉、县令、司马等职。他的前半生常寄人篱下，曾寄居在公孙瓒、陶谦、曹操、袁绍、刘表等人处生活。刘备得以发展有所成就，就是因为他得了"水"，因为有了诸葛亮，使他这条"鱼"得以畅游起来。刘备善识人、用人，如用了诸葛亮，还有关羽、张飞、赵云、马超、黄忠等人。刘备十分重仁义，对自己、对父母、对儿子、对兄弟、对朋友、对百姓讲仁，甚至有时对坏人、敌人、仇人也讲仁。

贤君择士而用，良臣择主而仕。被刘备"三顾茅庐"请出的诸葛亮是位人才。他是良相，是善能治国的良相。刘备兵进益州，把荆州交给诸葛亮管理；刘备兵进汉中，又把益州的管理权交给诸葛亮。刘备临终，则把后主及江山放心地托付给了诸葛亮，请诸葛亮管。对此，诸葛亮十分感动，感谢刘备的知遇之恩，在行动中对刘的事业做到了鞠躬尽瘁，死而后已。刘备与诸葛亮，真可谓是鱼水情深，成为千古佳话。

诸葛亮善治国。陈寿在《进诸葛亮集表》的奏章中有这样评价的话："亮之器能政理，抑以管（仲）、萧（何）之亚匹也"；自刘备白帝城托孤之后，西蜀"事无巨细，亮皆专之。于是外连东吴，内平南越，立法施度，整理戎旅，工械技巧，物究其极，科教严明，赏罚必信，无恶不惩，无善不显，至于吏不容奸，人怀自厉，道不拾遗，强不侵弱，风化肃然也"。

陈寿在《诸葛亮传》中对诸葛亮还有这样的评述："诸葛亮之为相国也，抚百姓，示仪轨，约官职，从权制，开诚心，布公道；尽忠益时者虽仇必赏，犯法怠慢者虽亲必罚；服罪输情者虽重必释，游辞巧饰者虽轻必戮；善无微而不赏，恶无纤而不贬；庶事精练，物理其本，循名责实，虚伪不齿；终于邦域之内，咸畏而爱之，刑政虽峻而无怨者，以其用心平而劝戒明也。可谓识治之良才，管、萧之亚匹矣。"

诸葛亮的老师、好友水镜先生司马徽，夸奖诸葛亮说：诸葛亮有"经纶济世之才"，可与春秋时期辅佐齐桓公称霸的管仲、战国时期大破齐兵的燕国上将军乐毅、兴周八百年之姜子牙、旺汉四百年之张子房相比。诸葛亮之好友徐庶评价孔明是"绝代奇才"。

曹操的主簿刘晔，当曹操征伐张鲁以后，不想再去攻伐蜀国了，他对曹操说："不可！""诸葛亮明于治而为相"，"今不取，必为后忧"。(《三国志·刘晔传》)魏文帝曹丕即位，欲伐蜀，征求太尉贾诩的看法，贾诩说："刘备有雄才，诸葛亮善治国"，伐蜀实难。(《三国志·贾诩传》)北魏的司马懿也认为自己不如诸葛亮有才华。孙权阵营中的周瑜、陆逊等人也十分佩服诸葛亮的才智。蜀国虽小，但"诸葛亮善治蜀"，成为北魏、东吴不敢轻视蜀国的一个原因。

站在历史的角度来看，三国之争，主要的或说实际上是魏汉之争，是曹操集团和刘备集团争夺全国统治权之争。三国分立，主要是魏汉分立，构成了中国由遭受长期战乱走向恢复统一的一个过渡阶段。曹操、曹丕治魏，统一了中国北方各州；诸葛亮治汉，经营了中国的西南地区。他们采取的各种措施，也革除了一些东汉的恶政，这在客观上对于促进全国的统一都起到了有益的作用。关于这，毛泽东在读《三国志》时，就是以统一、进步为标准来观察这个问题的，他说："三国的几个政治家、军事家，对统一都有所贡献。"（马银春：《毛泽东与四大名著》，20页，北京，中国档案出版社，2008）

诸葛亮治蜀，集中了前人的智慧，也认真总结了两汉政权由盛到衰的教训，从维护封建统治者的中央集权出发，采取减轻赋税和徭役，采取温和抚恤的民族政策，鼓励农商，发展经济，整顿吏治，改善民风，缓和内部的矛盾，促进了经济的发展，出现了富国强兵局面。对此，范文澜在他所著的《中国通史》中说："诸葛亮的隆中定策，本想再一次走汉光武帝的道路"，由于客观形势的变化，没能成功；但诸葛亮在主观努力方面，"确是达到无以复加的高度，凡是封建统治阶级可能做到的较好措施，他几乎都做。因之，他的攻魏计划虽是失败了，他所治理的汉国，在三国中却是最有条理的

一国"。（范文澜：《中国通史》（第二册），268页，北京，人民出版社，1963）

三 《隆中对》

诸葛亮是一位政治家。他的政治智慧，首先体现在他的政治远见上。诸葛亮的杰出的"隆中对"，就体现了他的深远的政治设计理念。

"隆中对"的"对"，是一种文体，是彼此两人间的一种对话，这里作对策讲。"隆中对"的"隆中"，是指提出对策的地点，是在诸葛亮所居住的南阳隆中卧龙冈这个地点。在隆中那个地方的一个草庐之中，诸葛亮与刘备两人商谈兴业、创国、建国、复兴汉室对策。因为"隆中对"是在草庐中说的，所以它又被称为"草庐对"。

"隆中对"是诸葛亮为刘备立志复兴汉室所作的一个战略规划，也是他为刘备"兴复汉室"所提出的并为之奋斗终生的一个行动纲领。

据《蜀志》载：先主诣亮，凡三往，乃见，因屏人曰："汉室倾颓，奸臣窃命，主上蒙尘。孤不度德量力，欲信大义于天下，而智术短浅，遂用猖獗，至于今日。然志犹未已，君谓计将安出？"对这个问题，诸葛亮似乎早已成竹在胸，回答如下：

"自董卓（造逆）以来，豪杰并起，跨州连郡者不可胜数。曹操比于袁绍，则名微而众寡，然操遂能克绍，以弱为强者，非惟天时，抑亦人谋也。

"今操已拥百万之众，挟天子而令诸侯，此诚不可与争锋。孙权据有江东，已历三世，国险而民附，贤能为之用，此可以为援而不可图也。

"荆州北据汉、沔，利尽南海，东连吴会，西通巴、蜀，此用武之国，而其主不能守，此殆天所以资将军，将军岂有意乎？益州险塞，沃野千里，天府之土，高祖因之以成帝业。刘璋暗弱，张鲁在北，民殷国富而不知存恤，智能之士思得明君。

"将军既帝室之胄，信义著于四海，总揽英雄，思贤如渴，若跨有荆、益，保其岩阻，西和诸戎，南抚夷越，外结好孙权，内修政理；天下有变，则命一上将将荆州之军以向宛（南阳）、洛，将军身率益州之众出于秦川，百姓孰敢不箪食壶浆以迎将军者乎？

"诚如是，则霸业可成，汉室可兴矣。"

上述《隆中对》全文，刊载于陈寿的《诸葛亮集》中，在《三国志》和《三国演义》中都有同样的记载。

《隆中对》大致讲了如下思想：（1）袁绍强于曹操，但争霸中却败于曹，原由就在于曹有人谋。（2）曹操得天时，挟天子而令诸侯，孙权获地利。（3）荆州要地，益州险塞，君必争之。（4）君宜据荆、益州之要，西和诸戎，南抚夷越，外结好孙权，内修政理，事业必成。

诸葛亮是指着挂在草庐中堂的西川地图讲上述话的。他说："此西川五十四州之图也。将军欲成霸业，北让曹操占天时，南让孙权占地利，将军可占人和。先取荆州为家，后即取西川建基业，以成鼎足之势，然后可图中原也。"玄德闻言，避席拱手道谢："先生之言，顿开茅塞，使备如拨云雾而见青天。"（第38回）

应该十分佩服诸葛亮的为人。诸葛亮出山之前是个隐士，是山野村夫，是看似散懒的人，但是他并没有忘记世界，脱离现实，隐居中仍然十分关心天下大势。请看，在这篇《隆中对》的文字中，他对当时的时事了解得多么清楚，洞察得多么透彻，分析得多么精辟，观点多么清晰犀利。真可谓，孔明未出茅庐，已知天下三分事。

《隆中对》，许多学者都专门做过研究。有的说它讲的是科学决策观，有的说它讲的是长远的战略规划思想，都有道理。但是，说它是"科学决策观"也好，说它是"战略规划思想"也好，《隆中对》中深深地隐含着、印烙着浓浓的治国智慧与管理思想。

《隆中对》，绝大部分研究者对它持肯定态度，但也有极个别人对它有非议。非议的人说，《隆中对》，是诸葛亮乘天下动荡混乱之机，玩手段，耍手腕，对人（刘表、刘璋等人）玩了落井下石、趁火打劫、乘危摘桃的把戏，夺取他人的战略要地荆、益两州。此说，我们不能苟同。第一，作战、打天下，是属"死生之地、存亡之道"（孙武语）的事，作战是绝不能讲温良恭俭让的，必须讲"庙算"，讲"运筹"。第二，孙武说："兵者，诡道也。"打仗必须讲"诡"，讲"诈"，讲"间"，讲"乘隙"，讲"钻缺"，否则就是对人民不仁，在这里无所谓落井下石问题，无所谓趁火打劫问题，无所谓乘危摘桃问题。第三，检验真理的标准是实践。广大人民渴望结束战乱，恢复安定。**在秦汉以来四百年统一的影响下，统一是大局所趋，人心所向。**《隆中对》执行的事实证明，蜀国有了，三国有了，国家最后走向统一的基础有了，这个趋势符合人们的期望。该《隆中对》何错之有？我们认为，这个《隆中对》，这个战略决策，是投之于地当当作响的伟大杰作。

四 治国重"谋"

从本题开始，我们准备就《隆中对》所说的五段话，从三国角度，从现实角度，逐段地分五题谈些看法。

"自董卓（造逆）以来，豪杰并起，跨州连郡者不可胜数。曹

治国 第一 **25**

操比于袁绍，则名微而众寡，然操遂能克绍，以弱为强者，非惟天时，抑亦人谋也。"

上语是《隆中对》中首语。

创国、治国在于重"谋"。《隆中对》首语说的就是"谋"的问题。

诸葛亮是从分析形势说起的："自董卓造逆以来，豪杰并起，跨州连郡者不可胜数。"接着说到曹操与袁绍，说他们之间的力量对比关系。袁绍是世代三公，占有冀州、青州、幽州、并州等地，是华北的霸主；当时的曹操只是一个校尉而已，只占据着兖州一个郡，如诸葛亮所说的"名微而众寡"。然而曹操最终却打败了袁绍，兼并了袁绍的领地。这是什么缘故？诸葛亮说："以弱为强者，非惟天时，抑亦人谋也。"

"谋"的主体是人，是人伐"谋"。"谋"有两个方面的问题：目标状态的"谋"，即名词形态的"谋"，计谋、谋略；行为状态的"谋"，即动词形态的"谋"，谋划、运筹。"谋事在人"所说的"谋"，就是行为状态的"谋"，去谋划某个目标。"上兵伐谋"所说的"谋"，就是目标形态的"谋"，计谋实施之后所想获得的利益及效果。我们提倡伐谋，这个"谋"应该是这样的，执行后所取得的效果是总体的、长远的，而不是局部的、一时的，属于战略性谋划。

曹操因为善于执行这样的谋划观，谋总体，谋全局，谋长远，袁绍却不能，所以曹操胜了，袁绍败了。例如，曹操坚持"挟天子以令诸侯"这样的谋略。

让我们说说**曹操**。曹操是蜀国与诸葛亮的主要敌人。在我国的京剧舞台上，有关曹操的戏很多，如《捉放曹》、《击鼓骂曹》，曹操都是以大白脸的形象出现的，即以大奸臣的面貌出现的。但是，实事求是地说，这个评价对曹操并不公平，说曹操这些坏话，主要是具有封建正统思想的那些人的看法。客观上应该作这样的认识：曹操是位很有作为、很有能耐的人，懂政治，懂武略，有文才。

1. **是政治家。** 曹操参加镇压黄巾起义，讨伐董卓，迎汉献帝（刘协）入许都（今河南许昌东），挟天子以令诸侯，灭袁术、袁绍，成为我国北方地区的实际统治者，东汉领土十三州中的九个州，实际已控制在曹操手里。他抑制豪强，重视农业，促进了社会的生产与经济发展，他善用人才，实行开明政治，实行法治，把中国北方统一起来了。

2. **懂武略，是军事家。**曹操善打仗，如与袁绍作战，以少胜多，取得了官渡之战之胜。赤壁战败后，他并不气馁，依然矢勤矢勇，亲征乌桓，三下江东，四出汉中。他熟读兵法，为《孙子兵法》作注，是历史上著名的十一位为《孙子兵法》作注的第一人。

3. **是大文豪，是诗人。**曹操写有一手好诗，是曹氏三大诗人（曹操、曹丕、曹植）之一，他写的《短歌行》、《龟虽寿》等诗作，十分有名。

以上说的是曹操正面形象的一些内容，但他这个人**确实有负面性，有阴毒面**，且很突出，如他说"宁教我负天下人，休教天下人负我"，乱杀吕伯奢、王垕、董承等。有人评价曹操是个"治世之能臣，乱世之奸雄"，此说有理。

4. **对曹操作总体评价。**我们认为，**论其功绩，正面还是主要的，如统一中国的北方地区等，错误、负面是次要的**。针对有人对曹操所作的奸面评价，鲁迅、郭沫若等人主张为他平反。

再回过头来看《隆中对》中的首语，有两点思想值得注意：（1）诸葛亮告诉刘备，曹操原来是弱旅，但弱的最后胜了强的，胜了袁绍，你刘备只要好自为之，做好"谋"的工作，也是能战胜曹操他们的；（2）"谋"重要，曹操胜袁绍，不仅靠天时，更是靠了"谋"。

以弱胜强的事很多。中国共产党在解放战争初期，与国民党比，是弱旅。但由于我们党有正确的"谋"，如坚定地实行"以农村包围城市"的"谋"，最终我们胜了。

再讲点今天的现实，2008 年出现了世界性金融危机，也波及我国，我们国家实行正确的"谋"以应对之，即实行积极的财政政策、适度宽松的货币政策，全面贯彻落实好应对国际金融危机的"一揽子计划"，并根据形势变化不断丰富和完善，使我国经济逐步地走出困境，显现出了经济复苏的曙光。

五 治国的天时、地利、人和问题

"今操已拥百万之众，挟天子而令诸侯，此诚不可与争锋。孙权据有江东，已历三世，国险而民附，贤能为之用，此可以为援而不可图也。"

上述是《隆中对》中的第二句话，说的是曹操、孙权在彼此抗争中所据有的实力和有利条件：曹操"已拥百万之众，挟天子而令诸侯"，得天时；孙权"据有江东，已历三世，国险而民附"，得地利。此话的后面意思是，你刘备该如何去对待上述情况呢？

从现代管理角度来说，说的是管理有个环境问题。你为了把管理工作搞好，你要审度一下，你的管理得不得天时？得不得地利？即环境情况怎样？你该如何办？

关于曹操得天时问题，上题讨论中已说及，这里略。关于孙权得地利问题，需要说几句。

孙权，字仲谋，是孙坚的儿子，孙策的弟弟。吴的天下最早是孙坚、孙策开创起来的，孙策在 26 岁的时候，在一次战事中因负重伤不治而死，把继续事业的责任传承给孙权。孙策死前对比他小 7 岁的弟弟孙权说："举江东之众，决机于两阵之间，与天下争衡，卿不如我；举贤任能，各尽其心，以保江东，我不如卿。"孙权所得的地域是孙坚、孙策靠兼并其他军阀的土地而得来的，据有我中华长江下游的江南大部地区及部分江北地区，据有扬州和淮河地区，称之为江东，人口众多，地域富庶。有如此好的地域，这叫得地利，加之孙权善用人，善纳谏，善治理，孙权的天下强大。

治理国家、管理事业是要讲顺天时、应地利的。天时重要，曹操得天时，曹操立；地利重要，孙权得地利，孙权立。这天时、地利，叫做环境问题，属于社会环境和自然环境问题。其实治理、管理国家更应该讲政治环境、经济环境、外事环境、法律环境、人文环境等。诸葛亮为刘备所设计的创国、立国、治国的《隆中对》，就深深地印烙着这个思想，诸葛亮要刘备着力做好"人和"工作，争取民心工作。

孟子说过"天时不如地利，地利不如人和"（《孟子·公孙丑章句下》）的话。你据有的"天时"不如人，你据有的"地利"不如人，就必须依靠做好"人和"工作来弥补你的"天"与"地"的不足。所谓"人和"，就是要做好你的赖以生存的政治环境、经济环境、外事环境、法律环境、人文环境等方面工作，使各方面关系"和"起来。

"人和"，是对应于"天时"、"地利"而说的一个概念。古老的中华文化，是以家为本位的，家族文化是文化的主要现象。现在我们对"人和"这个概念作一种新的理解，**把"人和"理解为相对于"家和"、"国和"的一个新概念。**"人和"是"家和"的基础，"家和"是"国和"的基础。有所谓"家和万事兴"的话，国是家的扩大化，有家才有国，有国才有家。"家和万事兴"了，家家都万事兴了，国家自然万事成了，这也说明"人和"问题的重要。

"人和"问题，就是要处理好与环境的关系问题。国家也好，单位也好，企业也好，都是处在一定的环境之中的。现在我们暂时不说国家，说微观，说企业。企业是国家、社会大系统中的一个子系统。在国家、社会这个大系统中，企业与国家、社会大系统中其他子系统相互联系，相互影响，相互制约。这国家、社会中种种子系统合起来就构成了企业的外部环境。企业的外部环境是企业赖以存在、赖以发展，又异于企业之外的系统。

企业外大系统中的子系统内容很多，不外乎两个方面问题：大的环境子系统与小的环境子系统。大环境，企业所处的环境，比如国家环境、社会环境、政治环境、经济环境、法律环境、人文环境等，企业必须与之协调，使自己"适应"环境，使自己与各方面的关系相"适应"，相"和谐"，"适者生存"，"和者生存"。小环境，企业的具体工作环境，即企业在从事生产经营活动中所面临的与其关系至密的几个外部环境因素，诸如原材料供应者、生产经营资金的提供者、零部件协作生产供应者、交通运输保障者、竞争者、消费者等，必须与之搞好关系，也使之"适"起来，"和"起来，"适者生存"，"和者生存"。

现在让我们再回过头来说治国，我们力争在治国问题上，得"天时"、得"地利"，并做好"人和"工作。在"天时"不得情况下，在"地利"不得情况下，如诸葛亮言，我们一定要全力搞好内外"人和"工作，也就是说要尽量地发挥我方人和的优势。

六 抢占有利地势

"荆州北据汉、沔，利尽南海，东连吴会，西通巴、蜀，此用武之国，而其主不能守，此殆天所以资将军，将军岂有意乎？益州险塞，沃野千里，天府之土，高祖因之以成帝业。刘璋暗弱，张鲁在北，民殷国富而不知存恤，智能之士思得明君。"

以上是诸葛亮为刘备谋划的隆中对策中的第三句话。

诸葛亮上述话，是开导刘备，要刘备为创业必须据时、据势，抢地盘，争地利，夺地势，以建立立足根据地。其中，特别提到必须抢占荆州，夺取益州问题，使之获得帝王之业。

荆州，包括南阳、南郡、江夏、武陵、零陵、桂阳、长沙等七个郡。其地位的险要性，诸葛亮在这段文字中说得很清楚，"荆州北据汉、沔，利尽南海，东连吴会，西通巴、蜀，此用武之国"，并指出，"而其主不能守，此殆天所以资将军，将军岂有意乎？"荆州是兵家必争之地，诸葛亮要刘备务必去占有这个地方。

益州，包括汉中、广汉、巴郡、蜀郡等。诸葛亮说："益州险塞，沃野千里，天府之土，高祖因之以成帝业。"而那里的统治者刘璋却暗弱无能，在北的张鲁，民殷国富而不知存恤，那里的文臣武将对现状不满，渴望出现一位明君。诸葛亮希望刘备努力地去成为这样的明君。

诸葛亮的《隆中对》是正确的。诸葛亮出山后，就是按此思路行事，取得了重要成果。请看历史发展的最初事实。

最初曹、孙、刘三国之争，首先就是在荆州问题上展开的，三家都是为了力争一个有利于己不利于敌的地域。

当时的荆州形势是这样的：曹操大兵压境，荆州之主刘琮在其母亲蔡氏指使下向曹操献了降书，刘备兵败当阳退守江夏。在这危急万分的时刻，诸葛亮亲赴东吴，智激孙权和周瑜下定决心联刘抗曹。周瑜和诸葛亮都赞同在敌众我寡的情势下用火攻破曹。周瑜于是设离间计，利用曹操派到东吴的奸细传递信息，使曹操除去了自己的水军统领；周瑜又用反间计促成了曹操相信黄盖的诈降；由庞统向曹操献连环计，使曹军的战船连锁，为施行火攻创造条件；孔明利用漫天大雾施草船借箭；在决战时刻，周瑜借用孔明之智，选择了东南风起之日实施总攻，终于在这场赤壁大战中创造了以少胜多、以弱胜强，大败曹军的辉煌胜利，从而遏制了曹军南下的势头，并为刘备顺势夺取荆州提供了机会。

赤壁之战的胜利，形成了荆州为曹、孙、刘三分的局面：曹操占有南阳和南郡的北部襄阳；东吴占有江夏与南郡；刘备则占据了荆州江南的四郡：武陵、零陵、长沙、桂阳。就刘备而言，从此有了自己抗争的立足根据地，为自己的事业成功建立了一个落足平台。诸葛亮的这个《隆中对》，虽然只是一个对策，但为刘备创国立下了汗马功劳，为刘备创建蜀国奠定了思想基础。

在争夺荆州问题上，请看孙刘两家之争。在赤壁大捷后，在孙刘与曹仁争夺南郡时，诸葛亮一气周瑜，乘机占领了南郡治所江陵；周瑜施美人计要赚刘备取荆州，诸葛亮二气周瑜，用计促成了事实上的孙刘联姻，使东吴赔了夫人又折兵；周瑜施"假途灭虢"计，要再赚荆州，诸葛亮将计就计，三气周瑜，保住荆州，致周瑜长叹"既生瑜，何生亮"，病发而亡。所有这些，就刘备、诸葛亮而言，一切的一切，为的是夺取一个自己立足之地。

现在我们联系中国革命史说些观点。中国共产党也是通过发动群众，建立革命根据地，走农村包围城市之路，然后打辽沈战役，打平津战役，打淮海战役，打渡江战役等，最后夺取了全国胜利。这个事实说明，诸葛亮在《隆中对》中所说的，争战必须争险要之地，建立根据地，以及根据地之争首先是民心之争等，这些观点是十分正确的。

再说点现实的商战中抢占市场地盘问题。商争如同军争，商争中某些地域市场，或是某些商品市场，是"荆州"，是"益州"，是必须与竞争对手力争的。有了这个地域市场、商品市场，我的市场面貌就会大不一般，胜券就将牢牢把握在我的手中。

七 治国重"方略"

"将军既帝室之胄，信义著于四海，总揽英雄，思贤如渴，若跨有荆、益，保其岩阻，西和诸戎，南抚夷越，外结好孙权，内修政理；天下有变，则命一上将将荆州之军以向宛（南阳）、洛，将军身率益州之众出于秦川，百姓孰敢不箪食壶浆以迎将军者乎？"

这是诸葛亮《隆中对》中的第四句话，是全文的核心内容。

《隆中对》的前三句话，说的是关于创国、建国、立国方面的理，第四句说的是关于治国方面的理。创了国后，立了国后，你刘备该如何来运作你这个国，使国家强大起来？

诸葛亮《隆中对》的第四句话，**为刘备开出的治国方略大致有五个方面内容**：一、"内修政理"；二、"外结好孙权"；三、"西和诸戎"；四、"南抚夷越"；五、"将军身率益州之众出于秦川"。诸葛亮为刘备开出的这个治国方略，总体上说是全面的、正确的。在诸葛亮出山辅佐刘备后，其实际运作也是按这样的思想进行的，收到了很好的治国效果。只是，刘备的义弟关羽及刘备本人，在他们的后一段生涯中，没有坚定地执行好"外结好孙权"这个方略，导致大错，使荆州失陷，蜀军大败于猇亭，刘备大挫，蜀国大挫。

关于这个方略思想，我们想着重说以下几点意见：

1. **治国必须有方略，有总体谋划设想。** 心中有天下，胸中有全局，才能把国家治理好，治国是不能走一步看一步的，更不能打乱仗。老子说"治大国若烹小鲜"（《老子·六十章》），主张治国要谨慎，有总体考虑，慎乎规律，不乱折腾，政策有连续性，使民众有所遵从。

2. **治国首要的是做好"内修政理"工作。** 国的工作不外乎两个方面：内的工作；外的工作。内的工作是主要的。韩非子说："治强不可责于外，内政之有也。"（《韩非子·五蠹》）内的工作搞好了，强盛了，就不用害怕其他风险的侵袭，犹如一个人自身肌体健康，百病自然就会消散。做好"内修政理"，包括搞好经济工作，是一种求己不求人的思想，自强不息的思想，自力更生的思想。踏踏实实地做好自己的工作以图强，这是最为重要的，关于这个问题，我们将另设专题讨论之，这里暂略。

3. **做好"外"的工作。** 两个方面的"外"：一是与外国结交的"外"。兵法书上叫"伐交"。诸葛亮在《隆中对》中提出的是，"外结好孙权"，这是十分重要的一个观点，一个战略考虑，是自己在求生存中借助他人之强的一种助力。事实证明，刘备与孙权结交了，就能克曹操百万之兵侵略之危，并大败曹操于赤壁。刘备与孙权失交了，刘备就遭受挫败。二是伐兵，与曹操开战。诸葛亮在《隆中对》中是这么说的，"将军身率益州之众出于秦川"，这是为了扩大自己的疆域，进而实现复兴汉室目标的一种努力，伐兵是强盛自己的必要手段，并且力争把仗打好。

4. **做好民族地区的工作。** "西和诸戎"，"南抚夷越"。西蜀地区是各少数民族聚集之地，有"诸戎"，有"夷越"，把"诸戎"、"夷越"的工作做好了，西蜀的天下才会太平，其统治才能巩固，同时使自己得以强大。

诸葛亮上述思想，对今人治国是有参考价值的。

八 治国重 "目标"

"诚如是，则霸业可成，汉室可兴矣。"

本句话，是诸葛亮《隆中对》中五句话的最后一句话，是全文的一个结语。这句话的意思是，假如上面说的四句话全都做到了，那么，刘备你的兴霸事业就可办成，你的复兴汉室目标就可实现。

《隆中对》五句话的逻辑是这样的：第一句，诸葛亮分析当时汉末形势，说那个时期是军阀割据，争权称霸，争夺地盘的时期。说曹操虽弱，但打败了袁绍，弱是可以演化为强的。第二句，说曹操据天时，孙权得地利，你刘备必须以"谋"善对之。第三句，说你刘备必须抢荆州、夺益州这两个战略要地以创业。第四句，诸葛亮为刘备指点治国之计。第五句，结语，是说：若这样做了，你的目标可以实现，霸业可成，汉室可兴。

本话也是全文的主题之语。**本话的主题是，刘备的作为，其志向，其抱负，其目标是兴汉成霸。**

说本句话的故事背景是这样的，刘备初见诸葛亮时，刘备请教诸葛亮："大丈夫抱经世奇才，岂可空老于林泉之下？愿先生以天下苍生为念，开备愚鲁而赐教。"还说："汉室倾颓，奸臣窃命，备不量力，欲申大义于天下。"诸葛亮为此讲了上述《隆中对》的话。诸葛亮的话，实际是回答了刘备如何"申大义于天下"问题，如何解决"汉室倾颓，奸臣窃命"问题，如何"成霸业"、"兴汉室"问题。

从正统思想说，刘备所持的抱负、目标——兴汉成霸，是可以理解的，可能也是正确的。从非正统思想说，刘备的抱负、目标就可以作另外的讨论了。关于这些，我们姑且不去深究它。

现在让我们从管理角度，说说关于目标方面的问题。

目标是一个普遍的命题。飞机飞行有目标，舰艇航行有目标，人们生存在世也应有目标，事业在世也应有目标，做管理工作也应有目标。

目标有大小之别。刘备兴汉成霸是其大目标，打好每一仗，如打好博望

34 治国 第一

坡之仗，打好赤壁之仗等是小目标。一个一个小目标实现了，大目标才能得以实现，这叫积小成大，积少成多，集腋成裘，积沙成塔。我们做人，做事业，做管理，在奋斗中也应有宏大目标，但也应有细微的具体小目标。

中国共产党，以实现共产主义为自己长远目标，以实现社会主义为近期目标。中国共产党在实现了新民主主义革命的任务后，在为社会主义革命、建设事业中继续奋斗着，现在正在为实现我国的和谐社会、小康社会目标而努力。

说企业管理。企业也应该有目标。企业是生产经营单位，自然要以取得盈利为目标。而且，企业对这个目标的追求，总是希望获利越多越好，即所谓利润最大化问题。但是，企业是公众社会的一员，是经济社会中的一个细胞，你的生长，你的发展，与社会对你的帮助是分不开的，你的衣与食是社会供给的，你生产中的原材料及其他生产条件等是社会供给的。你理所当然地要以你的行动回报社会，不能对社会做出非分的索取，就是说，你在争取获得利润时，要知道节制，不能胡作非为。同时，你要以优质价廉的商品、周到的服务，为社会做贡献。上述观点，统而言之，是说企业的目标应该是两个：一为企业自己的生存发展求利润，在法与德的规范下，力求多获利；二为社会承担责任，为社会多服务。

人是应该有抱负的。浑浑噩噩地做人不行，糊糊涂涂地做人也不行。但其所树的抱负必须切实可行，不能想入非非。刘备的抱负是兴汉成霸，但诸葛亮却说：自己"智术浅短"。可见，树立抱负，确定目标，是要据需而行的，是要量力而行的。

九 "内修政理"

关于"内修政理"问题，前面在讨论"治国重'方略'"问题时已有述及。因为这个问题重要，我们再饶舌。

诸葛亮主张的"内"，是一个"务本"、"固本"的工作。治国，治家，"务立其本，本立则末正矣"。（《便宜十六策·治国》）。"本"强，则一切工作有可能强。犹如画圆，有规有矩则有圆，规矩之要就是本；圆画圆了，画大了，才有可能画出更美的图画来，画出圆的太阳来，画出圆的月亮来，画出和谐的社会来，画出强大的国家来。

在诸葛亮以前的年代里，有汉的文景之治。这个文景之治，就在于文帝、景帝这两个皇帝"内"的工作做得好。以后，还有贞观之治、康乾之治，他们之所以治，也都是因为把"内"的工作做好了。

诸葛亮对"内"的工作十分重视。"并有益州"之后，刘备以荆州牧兼领益州牧，又以左将军、大司马的名义开府治事，拜诸葛亮为军师将军。刘备用诸葛亮之策取荆州，用庞统之计收西川，用法正之谋夺汉中。鉴于曹操已晋封为魏王（建安二十一年，216 年），汉献帝已经名存实亡的事实，刘备在并有荆、益两州后，为表明复兴汉室的用心，在诸葛亮等人的策划下，于建安二十四年（219 年）七月，也自立为汉中王，继承汉王朝体制，和魏王曹操抗衡，诸葛亮辅佐刘备悉心治内事。

成就一项事业，离不开天时、地利和人和等条件。《隆中对》说，刘备"若跨有荆、益，保其岩阻，西和诸戎，南抚夷越，外结好孙权，内修政理"，天下可得。这句话中，"若跨有荆、益，保其岩阻"，就刘备而言，因为他已跨有了荆、益了，就是说他已占有了地利条件。关于天时，顺应时势了，顺应时机了，顺应民心了，若刘备能做到这些，这天时条件也就得到了。但是，我们认为，得天时、得地利固然重要，但更为重要的是要做好"人和"工作，"人和"工作搞好了，政治就会安定，社会就会和谐。即使"天时"、"地利"不太有利于我，但也可补其缺。关键的关键是做好"人和"工作。

如何做好"人和"工作呢？这就要靠做好"内修政理"的工作了。

有哪些"内"的工作要做呢？《隆中对》说的"西和诸戎，南抚夷越"，这是"内"的工作，因为南荆州和益州都是一个多民族混居的地区，民族之间的和睦是国内安定的重要条件，关于这个问题，我们将立专题作讨论，这里略说。

最为主要的"内"的工作是"政理"方面的工作，健全法制，吏治清明，最基础的政策是对农业、农民的政策，做好农业生产工作。农业生产是治国的基本工作、基础工作，人民有饭吃了，人民就会安居乐业，就会国泰民安。手中有粮，心里不慌。生活用粮充足了，军事用粮充足了，若与外人打仗也会胜。

此外，**还要做好经济工作**，如盐业生产工作，冶炼生产工作，织锦生产工作，道路交通工作等，使国家富强起来；**要做好法治工作**，完善内部的法制和政策；**要做好德治工作**，用道德的力量，使全国人民团结起来；**要协调好各方的利益关系**，上下之间的利益关系，外地人、本地人之间的利益关系等；**要做好用人工作**，使人尽其才，才尽其用，利用人才之力去做好"内修政理"工作；**要做好统战方面工作；要做好武备工作、战事工作**，如此等等。

想到现实，我们国家，坚持"内修政理"的方略，搞好革命建设工作，搞好改革开放工作，发展是硬道理，千方百计强大自己是大道理。我们国家就强盛起来，屹立于世界民族之林。从此，我们举手，掷地有声；我们投足，落地有坑；我们说话，铿锵有力；我们做事，世人震惊。

十 "外结好孙权"

上题讨论了创国、治国的"内"的方面工作，本题讨论创国、治国的"外"的方面工作。

所谓创国、治国的"外"的方面工作，**就是做好外交工作**，与外国、邻国修好关系。外事工作搞好了，就可以安心地做我的内事工作，甚至还可从外国的友好帮助中借力，若与某国开战，说不定，还可从与我修好了关系的他国得到助力！

关于这个道理，诸葛亮在《隆中对》中是这样主张的，要刘备**"外结好孙权"**，实现两弱联合抗曹操。

诸葛亮提出"外结好孙权"的观点，是鉴于这样的事实做出的：他为刘备作敌我友分析，认同刘备观点，敌是曹操，曹是"奸臣窃命"之徒；友，是孙权，他也是被曹操"挟天子而令诸侯"的诸侯之一，是一个可以团结、联合、利用的力量。

曹操、孙权、刘备之间的关系好比三角形，曹、孙、刘各为一边。三角形中任何二边之和，必然大于第三边。诸葛亮认为，与孙权的关系搞好了，结成联盟了，共同抗曹，就是两边联合抗一边，就是弱弱联合抗一强。

上述道理、规则，在诸葛亮的故事中，有鲜明的事实作佐证。赤壁之战的大胜，就是两边联合抗一边之胜，就是弱弱联合抗强曹之胜。这个道理、规则，对蜀来说，还有反证，在赤壁之战后，由于关羽的骄横，由于孙权要占荆州的野心，破坏了这个孙刘联盟，结果刘备遭惨败。

"外结好孙权"是一种联合，做起来并非易事。孙刘联盟由于有一个荆州问题在起作用，荆州对刘备、孙权各自利益来说，都是至关重要的，所以，联盟一开始就蕴藏着你争我夺的因素，潜伏着危机。

联盟是在斗争中形成的。有斗争才有联合，一味求和是联合不起来的。刘备与孙权的联盟就充满着斗争关系。请看，在赤壁之战前，诸葛亮亲自去东吴做说客，劝周瑜、劝孙权抗曹，是因为曹兵压境，成为共同敌人，而且与他们生死攸关，促成了孙刘联合。但联合中也有斗争。在赤壁大战中，周瑜嫉妒诸葛亮的智慧，千方百计想要杀死诸葛亮。赤壁大战后，孙刘之间为争夺荆州的斗争更趋激烈，夺荆州，借荆州，讨荆州，赖荆州，一气周瑜，二气周瑜，三气周瑜，斗争达到了白热化程度，但没有彻底闹翻。

诸葛亮与孙权、周瑜作了**有理、有利、有节的斗争**。**有理**，如赤壁之战后，周瑜、刘备都想占有南郡，诸葛亮却让周瑜首先去取，周瑜说"若吾取不得，那时任从公取"，使刘备用兵有理；**有利**，如周瑜施"美人计"，欲扣刘备于东吴以占有荆州，诸葛亮在分析了吴国太、孙尚香、孙权等人的性格，刘备的威望，以及赵云的智勇等条件后，决定将计就计，使周瑜的"美人计"弄假成真，促成了事实上的孙刘联姻；**有节**，三气周瑜后，周瑜因中了曹仁所射的毒箭，箭疮迸裂而亡。诸葛亮冒着危险，亲自到柴桑吊丧，伏地大哭，感动得鲁肃等人说"孔明自是多情，乃公瑾量窄，自取死耳"，努力修复孙刘之间的裂痕。

赤壁之战后，曹、孙、刘的三分局面出现。这三分局面首先表现在荆州三分的局面上：曹操占有了荆州最大的南阳郡和荆襄部分；孙权占有南郡的中部和江夏郡；刘备则占有南郡的南区和荆南四郡。

周瑜去世后，东吴的鲁肃继任，镇守江陵。在鲁肃建议下，经过孙权同意，答应了刘备"借荆州"的要求，把江陵以北的南郡中部地区借给了刘备。这样做，对东吴而言，虽有"养虎为恶"之嫌，但可以解除东吴在西线与曹操对峙的包袱，由此也缓解了与刘备的矛盾，以便集中力量应付北线；同时，也为东吴最后占有全部荆州打下了伏笔。对刘备而言，使自己有了一个立足之地，便于西进益州。这是刘孙间再联合的基础。

赤壁大战后，孙权、刘备势力虽有加强，但与曹操相比依然是弱的，曹操当时已经是统一了北方地区，三分天下已有其二的人了。为此，孙与刘必须继续搞联合，只有这样，孙、刘才能得以生存。

曹操十分害怕孙刘搞联合，千方百计想破坏孙刘联盟。曹操采用"鹬蚌相争，渔人得利"的策略，对孙权又压又拉，制造孙刘矛盾。刘表之子刘琦死后，刘备自领荆州牧。孙权对此不甘心，向皇帝表奏刘备作荆州牧，实欲挑起曹操干涉刘备的事。曹操反借汉献帝之口，封周瑜为南郡太守，封程普为江夏太守，挑起孙权去与刘备争夺荆州。孙权偷袭荆州，关羽从樊城仓促后撤，曹操不让曹军追赶关羽，目的就是挑起刘备的复仇怒火，使刘与孙火拼，自己坐收渔翁之利。

后主刘禅继位后，诸葛亮决定与孙吴重构和好，派出尚书邓芝去东吴做外交工作，构筑刘孙两家新的联盟。成功后，西蜀就安心地去做内部工作，对外则积极与北魏抗衡。

三国故事，深刻地告诉我们，治理国家是需要有正确的外交政策做支撑的。今天祖国搞建设，也必须有好的外交环境才行。

十一 重"法治"

治国要用法。

诸葛亮是一位崇尚法治的人。在《三国演义》中写有好多关于诸葛亮执法如山的故事。著名的有：赤壁之战，曹操惨败，在败逃到华容道那个地方时，关羽义释曹操，诸葛亮动用军法，要依军令杀关羽，因刘备的劝阻而作了令关羽戴罪立功的处置；北伐中，马谡不听诸葛亮之告，痛失街亭，诸葛亮执军法，挥泪斩了马谡。

诸葛亮崇法做得最为突出的是，在刘备进入益州后，根据刘璋时期法令废弛、特权横行的情况，诸葛亮作了彻底的整顿，实行治实不治名的改革，狠狠地打击了不法者。

当时的益州最为严重的问题是官僚与地方豪强勾结，鱼肉百姓，农民与官府的矛盾加深。在刘焉任益州牧时，农民造反，其引发农民起义的导火索便是益州刺史专横自恣。农民攻破了雒县，杀了县令和刺史，并占了蜀郡。刘焉依靠外籍军团和地方豪强，平息了这次叛乱。不仅如此，为了获得地方豪强更多的支持，刘焉放纵地方豪强对百姓进行变本加厉的剥削。因此，诸葛亮在《答法正书》中说，刘焉、刘璋治蜀时"德政不举，威刑不肃"。《三国志·法正传》对此也有记载，"计益州所仰惟蜀，蜀亦破坏；三分亡二，吏民疲困，思为乱者十户而八"。

诸葛亮执政后，为扭转乱局，**实行了"先理强，后理弱"的策略**。"理强"，即厉行法治，限制和打击专权的官僚和豪强；"理弱"，努力扶植农民，发展生产。

诸葛亮实行法治，其出发点是为民，为此他打击特权，使益州地区的官僚极为不满，指责诸葛亮不施"广德量力"之策，却"刑法峻急"。这些人派出代表与诸葛亮交涉，要求诸葛亮"缓刑弛禁"，其代表人物便是深为刘备敬重的益州名家法正。

法正当时已是蜀郡太守，也是成都地区的豪强之首。据《诸葛亮集·答法正书》，法正对诸葛亮说：以前高祖进入关中时，破除秦国之苛法，实行约法三章（犯杀人罪处死刑，伤人及盗窃按轻重治罪），宽禁省刑。关中的百姓，无不感念他的恩德。如今我们刚用武力占据益州，还没有垂恩德于地方，便先滥用权威，强加压制，这样做是否得当呢？诸葛亮答："君知其一，未知其二。"并说：秦以暴政虐民，逼得人民不得不反。汉高祖针对此弊病，采取宽刑弛禁的策略，是得人心的，缓和了中央集权与地方势力的矛盾。但目前益州情况则与那时不同。刘璋昏庸懦弱，没有能力控制这些官僚及豪强，以致从刘焉执政以来便"德政不举，威刑不肃"，使得地方豪强和官僚，得以专横跋扈，为所欲为，君臣之道，也逐渐被破坏。对这些强悍的特权，过去刘璋总是采取宠护办法，给予高位以笼络之。官位高了，他们反而不觉得可贵；过于顺从他们，施以恩惠，而恩惠到顶了，他们反而对国家权威轻慢无礼。这才是益州目前最大的弊病。现在我们威之以法，让人们体会到法令的威严，人们才能知道什么是恩德；限制爵位，用严格的爵位来约束他们，这时在得到爵位晋升之后，人们才能感受到爵位的尊荣；刑法与恩荣并济而行，才能使上下有序，政治清明。"为治之要，于斯而著"，治国的要诀就体现在这里。

严格来讲，汉高祖入关时天下是乱世；诸葛亮入川时益州政局是弛世。"乱世"是公权力不被认同，彼此各持不同立场，争执不休，这时最重要的是以宽容的策略来争取共识。"弛世"是公权力不被尊重，官僚荒怠，民众玩法，必须以重典来整顿吏治，整肃民风。

诸葛亮的主张是对的，对益州这种吏风不正的"弛世"，必须实行严刑峻法政策，用来树立蜀汉政权的真正权威，使公权力得以被重视。

十二 "弛世用重典"

弛世的"弛"作"松弛"解。弛世，治理松软之世。重典，重重的刑罚。关于重典问题，诸葛亮在他的著作《便宜十六策》中的《赏罚》、《治乱》、《斩断》等篇章中多有说及。

诸葛亮重视重典。

法治有两大问题：立法与执法。

1. 立法。

立法也有两个问题：公与明。公，法是公正的、公平的。明，所制定的法是明确的、明白的、透明的，不是含糊其辞的，不是胡乱立法的，不是错误立法的。

法有了，就要严明执法，严肃执法，公正执法，公平透明，而不是胡乱执法，暗箱操作，任意执法，更不能徇私枉法。

诸葛亮在益州执政中，迅速地为新政权制定、颁布了不少新的公而明的法令与条例，并坚决地实行之。

陈寿所编的《诸葛亮集》目录中，有"法检"、"科令"各两卷，有"军令"三卷。最为完善的是"蜀科"，是诸葛亮偕同伊籍、法正、刘巴、李严等五人共同制定的。可惜这些法令、条例均已失传，无法得知其真实的内容。

诸葛亮认为执行法令要宽严有准、宽严适度。法令不应随便地变，更不能对罪犯任意赦免。对此，当时有很多人批评他缺乏人情，诸葛亮则回答：治世应以大德德人，不以小惠惠人，像刘景升（刘表）、刘季玉（刘璋）那样，常常赦宥人，对国家治理没有好处。前汉宰相匡衡，后汉大功臣吴汉，也都反对实施大赦。这就是说要严肃执法才对，以培养大家对法令的尊重意识。（语意，见《诸葛亮集·文集二·答惜赦》）

诸葛亮依法行事，**不避权贵、不徇私情**。有这样的例证：刘备的养子刘封，因轻乎军令被刘备赐死；廖立深得刘备敬重，但恃才傲物，自命不凡，自认为将来会成为诸葛亮的继承人，指责诸葛亮任用的官吏都是俗吏，用的将领是俗小子，经常挑拨群臣，以致不和。诸葛亮察明其情后，奏明后主，罢其官职，流徙汶山郡。

治狱主管，是诸葛亮最为看重的一个官职，被选任的，非有忠直廉平的个性不可。诸葛亮反对凭个人喜怒处置人。在司法中，他说"喜不可纵有罪，怒不可戮无辜"（《便宜十六策·喜怒》），要求官员在决狱行刑时，对犯罪者的处理一定要特别审慎，既不放过坏人，也绝不能冤枉好人。在证据不足的情况下，宁肯放过坏人，也不能轻易地冤枉好人。

诸葛亮的法治思想，主要来自先秦的法家商鞅和韩非子的思想。诸葛亮虽用商鞅之法，却不迷恋其权威主义。诸葛亮认为商鞅用法不注重教化是其严重的不足，主张对商鞅之法应该以取长补短的办法对待之，做到**执法与教化结合**，"法"、"德"并用，"威"、"礼"并行，主张以法为体，以德为用，"训章明法"，"劝善黜恶"。

2. 执法。

诸葛亮在执法的实践中，由于当时处于战争状态，因此诸葛亮对军队总是不厌其烦地实行教化政策，让大家明白法律条例的是与非。诸葛亮还制定有"八务"、"七戒"、"六恐"、"五惧"等章律，具体地告诉人们什么是善的，什么是恶的，什么是该做的，什么是不该做的。

裴松之注《三国志》引用晋人李兴对诸葛亮的评论说：（诸葛亮）"刑中（符合）于郑，教美于鲁"。这话是说，诸葛亮的法治政风，既有春秋时郑国名相子产治理郑国那样的严与明，也有孔子教育鲁国人"诲人不倦"那样的德。陈寿这么说："终于邦城之内，咸畏而爱之，刑政虽峻而无怨者，以其用心平而劝戒明也。"这话是说，在疆域之内，诸葛亮实行法治是严的，但充满着爱，没有人有怨言，用法公平，劝戒明，令人懂理。

诸葛亮执法严明，益州张裔称赞说：诸葛丞相公正严明，"赏不遗远，罚不阿近，爵不可以无功取，刑不可以贵势免，此贤愚之金忘其身者也"（《三国志·张裔传》）。就是说，无功者不得赏，贵势者也不能免罚，这便是人人奋勉的最主要原因。晋朝人习凿齿说："法行于不可不用，刑加乎自犯之罪，爵之而非私，诛之而不怒，天下有不服者乎！诸葛亮于是可谓能用刑矣。自秦、汉以来未之有也。"（《三国志李严传》裴注引）

诸葛亮立法有仁心，用法求公平，制法明确，劝善不累，执法严格，诸葛亮的法治行为在中国历史上算是一个成效大的例子。

诸葛亮以身作则地执法获得成功，影响了诸葛亮以下的第二代蜀国文武官员，他们大都也能严明执法。据《三国志》说，扬武将军邓芝"赏罚明断，养恤卒伍"；都督张翼"执法严谨"；牂牁（zāng kē 赃苛，地名，在今贵州境内）太守马忠"甚有威惠"等。

今天，我们国家实行"依法治国"方略。"法"的问题更被人们重视了。诸葛亮的法治思想，某些法治做法，对今天的我们是有启示价值的，让我们学习之，探究之，借鉴之。

　　诸葛亮重法也重德，既实行以法治国政策，也实行以德治国政策。

　　德，礼义之德，仁爱之德，廉耻之德，恩施之德。诸葛亮的德，主要来自孔孟思想，以及前汉的新儒家董仲舒等人的思想。

　　孔子说："苟志于仁矣，无恶也。"（《论语·里仁》）这话用现代语言可理解为，如果立志于实行仁政，就不会有恶行。《孟子·离娄章句上》中有讨论关于治国方面的话题，是用孔子的仁政思想来阐述的，说孔子主张"道二：仁与不仁而已矣"。是说，治理国家的方法不外乎两种：行仁政与不行仁政。孔子主张遵尧舜先王之道，对百姓施仁政。"国君好仁，天下无敌。"（孔子语，出处同上。）

　　让我们借鉴刘邦的经验，说说德治问题。刘邦为什么能够打败实力强大的项羽，原因主要有二：一实行"约法三章"政策；二"善用三杰"——萧何、张良、韩信。这两个原因中都有德的因素在起作用。

　　先说"约法三章"。据司马光《资治通鉴》卷九·汉纪一说：公元前206年，刘邦率军抵达霸上，秦王子婴，封皇帝印玺、符、节等，伏地示降。诸将都说杀秦王，刘邦则说：当初"（楚）怀王遣我，固以能宽容，且人已降，杀之不祥"。于是将秦王子婴交属下监管起来。刘邦召集诸县父老、豪杰说："父老苦秦苛法久矣，吾与诸侯约，先入关者王之，吾当王关中（即当关中王）。与父老约法三章耳：杀人者死，伤人及盗抵罪。余悉除去秦法，诸吏民皆案堵如故。"这个"约法三章"，它废除了秦朝苛法，不侵扰百姓，就是行仁德之政。

　　再说"善用三杰"。刘邦在一次庆祝伐楚胜利的宴会上，在讲到何以能打败项羽时说："夫运筹帷幄之中，决胜千里之外，吾不如子房（张良）；填国家，抚百姓，给饷馈，不绝粮道，吾不如萧何；连百万之众，战必胜，攻必取，吾不如韩信。三者皆人杰，吾能用之，此吾所以取天下者也。"（《资治通鉴》卷十一·汉纪三）若要进一步追问，刘邦何以能用好这三人呢？是因为刘邦交人以诚，待人以礼，揽得三杰之心。以韩信为例，韩信在攻下齐国都城临淄时，刘邦用张良之谋，封韩信为齐王，使韩占有天下半壁江山。项羽派人游说，劝韩信归楚，韩信答："臣事项王，官不过郎中，位不过执戟；言不听，画不用，故倍（背）楚而归汉。汉王授我上将军印，予我数万众，解衣衣我，推食食我，言听计用，故吾得以至于此。夫人深亲我，我倍之不祥，虽死不易。"（《资治通鉴》卷十·汉纪二）说明刘邦待臣以信、以礼、以仁，实行的德治。

现在我们说说诸葛亮。诸葛亮写有《便宜十六策》的文章，在该文《君臣》中有这样的话："君以施下为仁，臣以事上为义。"这"君以施下为仁"，就是施仁政问题、德政问题。

诸葛亮治国重德，**体现在用人问题上**，有这么一个例子：马谡是诸葛亮的爱将。诸葛亮在讨伐南蛮出征前，马谡还提出过这样的建议：在与南人作战中应采用"攻心为上，攻城为下；心战为上，兵战为下"的主张。但是他在一次北伐中，在街亭那个地方，在与魏军作战中，马谡错误地理解《孙子兵法》中所说的"置之死地而后生"的话，让开大路要冲，在自认为的险地孤山上安营，结果被魏军重重包围，断水，断食，纵火，蜀军大败，丢失街亭。诸葛亮依照军法，挥泪斩了马谡。这个挥泪之斩体现了诸葛亮的仁与爱，严与明，三军为之感动。

诸葛亮行德政，做得最为突出的是**攻伐南蛮七擒七纵孟获**的事迹了，因此诸葛亮被南蛮人称为仁人。他对南中部落实行攻心政策、仁政政策。对蛮人兵将，多用俘获战法，擒一次，放一次；对于首领孟获，达七擒七纵之多，终于彻底地感动了孟获，使其心悦诚服地归顺了西蜀。诸葛亮在胜利班师归途中，过泸水河时，阴云布合，狂风骤起，兵不能渡。诸葛亮按当地习俗，焚香祭祀亡灵，但不用常规的四十九颗人头做祭品，却唤行厨房的宰杀牛马，和面为剂，塑成人头，名曰"馒头"代之，祭之，亲读祭文，放声大哭，情动三军，阴云随之散去。

诸葛亮的"以德治国"思想，**渗透于他的治国治军的方略之中**。如对于民众，实行"陈之以德义"、"示之以好恶"的教育安民政策；对于军队，实行"道之以德，齐之以礼"的管理政策，所到之地，实行"秋毫无犯"的仁义政策。诸葛亮要求将军做"以身殉国，壹意而已"之将，做"仁爱治于下，信义服邻国"之将。对于官吏，既要求他们"忠君尽义""谋其事"，又要求他们经得起严格考黜，实行"赏善罚恶"政策，"教令为先，诛伐为后"政策。对君王、将相，主张自我修养，以身作则，"正己教人"，"先理身，后理人"等。

诸葛亮为政把德治与法治结合了起来，**德法互用，互为表里，法中含德，德中含法，恩威并济**，使蜀国社会安定，民风肃然。

说说我国的现实。中国共产党历来重视德政，执政为民，为人民服务，用革命理想和爱国主义情操等教育全党和全国人民。改革开放以来，我国实行了依法治国与以德治国相结合的政策，实施公民道德建设工程，坚持爱国守法、明礼诚信、团结友爱、勤俭自强、敬业奉献的基本道德规范教育，坚持"八荣八耻"（以热爱祖国为荣，以危害祖国为耻；以服务人民为荣，以背离人民为耻；以崇尚科学为荣，以愚昧无知为耻；以辛勤劳动为荣，以好逸恶劳为耻；以团结互助为荣，以损人利己为耻；以诚实守信为荣，以见利忘义为耻；以遵纪守法为荣，以违法乱纪为耻；以艰苦奋斗为荣，以骄奢淫逸为耻）的社会主义荣辱观教育，推动了社会主义精神文明建设，今后我们将继续这样做。

十四 "治国之道，务在举贤"

诸葛亮《便宜十六策·举措》说："治国之道，务在举贤"，"国之有辅，如屋之有柱，柱不可细，辅不可弱，柱细则害，辅弱则倾"。又说：

"柱以直木为坚，辅以直士为贤"。又说："治国之道，举直措诸枉（举用正直的人，屏除邪恶的人），其国乃安。"

上述《举措》中的话，意思是说，"辅"重要，举贤重要。"辅"，君王辅佐之臣。所举的"辅"，必须是"直"的，是"举直措诸枉"的。若"辅"举好了，"辅"是"直"的，是"措诸枉"的，强的，这样"国乃安"，国乃强。

举贤是重要的，在该篇《举措》中写有这方面的例证，写了三个人：尧、汤、周公。"尧举逸人，汤招有莘，周公采贱，皆得其人，以致太平。""尧举逸人"，指尧帝举用了虞舜为自己的接班人。"汤招有莘"，指商汤举用了伊尹为贤相。"周公采贱"，指西周时周文王任用了吕尚为相。尧、汤、周文王他们得到了各自贤臣辅佐，以致他们各自的国家大治。

汉高祖刘邦也举贤，举了三位贤——张良，萧何，韩信，所以败了楚。他说："项羽有一范增而不能用，此其所以为我擒也。"（关于这则故事，在上题讨论"重'德治'"问题时已说及）

其实，西蜀刘备本身的事例也足以说明上述这个理：刘备因为举了诸葛亮这个贤，于是刘备的事业有了，蜀国也就有了。

诸葛亮重视举贤。现在，我们举两则例以说明问题。

1. 举用武将姜维。

诸葛亮北伐一出祁山时，智取南安等三城，魏军统帅夏侯懋被俘。攻下南安后，诸葛亮封锁消息，为攻取天水，派人诈称是夏侯懋的心腹将裴绪到天水，"教太守（马遵）火急前来（南安）会合救援"。马遵正欲起兵，忽一人自外而入说："太守，你中了诸葛亮之计矣！"此人就是姜维。姜维认为，这是诸葛亮设计赚（zuàn 钻，诓骗）得太守出城，暗伏一军马于左近，乘虚而取天水。姜维建议，一面让太守出城，造假象，但不可远去；一面自领兵马，埋伏于要路，以便前后夹攻，袭击诸葛亮的伏兵。果然孔明已遣赵云引一军埋伏于山僻之中，赵云反中姜维之计而败。孔明得知这个情况惊问："此是何人，能识吾玄机？"诸葛亮亲起大军，因虑姜维，自为前部，望天水进发。结果兵到天水城下，又一次中了姜维的埋伏。诸葛亮见姜维的兵势宛若长蛇，叹曰："兵不在多，在人之调遣耳。此人真将才也！"于是诸葛亮便设计，准备收降姜维。姜维是孝子，诸葛亮探知姜维母在冀城，设计将姜维调离天水，派兵诈取冀城。姜维恐母有失，领兵来救，蜀兵佯败诱姜维入冀城固守，又放出信息说姜维已降蜀，切断姜维归魏之路。魏将领竟然相信这个假象。蜀军与姜维战，诱出姜维，袭取冀城，姜维孤军又难回天水。经过如此种种努力，再加诸葛亮的真情，终使姜维感动而归降。归降时刻，诸葛亮拉着姜维的手说："吾自出茅庐以来，遍求贤者，欲传授平生之学，恨未得其人。今遇伯约（姜维的字），吾愿足矣。"姜维时年27岁，也正是诸葛亮出山时的年龄。（第93回）

2. 举用文臣蒋琬。

蒋琬，年轻时任州书佐随刘备入蜀。刘备占领成都后，任命为广都长，是一位管理不足万户的县的长官。一次，刘备外出游览，来到广都，却见蒋琬众事不理，且沉醉着，大怒，准备加罪杀之。军师诸葛亮替蒋琬求情，对刘备说："蒋琬是治理国家的大器，可不是任百里小县之人。""望主公再加考察。"刘备称汉中王以后，蒋琬由外县调到成都为尚书郎。后诸葛亮设立丞相府署办公，召蒋琬到丞相府做东曹掾、参军。诸葛亮驻汉中后，安排蒋琬在成都，主持丞相府的日常工作。后蒋琬代替张裔为长史。这期间，诸葛亮外出用兵，蒋琬常能足食足兵以相供给。诸葛亮喜说："公琰（蒋琬的字）托志忠雅，当与吾共赞王业者也。"诸葛亮还曾对后主刘禅说："臣若不幸，后事宜以付蒋琬。"据《三国志·蒋琬传》记载：诸葛亮去世后，后主依据诸葛亮的遗嘱，封蒋琬为尚书令，行都护，假节，领益州刺史，迁大将军，录尚书事，封安阳侯，实际是接替了诸葛亮的班。

举贤是重要的。谅你一定知道，我们国家，今天何以发展得咱们好，因为我们国家有贤人执政。比如"文化大革命"后，邓小平复出执政。邓小平是一位"人才难得"的人，他拨乱反正，把我们国家管理得生机勃勃。前人谓"得一人而得天下"，此话不虚。

　　诸葛亮在《便宜十六策》中，专门设立一个篇目叫《治人》。本书也立一个篇目"治吏"（本书第三篇），专门对用人问题进行讨论。

　　用人要用贤，这是诸葛亮着力提倡的。这里，从治国角度，从大的方面，就用人问题再说一些意见。

　　先请看一份刘备进成都，自领益州牧后，所开出的一份干部任免名单。

　　诸葛亮加拜为军师将军署左将军府事、正扬武将军兼益州太守；许靖为左将军长史；法正为蜀郡太守，扬武将军；关羽以荡寇将军领董督荆州事；张飞以征虏将军领巴西太守；庞义为左将军司马；赵云为诩军将军；马超为平西将军；李严为犍为太守；费观为巴郡太守；黄忠为讨虏将军；刘巴为左将军西曹掾；简雍为昭德将军；伊籍为从事郎中；孙乾为秉忠将军；彭羕为益州治中从事；糜竺为安汉将军；董和为掌军中郎将，与诸葛亮并署左将军府事；黄权为偏将军；吴懿为护军讨逆将军。

　　这份名单是我们从《三国志》、《华阳国志》、《资治通鉴》上汇总下来的，读这个名单虽然有点枯燥，但里面颇有学问，值得研究。

　　这是刘备治蜀的基本班底，相信这个名单是刘备与诸葛亮合作拟定的。

　　读这份名单可以看出刘备、诸葛亮有如下的主要用人思想：

　　1. 广招人才。原刘备圈子里的人用了，如关羽、张飞等人，还用了原刘璋部下很多人，如许靖、董和、刘巴、黄权等人。

　　2. 这是一份团结、统战的名单。原刘备部下的人用了，这不待说，在被用的原刘璋圈子里的人，却异端多出，让我们列数几位。

　　第一说**许靖。**许靖本是南阳名士，后投靠刘璋为巴郡、广汉太守。在刘备兵临城下攻刘璋时，许靖不顾刘璋只想投降，所以刘备十分鄙视许靖，不想用他。法正劝道："天下有获虚誉而无其实者，许靖是也。然今主公始创大业，天下之人不可户说，靖之浮称，播流四海，若对其不礼，天下之人以是谓为主公为贱贤也。宜加敬重……"刘备觉得言之有理，便任命许靖为

左将军长史。（《三国志·法正传》）

第二说**董和**。董和在刘璋手下时曾任成都令，后升为益州太守，因"清俭公直，为民夷所爱信"。刘备入蜀，董和并未归附。但是刘备因其贤能而得民心，仍征召任命为掌军中郎将，与诸葛亮共同主持左将军府事。（《三国志·董和传》）

第三说**刘巴**。刘备自新野南下时，刘巴投靠了曹操。刘备占据了江南三郡后，刘巴反投靠刘璋。刘璋迎刘备入川时，刘巴反对，因此刘备很恨刘巴。但诸葛亮举荐刘巴有治国之能，所以刘备进入成都时，尽管刘巴不出，但刘备却下令军中："有害刘巴者，诛其三族。"刘巴感动，谢罪，刘备任命刘巴为自己的西曹掾，替他掌管人事大权。（《三国志·刘巴传》）

第四说**黄权**。黄权原是刘璋的谋臣，因为劝刘璋防备刘备而被放逐外郡。刘备入成都时，各郡都投降，只有黄权闭门坚守，直到刘璋投降后才开城归服。刘备仍任命他为偏将军。（《三国志·黄权传》）

请看，刘备把刘璋部下的人，或原是不忠贞刘璋，只想投降的，或坚决反对刘备的，或固守城池与刘备作战的，刘备都予以使用了，属大气之举。

关于上述，司马光在《资治通鉴》中有如下评价："董和、黄权、李严等，本璋之所授用也；吴懿、费观等，璋之婚亲也；彭羕，璋之所摈弃也；刘巴，宿昔之所嫉恨也；备皆处之显任，尽其器能，有志之士，无不竞劝，益州之民，是以大和。"（《资治通鉴》卷六十七·汉纪五十九）

3. 这是一份很讲匹配关系的名单。文武匹配，有文臣，如法正、刘巴等，有武将，如关羽、吴懿等；有新老干部匹配，有老人，如诸葛亮等，有新人，如法正等；有年长的、年弱的匹配，如在武将中，黄忠是岁数长者，马超是年岁弱者；有不同归属关系人员间的匹配，有原是刘备手下的人，如孙乾等，有原刘璋手下的人，如黄权等，更多地体现了两个集团的合作。

4. **这基本是一份以蜀人治蜀的名单**。在上述名单中，原是蜀的干部为多数，如法正、董和、费观等，体现了蜀人治蜀的精神。

十六 平定南中，做好民族工作

诸葛亮在稳定了蜀汉内部统治，又缓和了与东吴的关系以后，经过充分准备，于建兴三年（225 年），集中主力，深入西南，先平定了高定等人的南中叛乱，接着对南蛮军开展讨伐，经过努力，取得了平南的彻底胜利，为南中的南人自治与长期安定铺平了道路。

这个平定南蛮胜利及其以后南蛮人治理南蛮有如下经验：

1. 诸葛亮"攻心为上"政策大获成功。

诸葛亮在《南征教》中说："用兵之道，攻心为上，攻城为下；心战为上，兵战为下。"诸葛亮是用这个思想打败南蛮的，也是他为实施《隆中对》中所说的"南抚夷越，西和诸戎"的政策的具体体现。要达到这个目标，在作战时，不仅要有强大的军事实力为后盾，更需要有一系列的适合当时当地情况的政策作保证，特别是攻心政策作保证。诸葛亮的政策在三国对峙的形势下，一改东汉民族统治政策的弊端，创造了三国之中解决民族矛盾问题最成功的经验。在讨伐中，诸葛亮攻心、伐兵政策并用，攻心为上，七擒七纵蛮军首领孟获，使孟获诚心归服，说："某子子孙孙皆感覆载生成之恩"，"丞相天威，南人不复反矣！"

2. 创造了民族区域自治经验。

南中地区是少数民族集居地区，有自己的独特生活方式与习惯，汉人去管理是很难管好的，说不定还会造成民族纠纷。诸葛亮是这样考虑问题的：据《三国演义》第 90 回记载（此记载与《汉晋春秋》等史书所载相符），长史费祎对诸葛亮建议道："今丞相亲提士卒，深入不毛，收复蛮方；蛮王今既已归服，何不置官吏，与孟获一同守之？"孔明曰："如此有三不易：留外人则当留兵，兵无所食，一不易也；蛮人伤破，父兄死亡，留外人而不留兵，必成祸患，二不易也；蛮人累有废杀（官员）之罪，自有嫌疑，留外人终不相信，三不易也。今吾不留人，不运粮，与（其）相安于无事而已。"所谓"一不易"等是什么意思呢？是说若这样做了，有三个不容易做到，即三个不对。（1）蜀国的基本国策是抗拒曹操，在南中设汉人为行政长官，势必要占用大量的军队，耗费国家军粮，于全局不利；（2）平南战事，南人死伤颇重，有仇外心理，留外人而无兵，必成祸患；（3）这里屡有擅杀官员的罪行，本来心理负担就重，若留外人，互相间很难取得信任。诸葛亮决定采取"不留兵，不运粮"，"即其渠帅而用之"的政策，让南中的少数民族自己管理自己，成为一个"纲纪粗定，夷汉粗安"的自治区。对此，孟获宗党及诸蛮兵，无不感恩戴德倍至，为孔明立生祠，四时享祭，称诸葛亮为"慈父"。

3. 创造了蛮人治蛮经验。

诸葛亮七擒七纵蛮军首领孟获后，孟获拜服。诸葛亮请孟获上帐，令其永为洞主。所夺之地，尽皆退还。诸葛亮这个"即其渠帅而用之"政策，利用当地有影响、有声望的领导人物为行政长官，套用现代人的语言，就是利用当地人治理当地人。

4. 调整行政区划，加强中央控制权。

蜀汉时南中地区共有五个郡：朱提、牂牁、越西、永昌、益州。诸葛亮当政时，上述五个郡只有朱提一郡未叛乱，其余皆出现叛乱现象。诸葛亮南征，用四个月时间，一举荡平四郡的叛乱，至此，南中彻底归附蜀汉。诸葛亮还在撤军之前着手对这些郡进行善后处理，将南中地区改行郡县制，把原来的五郡划分为七个郡，而把久反之地的牂牁、越西、永昌、益州四郡，各划出一部分，缩小了它们的势力范围，增加了两个郡。蜀汉在南中的主要统治权力放在郡一级政权机构，既留人，又留兵，而且留的人都是忠于朝廷的得力人手。这样一来，南中地区就有七个朝廷命官，七支军队统治。同时，在地方任命了一批少数民族头领为朝廷命官，并允许他们有各自的民间武装力量。凡是朝廷不留官员的地方都不留兵。

5. 重组社会结构，消除动乱根源。

南方交通不便，加上部落式的组合，部落酋长和长老控制南中地区。这是南中地区所以叛乱不断、各部族据地为王的主要原因所在。诸葛亮平定南中后，有计划地削弱大姓、夷帅的力量，并设法搜罗、起用有潜力的俊杰之士。他将南中最骁勇的战士编为军队，号为"飞军"，连同其家人一万多户，强行迁移到蜀中；同时辅助羸弱，在迁走劲卒青羌到蜀中后，特别将较赢弱的部曲（古人军队编制单位）留下，分给另一些大姓豪族为部曲，并设置五郡都尉加以统领，将他们纳入政府正式的地方军队。平时从事生产，战时征调服役，并鼓励大户用钱收买小部落的战士。这也就是诸葛亮在南中不留兵，但仍有兵可用的策略。这个"部曲制度"，也称为"夷汉部曲"制度，满足了南中地区大户的政治欲望和经济利益，使他们和蜀汉政权维持较好的关系，成为南中安定的支柱。

6. 发展经济，加强南中与蜀中的联系。

十七 关心民生，重视农业

诸葛亮关心民生，重视农业，发展农业生产。诸葛亮认为这样了，"富国安家"就有了（《便宜十六策·治人》）。诸葛亮还认为，过去唐尧、虞舜治理政事，顺应天时，播种收获，以防荒年，秋有余粮储备，财产共有，路不拾遗，百姓各安其业。可如今呢？诸侯与民争利，灾害频起，以强侵弱，战争不断，农民失掉土地，逃难逼荒，民如浮云。《便宜十六策·治人》中说，国家"不患贫而患不安"，只有把农业生产发展起来了，税赋和徭役减轻了，使民得以休养生息，社会才能安定，人民才能富裕。

刘备集团在稳定益州之后，按惯例，胜利者往往会用所占领的土地、房舍等分配给功臣们，刘备也准备这样做。敢于直谏的老臣赵云却认为此举不妥，应该把成都城内的房舍、城外的田地、桑园等全部归还于当地的人民，使人民安居乐业。刘备和诸葛亮非常赞同赵云的主张，并立即付诸实行。

诸葛亮关心民生，还有这样一件事。他在任丞相兼益州牧时，十分赞赏蒋琬在任广都长时说的话："其为政以安民为本，不以修饰为先"。为此诸葛亮下令昭示各地方官吏，杜绝弄虚作假、浮夸不实作风，切切实实做好工作。

诸葛亮把农业视作治国的一个重要内容来抓。诸葛亮那个年代是农业社会时代，农业是诸产业中最为主要的一个产业，农耕是诸工作中最为主要的一项工作。农有了，粮棉就有了，人们吃的有了，穿的有了。人们丰衣足食，国家就会太平；打仗需要用的粮有了，打仗就可能取得胜利。

关于发展农业生产，刘备进川时就十分重视。那时，因刘焉父子增加赋敛，豪强官吏侵掠百姓，使生产遭到破坏，人民困苦不堪，为此刘备纠正之。诸葛亮主持政事后，在益州就积极提倡务农殖谷，使民休养生息。诸葛亮在《便宜十六策·治人》一文中，就有这样的话："唯劝农业，无夺其时，唯薄赋敛，无尽民财。如此，富国安家，不亦宜乎？"《三国志·后主传》还有这样的记载，说诸葛亮辅佐刘禅，劝刘禅"务农殖谷，闭关息民"。

西蜀地处今之四川，有天府之国之誉，十分适宜种植粮食作物。诸葛亮顺应蜀的这个地理特点，大力提倡发展农业，在汉中等地屯田，以此解决农民的生活保障问题，国家用粮问题，战争用粮问题。诸葛亮实行"耕战"政策，既耕既战，"兵农合一"。农民和平时期"务农殖谷，闭关息民"；战争时期，分兵屯田，征兵出战。

因为诸葛亮关心民生，重视农业，积极发展农业，发展经济，所以诸葛亮施政三年后，益州百姓衣食充足，生活安定，国家粮食储备富裕，能满足前线战争用粮需要，做到了可谓"国富民安，足兵足食"的程度。晋朝人袁准赞赏诸葛亮："诸葛亮之治蜀，田畴辟，仓廪实，器械利，蓄积饶，朝会不华，路无醉人。夫本立故末治，有余力而后及小事，此所以劝其功也。"这是对诸葛亮治国之政——"务立其本，本立则末正矣"（《便宜十六策·治国》）的客观评价。

诸葛亮独立治事后，为稳定人心，发布了一个施政纲领，主要内容有：精简官员，建立廉洁政府；健全法制，以法治蜀；对内部叛乱抚而不讨，稳定大局；集思广益，民主参政；发展农业，休养生息。

让我们分析这个施政纲领。当时的蜀国，夷陵一战之后，元气大伤，庞大的政府开支，不仅国力不允许，而且会加重百姓的负担。为此，必须精简官员，建立廉洁政府；蜀原是一个久乱之地，实行法治，对于政局稳定和清明吏治至关重要；当时有叛乱的，为稳定大局，暂时采取抚而不讨政策；实行开明政治，广开言路。此外，最为重要的是发展农业生产，这是为增强国力所急需的。

诸葛亮重视农业，也重视与此有关的水利工作。早在战国时期，秦国兼并蜀国后，蜀郡太守李冰父子，完成了重大的水利工程——都江堰的建设。这是益州农田最大的灌溉网，也是农民的生活命脉。诸葛亮对都江堰十分重视，设置了专门的堰官，负责对都江堰水利工程作保养、修整和管理，并且有1800多名壮丁常驻在都江堰的堰区中，保证都江堰的灌溉效能。诸葛亮还新增设了很多水利设施。现在，在成都市西北郊的柏河上，就有一条九里多长的长堤，名叫"诸葛堰"，据说这便是诸葛亮为了防止洪水冲坏低洼农田而组织人员修建的。

关于农业，今天依然十分重视，将它视为国家的一项基础工作。民以食为天，农不稳，基础不稳，国家就会乱，天下就会不太平。我们国家提出要解决好三农问题，即农业、农村、农民问题，其道理就在于此。农民富，中国富；农业强，中国强。中共十七届三中全会提出了建设社会主义新农村的发展战略，把走中国农业现代化道路作为国家的基本方向，以形成城乡经济社会发展一体化的新格局。我们提出要建设生产发展、生活宽裕、乡风文明、村容整洁、管理民主的社会主义新农村。

诸葛亮重视农业，以农为本的思想，相信对今天的我们也是有启示价值的。

十八 发展其他经济产业

诸葛亮重视发展农业，也重视发展其他经济产业，如盐铁业、织锦业、铸币业等。

1. 盐铁业。

盐和铁是益州的特产，是益州经济赖以发展和人民生活水平赖以提高的不可或缺的重要资源。东汉时期曾经废止盐铁业国家专营的禁令，允许民间经营，结果地方豪强垄断盐铁生产，哄抬物价，加重了民生的困难，也减少了国家的收入。刘备占领益州后，在诸葛亮的建议下，把盐铁业又收归为国家专营，重新设立了盐铁公营机构，第一任"司盐校尉"是王连，第一任"司金中郎将"是张裔，他们负责管理盐铁生产和农具、兵器的制造，禁止豪强和官商勾结、私占国家资源等情况。蜀中还有人用火井（天然气）来煮盐，《诸葛亮集》中就记载有蜀国有盐井十四口的事。

蜀中有个叫仁寿的山区，蕴藏大量铁矿，故叫铁山。诸葛亮就用铁山中的铁铸造兵器和农具，历史上就有"采金牛山铁"铸剑的记载。益州有一个叫蒲元的人，以"熔金造器，特异常法"而著名。诸葛亮提拔他为蜀汉官吏，监管兵器制造，提高蜀汉兵器的品质。蒲元在斜谷打造兵器时，发现当地水质不好，就专门派人到成都取水，结果炼出三千把钢刀，锋利无比，被称为"神刀"。

2. 织锦业。

四川广汉曾出土一座东汉汉墓，里面有"桑园"的画像砖。成都附近曾家包曾出土一座东汉的墓，里面有汉代的石刻画"织机"。从这两座汉墓出土物可以看到，东汉时代四川地区早已广种桑树养蚕了，丝织手工业已经非常发达。刘备平定益州后，奖励功臣就用大量的"蜀锦"制品作奖品。诸葛亮在上奏刘禅的奏折中，也记载有"今民贫国虚，决敌之资，唯仰锦耳"这样的文字。诸葛亮重视锦业，特设置锦官专门管理蜀锦生产，成都因此被称为"锦官城"。诸葛亮之家，就在成都附近，种有桑树八百株，诸葛亮家人也加入了养蚕行列。在诸葛亮的领导下，西蜀的蜀锦很发达。据《后汉书》记载，连曹操也曾派人到蜀地去买锦。史书记载，在蜀汉亡国时，蜀的国库里存有蜀锦和彩绢等各二十万匹。

3. 铸币业。

为稳定蜀汉的财政，诸葛亮采纳刘巴的建议，铸造钱币，平抑物价，设立"官市"，并派有专任官吏，管理货币市场。汉末自董卓迁都长安以来，废除了正在通用的五铢钱，铸小钱，结果造成货币市场大乱。随着国内政治三分鼎立，货币制度分裂。曹操一度复用五铢钱，仍无法恢复货币畅通。魏文帝曹丕黄初二年（221年），改以谷帛为市，用实物来代替货币，却有人乘机囤积货物，造成物价严重混乱，对犯者虽处以严刑也无法禁止。到了魏明帝曹睿时代又使用五铢钱，魏国的货币制度一直处于混乱之中。东吴的货币情况也是乱糟糟的，孙权在公元236年至238年的3年中，先后两次改铸货币，一次是使用"一当五百"的大钱，一次是使用"一当千"的大钱，而且没有专门取缔盗币的机构，存在问题很多。刘备占领益州后，铸造了"值百钱"，就再也没有更动了，显然诸葛亮在这方面处理得相当得法。在诸葛亮的精心经营下，蜀汉的经济措施，在当时算是相当成功的。铸币问题，实际是货物的流通问题，民生的交换问题，与人民生活息息相关，做好这个工作意义重大，诸葛亮抓这个工作抓得很出色。

是的，一个国家要富强，农业重要，其他经济产业也很重要。对于今天的中国来说，诸葛亮的经验值得重视。今天的我们除了要抓好农业外，工业、服务业等其他工作也必须抓好，就是说第一产业、第二产业、第三产业等工作必须统统抓好。

十九 从"攻心联"看诸葛亮的治国思想

　　清朝人赵藩在成都武侯祠题写了一副有名的对联。有人称这副联为"攻心联",认为这副对联是对诸葛亮治蜀经验的最好概括。

　　　　能攻心则反侧自消,从古知兵非好战;

　　　　不审势即宽严皆误,后来治蜀要深思。

　　联文中"攻心"一词,语出诸葛亮的《南征教》。《南征教》上说:"用兵之道,攻心为上,攻城为下;心战为上,兵战为下。"其思想出自《孙子兵法·谋攻篇》:"故上兵伐谋,其次伐交,其次伐兵,其下攻城。""攻心"、"心战"云云是"伐谋"、"伐交"之说的发展。"反侧",语出《后汉书·光武帝纪上》:光武帝诛王郎,收到许多文书,牵连到许多与王郎有关的官员。光武帝令把所收到的文书全部烧掉,并说:"这样令反侧子自安。"后来遂以"反侧"指怀有二心而疑虑不安的人。"审势",审时度势。

　　上联,"能攻心则反侧自消",指诸葛亮征南中,采用"攻心为上"之策,对南蛮首领孟获"七擒七纵",孟获最后表示"南人不复反矣!""从古知兵非好战",是对上一典故意义的延伸,体现的是《孙子兵法》的"是故百战百胜,非善之善者也;不战而屈人之兵,善之善者也"的思想,是说作战最好的办法是不战而胜。上联正面地评价了诸葛亮武功超强。

　　下联,"不审势即宽严皆误",强调的是诸葛亮治蜀实行了法制政策,审时度势,宽严适度,突出地说诸葛亮文治方面的经验。但是在对"审势"与"宽严"的理解上,是在评价诸葛亮的功绩还是总结诸葛亮治蜀的教训,目前学术界认识有分歧。"后来治蜀要深思",是一种告诫,告诫后人在治蜀、治国中要谨慎,要多思。

　　对这个"攻心联",后人有多种理解,主要有三种:

　　一种认为,这个对联全面地肯定了诸葛亮的文治武功,是对诸葛亮治国和用兵指导思想的经验总结。"攻心"，诸葛亮七擒七纵孟获，平定南中，维护了蜀汉的统一和稳定。"审势"，诸葛亮针对刘璋时期"德政不举，威刑不肃"的情况，健全法制，实行"严刑峻法"政策，打击了不法豪强的势力，树立了国家政权的权威。同时，在具体执法中，对马谡违背军令，严格执行军法的"严"，看似有些过严，但这是为稳定大局、肃励全军所必需的，当然也包括他对自己的"自贬三等"的处罚。对于执法，诸葛亮因法正献蜀有功，又深得刘备"雅爱"，所以对法正一时乱法的错误采取了放纵态度，是诸葛亮执法中对于特殊情况的"宽"，为了照顾支持刘备的地方豪族的面子，赢得他们的合作而"原谅其小过"，是一种权变与灵活性处理。而这种对己之严，对人之宽，正是一种形势的需要，实行之也是一种"攻心"术。

另一种认为，"能攻心"是诸葛亮的成功，而"不审势"是诸葛亮治蜀的教训。前一句，"能攻心"，对这句话的认识众人皆同，无分歧，分歧是在对后一句的认识。"不审势即宽严皆误"的"不审势"，有人认为，这是研究刘璋政权的失误所在和蜀汉政权的失误所在之句。说蜀汉政权在三国中最先灭亡，原因何在？可能是因为蜀提出的"兴复汉室"的国策不正确。应该说，在三国鼎立局面尚未形成前，刘备、诸葛亮提出"兴复汉室"这个口号，对扩大实力与影响，联吴抗曹，赤壁大战，借荆州，占巴蜀，取汉中，建立蜀汉政权，是起了重要作用的。但到三国鼎立局面形成之后，汉献帝的皇位为曹丕取代，再提"兴复汉室"的口号已经不适时宜了，失去了号召力，这也是在蜀汉的中、后期，几乎再也没有外地人才前来投奔的一个重要原因所在。蜀汉政权后期，以"兴复汉室"为口号，动员全国力量，三番五次地进行北伐，显然是一种"不审势"。后来唐人吕温在《诸葛武侯庙记》中就持这个观点，说武侯"未能审时定势"。

再一种看法，对"不审势即宽严皆误"句，认为刘璋做的是"宽"了，蜀汉做的是"严"了，都没有做到"审时度势"，结果刘璋失败了，刘备也失败了。东汉晚期，蜀中的土著豪族势力强大，面对巴蜀豪族势力，刘璋政权一味"宽"以待之。蜀汉政权建立后，采取了"严刑峻法"的政策，在经济上铸造"值百钱"，使存钱多的豪族损失巨大，在仕途上也排挤、限制土著豪族，导致许多土著名士，在蜀与魏的斗争中作冷眼旁观状。当公元

262 年北魏邓艾偷渡阴平攻蜀，土著豪族聚族自保，坐山观虎斗，使得蜀汉政权的大厦倒塌。

对这副"攻心联"的内涵如何看，值得讨论、研究。辨明其是非，对我们今天的现实仍有借鉴意义。

二十 介绍《便宜十六策》（上）

《便宜十六策》，诸葛亮作。

"便宜"，语义是指有利于国家，合乎时宜的事。《便宜十六策》，就是指做好对国家有利的、合适的十六个策，主题讲治国之道。

《便宜十六策》，大致论述了这样一些问题：治国见解；君臣关系；治国目标"富国安家"问题；治国关键"务在举贤"问题；选拔官吏的原则与方法；治军的原则与方法；君主施政的原则与方法；为君为官的个人修养的原则与方法等。

《便宜十六策》，是诸葛亮治国施政经验的系统总结，其观点精辟，我们对这十六个策分别、逐一地作介绍。

本题介绍第一到第七个策。

《治国第一》。"治国之政，其犹治家。治家者务立其本，本立则末正矣。"这是本题首语。本话有两个可贵处：第一，治国犹治家，说得有理。国是家的扩大，家是国的缩小。国是家的国，家是国的家。一个一个的家齐好了，国才可以治好。当然，治国要比齐家复杂多了，难多了，但其治的理是一样的。第二，"本"的问题，指出治国"本"的问题重要。治家要立"本"，"本"立了末才会正。家如立了忠厚，立了诗书，家就会传家久。国家也同样，国立了"本"，如立法、立德、立言、立政治、立外交、立经济等，国家就会昌盛。因此，治国之道，务立其本；"本者，经常之法，规矩之要"。

《君臣第二》。"君以施下为仁，臣以事上为义。二心不可以事君，疑政不可以授臣。"诸葛亮主张，君对臣要讲仁，臣对君要讲义。诸葛亮认为，臣对君有二心是不忠，君对臣狐疑，不能正确授权，是不仁。诸葛亮又认为，君与臣的关系就像天与地一样分明，像天与地一样互不可分。诸葛亮主张"上下好礼"、"上下和顺"，做到"君谋其政，臣谋其事"，"则君臣之道具矣"。关于"君臣"问题，在儒家看来，是种种人际关系中最为重要的一对关系，是"五伦"关系中的第一伦关系，君对臣必须讲仁，臣对君必须讲义。

《视听第三》。诸葛亮认为，君治国要善视，"视微形"，"视微之几"；要善听，"听细声"，"听细之大"。诸葛亮还说："为政之道，务于多闻。是以听察采纳众下之言，谋及庶士，则万物当其目，众音佐其耳。"诸葛亮这个观点很好，他要求我们善视善听，采纳众下之言。如果确是这样做了，万物就会成为你的目，众音就会辅助你的耳。诸葛亮还用经书中的话说："圣人无常心，以百姓为心。"这又是一个很好的思想，我们治国为政，必须以百姓的心为心，果是这样做了，国与民同心，国与民联在一起，这个国必无敌于天下。

《纳言第四》。"纳言之政，谓为谏诤，所以采众下之谋也。"诸葛亮主张，当君王的要有诤臣帮助。"当其不义则诤之，将顺其美，匡救其恶"，如果这样，国家"采众下之谋"，就是"有道之国"；如果不是这样，"顺恶逆美，其国必危"。所以，诸葛亮主张君要纳忠言，听诤言。因为兼听则明，偏听则暗。

《察疑第五》。诸葛亮突出地讨论了"察疑"问题，认为治国必须善于"察朱紫之色，别宫商之音"，不能让"红紫乱朱色，淫声疑正乐"。又说，不要当秦王，对赵高指鹿为马不疑；不要当吴王，对范蠡贡越美女不惑。诸葛亮主张君王治国必须察疑，对下臣要"观其往来，察其进退，听其声响，瞻其看视"。

《治人第六》。诸葛亮认为，"治人"是"道之风化"问题，是一个关于"陈之以德义而民与行，示之以好恶而民知禁"问题。为此，管理百姓，要强化道德风化的教育，尽量做到"不贵难得之货，使民不为盗；不贵无用之物，使民心不乱"。"去文就质"，"各理其职"，以"庶人之所好"为标准，重农耕，讲节用，就是圣人的治人之道。

《举措第七》。"夫治国犹于治身，治身之道，务在养神，治国之道，务在举贤，是以养神求生，举贤求安。"又说："故国之有辅，如屋之有柱，柱不可细，辅不可弱，柱细则害，辅弱则倾。"诸葛亮由此得出结论说："故治国之道，举直（正直）措（摈除）诸枉（奸邪小人），其国乃安。"关于举贤，我们在本篇第十四题"治国之道，务在举贤"中已有专门的讨论。

二十一 介绍《便宜十六策》（下）

继续介绍《便宜十六策》，介绍第八到第十六个策。

《考黜第八》。考黜，其中的考，即考核、考查；黜，即处理、处置。诸葛亮主张，对官吏要考黜。他说："考黜之政，谓迁善黜恶。"诸葛亮提出为官的常有五个不是，也就是对民的五个害，如"因公为私"、"法令不均"等，为此，必须对官吏实行考黜，官吏中有这五害者，黜之；无这五害者，任之，迁之。

《治军第九》。诸葛亮是政治家，也是军事家、兵家，善打仗，还写有兵法的书《将苑》。在这里又见到了他在这个领域的造诣：（1）治国要讲"文事"，也要讲"武备"；（2）"国以军为辅，君以臣为佐，辅强则国安，辅弱则国危"；（3）"兵者凶器，不得已而用之"，实际这是老子的思想，老子有"兵者，不祥之器"（《老子·三十一章》）之语，诸葛亮也认同；（4）"将者，人之司命，国之利器"，实际这是孙子的思想；（5）"夫用兵之道，先定其谋"等。

《赏罚第十》。诸葛亮强调赏罚，认为"赏善罚恶"，赏可以"兴功"，罚可以"禁奸"。赏罚要讲"平"，讲"均"。"赏赐知其所施，则勇士知其所死；刑罚知其所加，则邪恶知其所畏。"

《喜怒第十一》。诸葛亮认为，人是有喜怒的，但"喜不应喜无喜之事，怒不应怒无怒之物"。又说："怒不犯无罪之人，喜不从可戮之士。""喜不可纵有罪，怒不可戮无辜。"还说："喜怒之事，不可妄行。"

《治乱第十二》。诸葛亮说："治乱之政，谓省官并职，去文就质也。"诸葛亮认为治乱要有规矩。"故治国者，圆不失规，方不失矩，本不失末，为政不失其道，万事可成，其功可保。"如何做到治乱有规呢？诸葛亮的意见是："明君治其纲纪，政治当有先后，先理纲，后理纪；先理令，后理罚；先理近，后理远；先理内，后理外；先理本，后理末；先理强，后理弱；先理大，后理小；先理身，后理人。"

《教令第十三》。诸葛亮在"教令"问题上有两个思想讲得甚好：（1）"故人君先正其身，然后乃行其令。身不正则令不从，令不从则生变乱。"实际这是孔子的观点，诸葛亮也认同。（2）"教令为先，诛罚为后。"教令做好了，做工作就可软着陆，诛罚当然是处理问题一法，但那是硬办法，不是最理想的，理想的还是通过教令解决问题。

《斩断第十四》。斩断问题实际是赏罚问题。诸葛亮说："斩断之政，谓不从教令之法也。"在这里，诸葛亮是从"军"的角度提出斩断问题的，指出什么情况要实行斩断。诸葛亮还说了一句很有名的话："当断不断，必受其乱。"处理事情要果断。

《思虑第十五》。诸葛亮说："思虑之政，谓思近虑远也。"治国必须时常思虑，思近的，虑远的，以保证处理问题无失策。"人无远虑，必有近忧。"其实这话是孔子说的，诸葛亮在这里强调的是要有远虑。

《阴察第十六》。诸葛亮说，治国要善阴察、考察。阴察为了"觉悟"他人，为了防止"国危"。治国要"虑远"，"远虑者安，无虑者危"。

我们十分简要地介绍了诸葛亮名篇《便宜十六策》的主要内容。从介绍可见，诸葛亮的某些观点是十分精辟的，其精辟处都可展开讨论。其中有些内容，我们在本篇（《治国》）某些题中已说及。有些内容，我们将在其他篇，如《治军》、《治吏》、《律己》诸篇中讨论。

治军

第 二

病骨支离纱帽宽，孤城万里客江干。

位卑未敢忘忧国，事定犹须待阖棺。

天地神灵扶庙社，京华父老望和銮。

《出师》一表通今古，夜半挑灯更细看。

—— ［宋］陆游《病起书怀》

一 军，国之"辅"

百年三国，是东汉社会后由分裂走向统一的过渡时期。在三国纷争前，各方诸侯为争夺全国领导权而斗争，主要是通过战争形式进行的。各位政治家、军事家的大智大勇，也主要是通过严酷的战争来考验决定其优劣高下的，最后余下三位英雄是曹操、孙权、刘备。

这个时代也是一个"有军则有权"的时代，或者套用现代语言来说，是一个"枪杆子里面出政权"的时代。诸葛亮是三国中公认的军事家之一。他反对不顾民众死活的穷兵黩武，为了国家统一大业，主张出师有名，行"仁义之师"，反对单纯的武力厮杀与征服，主张民心为本，智勇兼备，以智取胜，留下了许多精彩的故事和高超的用兵智慧。

诸葛亮在《便宜十六策·治军》中说："国以军为辅，君以臣为佐。"军队是国家政权的辅佐。不仅三国时代如此，在人类历史上，即使到了今天，军的问题，武的问题，始终十分重视。除了原始氏族社会的尧、舜时代，据说他们是实行禅让制而登上统治宝座的以外，坐天下基本都是靠武打出来的，而不是靠谈判或其他形式"谈"出来的、"让"出来的。

我国春秋战国时期，那些所谓的春秋五霸，什么齐桓公、晋文公、楚庄王、吴王阖闾、越王勾践，所谓的战国七雄，什么齐、楚、燕、韩、赵、魏、秦，哪一国、哪一代不是靠军、靠武而建立起来的？以后秦国统一了六国，建立了中央集权的封建帝国；再以后是汉楚之争，刘邦建立了统一的汉朝；再以后就到了汉末的三国时期，各国无一不是依靠"军"、依靠"武"而立足于世的。

再往后看，同样，两晋南北朝、隋唐五代、宋元明清等列朝列代，有哪一个朝代的更替不是依靠武力而占据天下的？

再看近代史，辛亥革命推翻清朝建立民国，靠的也是武力。我们中华人民共和国成立，打败蒋介石靠的也是武力，是枪杆子出了我政权！

"军"、"武"的重要性是显然的。可以这么说，一部中国朝代更迭史就是一部战争史。拿三国来说，曹操统一了中国的北方地区，功绩也很大，今人的鲁迅、郭沫若不是主张给白脸曹操评这个功吗？建立一个政权，不仅要靠政策，更要靠实力，靠武力较量而最后决定成败。刘备、诸葛亮后来所以能够与曹操、孙权平起平坐，三分天下有其一，也是因为有了实力，有了武的资本。

说现实，我们国家要走和平发展之路，也必须有武力，有强大国防力量作支持，来保卫国家平安，来保卫社会安宁；否则和平发展只是一句侈谈、一句空话而已。现在有个别人，说现在是和平时期，不需要武力，全力搞经济即可，这是一种糊涂的观点、错误的观点。国无兵不立，民无兵不安，没有强大的国防，你如何搞建设？

中共十七大报告明确指出："国防和军队建设，在中国特色社会主义事业总体布局中占有重要地位。必须站在国家安全和发展战略全局的高度，统筹经济建设和国防建设，在全面建设小康社会的进程中实现富国与强军的统一。"这是符合时代要求、符合中国国情的战略决策。2009 年国庆，我国举行盛大的国庆阅兵式，有陆军、海军和战略导弹等方阵列队的展示，空军的受阅战机全部是国产的，全部挂弹受阅，多型空空、空地导弹也是首次公开亮相，展示了我军保卫祖国、保卫和平的强大实力，举国上下，为之振奋，这就是"军，国之辅"的明证。

军是重要的，但军之力是靠治而得的。军不治，会成为乌合之众，所谓的泥菩萨兵、豆腐渣兵、纸老虎兵，将不堪一击。

诸葛亮十分重视治军。在他写的《便宜十六策》中专门写了一个"治军"篇，是从治国角度来说治军的。这"治军"篇，在《便宜十六策》各策中，是文字数量最多的一篇，计1 600多字。

中国古代的兵圣孙武子，写有著名兵书叫《孙子兵法》。诸葛亮"治军"一文中的主要内容，几乎涉及了《孙子兵法》中的全部思想。

诸葛亮在"治军"一文中主要讲了以下思想。

1. **治军之道**。诸葛亮讲了治军的意义，军队的任务，"兵"具有暴力的性质；讲了战争是"不得已而用之"的思想；讲了将帅在军队中的地位与作用等。

2. **用兵之道**。用兵要先定其谋，然后乃行其事。诸葛亮认为，审天地之道，察众人之心，占主客之情，知进退之宜，顺机会之时，设守御之备，强征伐之势，图成败之计，然后乃可出军任将等，这是军之大略。

3. **用兵要造势**。作战要靠士气，作战要有准备，智者先胜而后求战，造一个胜人之势。

4. **以奇计为谋，以绝智为主**。作战中的谋是奇正相生的，而这个奇正的变化是无穷尽的；作战行动要疾如风雨，舒如江海；要培育良好的战斗作风。

5. **军以粮食为本，兵以奇正为始**。作战要有委积（储备器械粮草），要有粮草的运输与消费，因此要量力而用。要讲奇正战法。兵要善攻、善守：攻要攻其无备，出其不意；守要不动如泰山，难测如阴阳。

6. **领兵之将要会辩证思维**。用兵中要讲强弱、勇怯、前后、左右，讲生死、虚实的变化；讲作战的地形之助，不同地形用不同的战法；讲九地与九变。

7. **作战指挥须得要领**。指挥军队要会用通讯联络：旌旗、金鼓；管理军队要靠教令与赏罚；打仗要学会用间、获取与运用情报；要打有准备之仗等。

诸葛亮的"治军"篇，文字意义非凡，值得我们仔细研究。

诸葛亮还专门写了一本道道地地的兵书叫《将苑》。这是一部专门论述"为将之道"和"用兵之道"的书，我们将在下一题中作专门讨论。

下面就"治军"篇中几个重要观点说些意见。

《治军》首语说："**治军之政，谓治边境之事，匡救大乱之道，以威武为政，诛暴讨逆，所以存国家安社稷之计。**"这句话，告诉我们三点：（1）治军的任务，对外是防边境之事，对内是匡救大乱，诛暴讨逆；（2）治军的特征是以威武为政，以武力为手段；（3）治军的目的、作用是存国家安社稷。

"治军"首语讲得很正确。是的，战争是政治的继续，是政治的最高表现形式。军队是国家政权最重要的工具，最强有力的机器。其全部目的有两个：存国家和安社稷。**存国家**，军队要做好边境之事，抵御外部敌人的侵略。**安社稷**，若国内发生了暴乱，军队就要出来讨伐它、平定它，使社稷太平。这就要求军队有威有武，使敌不敢动，反抗势力不敢动。

治军的"治"如何做？诸葛亮在"治军"篇中说："**有文事必有武备。**"文事，政治；武备，军事。又说："**治国以文为政，治军以武为计。**"是说治国要把"文"作为治政的根本来做，治军要把"武"作为治兵的首计来抓。此两语说的都是有关政治与军事的关系问题。《吴子兵法》的"图国"篇中也写有这个思想，吴起这么说，一个国家，要"内修文德，外治武备"。但是，治军中也有文的问题，也有文武的关系问题。治军也离不开文事工作、政治工作。军的工作绝不仅仅是一个军字、武字，也有文的事。兵书《尉缭子·兵令》说得很清楚："兵者（指战争），以武为植，以文为种，武为表，文为里，能审此两者，知胜负矣。"因此治军必须做好文的工作，做好军队的政治工作，包括军队内部管理教育工作，处理好军队与民众的关系，处理好军队与政府的关系。

"治军"中说："**兵者凶器，不得已而用之。**"这里的"兵者"的"兵"，主要指战争。"兵者凶器"，这个观点是老子的观点，老子说："夫兵者，不祥之器。"（《老子·三十一章》）老子说战争具有破坏性，他是不主张战争的。诸葛亮讲得更全面了，"兵"是凶器，但他不是一概地反对用"兵"的，认为"兵"作为"存国家安社稷"的手段，还是必不可少的，是在不得已的情况下才使用的。"不得已而用之"，这是孙子的"慎战"思想。孙子认为战争是不可避免的，他反对好战，主张"慎战"，主张"非危不战"，要"明君慎之，良将警之"（《孙子兵法·火攻篇》）。诸葛亮赞同孙子的"慎战"观，反对穷兵黩武，反对打不义之仗。当然，即使是正义之仗，诸葛亮认为，也尽量多用"谋"去胜，多用"智"去胜，"攻心为上"，"心战为上"，以减少损失，最好能做到"不战而屈人之兵"。全用武力去拼杀，这也应该被看作是"不得已而用之"的事。

诸葛亮上述观点，至今仍闪烁着正确的光芒，有现实意义，供我们品味学习。

三 说《将苑》

《将苑》是诸葛亮写的一本兵书，讨论的是关于用兵中的用将、用谋、用智等内容。

我国兵书据说有四五百种之多。据《中国军事艺术》引录的语录，列出的著名兵书就有 235 种，《将苑》是其中之一。

《将苑》，全书 50 篇，有 10 余篇是专门论述为将之道的，论述将领应具备的品德和军事素养；还有相当一部分是论述用兵之道的，包括治军原则、用兵的战略战术等。

诸葛亮的《将苑》，也被称作《心书》，主要篇目有："兵权"、"知人性"、"将材"、"将器"、"择材"、"智用"、"不阵"、"将诚"、"习练"、"重刑"、"兵势"、"厉士"、"和人"等。

1. "兵权"。为《将苑》首篇，强调兵权"是三军之司命，主将之威势"。将领带兵必须牢牢地控制好兵权。能控制兵权，将就"譬如猛虎，加之羽翼而翱翔四海，随所遇而施之"。若将失权，"不操其势，亦如鱼龙脱于江湖，欲求游洋之势，奔涛戏浪，何可得也"。兵权重要，国君要敢于对将领授权，将领要为国君负责而善于用权。"兵权"二字，说明了领导学和管理学的本质要义。

2. "知人性"。人的品性，美恶各殊，情貌不一，人之性虽难察，但不是绝不可察。在这里，诸葛亮讲了知人、人性可察问题，说察人之道有七：间之以是非而观其志；穷之以辞辩而观其变；咨之以计谋而观其识；告之以祸难而观其勇；醉之以酒而观其性；临之以利而观其廉；期之以事而观其信。关于知人问题，在第三篇"治吏"中，将专门讲述，这里从略。

3. "将材"。讲将的素质问题。关于"将"，是诸葛亮在《将苑》中讨论得最多的一个问题。所谓"将苑"的"苑"字，就是"荟萃"的意思。"将苑"，就是论将的观点的"荟萃"。诸葛亮把将材分为九种，有仁将、义将、礼将、智将、信将、步将、骑将、猛将、大将等。如"见贤若不及，从谏如顺流，宽而能刚，勇而多计，此之谓大将"，它是以将的德与才、智与勇等为标准而区分的。"将材"重点是说择人任势问题，我们将在后面设专题讨论。

4. "将器"。按将领的才能、气度的大小而让其担任不同的官职。从纵向提出了"十夫之将"、"百夫之将"、"千夫之将"、"万夫之将"、"十万人之将"、"天下之将"等的标准。如同今天部队中有班、排、连、营、团、旅、师、军等编制一样。如"察其奸，伺其祸，为众所服，此十夫之将"；"仁爱治于下，信义服邻国，上知天文，中察人事，下识地理，四海之内，视若室家，此天下之将"等。

5. "择材"。论述因材用人问题，用人各尽其才问题。列举了部队出征中，士兵所表现的斗志、勇猛、善走、善骑、善射、善用强弩等六种情况，依各自特长而分别编在一起，成为军中的突击力量。"此六军之善士，各因其能而用之也。"

6. "智用"。讲用谋取胜问题。用谋是要讲条件的，必顺天、因时、依人以立胜。

7. "不阵"。讲不战而胜问题。"古之善理者不师，善师者不阵，善阵者不战，善战者不败，善败者不亡。"这实际是在肯定、提倡孙子在《孙子兵法·谋攻》中的观点："百战百胜，非善之善者也；不战而屈人之兵，善之善者也。"

8. "将诚"。讲了三个战事原则问题：（1）讲统军的基本原则，"行兵之要，务揽英雄之心，严赏罚之科，总文武之道，操刚柔之术"；（2）讲战斗作风，"静如潜鱼，动如奔獭（tǎ 塔，水獭）"，"退若山移，进如风雨，击崩若摧，合战如虎"；（3）讲作战战术，"迫而容之，利而诱之，乱而取之，卑而骄之，亲而离之，强而弱之"，"先计划后行动，知胜而后始战"等。

9. "习练"。讲教育训练问题。"习练"是为将的一项工作任务，也是统帅带兵的一种方法。"军无习练，百不当一；习而用之，一可当百。""教之以礼仪，诲之以忠信，诫之以典刑，威之以赏罚，故人知劝，然后习之。""一人可教十人……千人可教万人，可教三军，然后教练而敌可胜矣。"

10. "重刑"。治军要用法用纪，执行法纪要严要明。"鼓鼙金铎，所以威耳，旌帜，所以威目，禁令刑罚，所以威心。"这是战国军事家吴起的观点，诸葛亮对此作进一步明确："耳威以声，不可不清；目威以容，不可不明；心威以刑，不可不严。三者不立，士可怠也。故曰，将之所麾，莫不心移；将之所指，莫不前死矣。"

11. "兵势"。"行兵之势"。打仗要有威势，善于统军的人要把握天、地、人三种"势"，即"因天之时，就地之势，依人之利"。若这样做了，就能"所向者无敌"。

12. "厉士"。讲激励士气问题。"夫用兵之道，尊之以爵，瞻之以财，则士无不至矣；接之以礼，厉之以信，则士无不死矣；蓄恩不倦，法若画一，则士无不服矣；先之以身，后之以人，则士无不勇矣；小善必录，小功必赏，则士无不劝矣。"对此，将在第三篇"治吏"中，讲"励士"问题时作专题讨论。

13. "**和人**"。说的是治军中要维护军队内部团结。"夫用兵之道，在于人和，人和则不劝而自战矣。若将吏相猜，士卒不服，忠谋不用，群下谤议，谗慝互生，虽有汤、武之智，而不能取胜于匹夫，况众人乎。"

四 "将善" 与 "善将"

兵书中的"将"有两种含义：名词的"将"，是指领兵的将领本身；动词的"将"，是指统帅军队的艺术、方法。

治军需要将，有好的将，才有好的军，这说的是"**将善**"问题。将领要做好带兵工作，讲究带兵艺术，这是"**善将**"问题。

1. "**将善**"。

诸葛亮十分重视将，在他写的兵书《将苑》中，篇名中含有"将"字的就有11篇，如"将材"、"将器"、"将弊"等。有的篇篇名中虽然未出现"将"字，却讲了有关将的内容，如"出师"、"假权"等。"出师"篇中就有这样的文字："入太庙，南面而立；将北面，太师进钺于君。君持钺柄以授将，曰：'从此至军，将军其裁之。'"这是君王向出师的将帅授权的描述，授权严肃庄重。

关于"将"的重要性问题，孙子说："知兵之将，民之司命，国家安危之主也。"（《孙子兵法·作战》）又说："夫将者，国之辅也，辅周则国必强，辅隙则国必弱。"（《孙子兵法·谋攻》）。类似的话，诸葛亮也说："夫将者，人之司命，国之利器。"（《便宜十六策·治军》）"辅强则国安，辅弱则国危。"（同上）在《将苑·假权》中又说："将者，人命之所悬也，成败之所系也，祸福之所倚也。"

有俗话说："置将不善，一败涂地"，"兵熊熊一个，将熊熊一窝"，"强将手下无弱兵，一将无能累千军"。这些话说明，军队中，将领是关键人物，需要培养势如猛狮那样的将领来带领队伍冲锋陷阵。

关于将的重要性，古来例子不胜枚举。这里例举三人：（1）《孙子兵法》作者孙武是统军之将，他辅佐吴王阖闾，战胜了楚国，使吴国成为春秋五霸之一。（2）《吴子兵法》的作者吴起也是统军之将，是他协助魏文侯打败了秦国。（3）《孙膑兵法》的作者孙膑是大将，他帮助齐威王围魏救赵，打败庞涓，大败魏军。诸葛亮曾自喻为管、乐。其实管仲也是将，他辅佐齐桓公称霸；乐毅也是将，他协助燕昭王打败了齐国。

诸葛亮本人是相也是将，是军师将军，是他统率蜀国的千军万马，指挥关张赵马黄等上将，战曹魏，战孙吴，练就了蜀国，属"天下之将"。

当然，不是什么人都是可以为"将"的。为"将"是有条件的，按孙子的说法，具有"智、信、仁、勇、严"素质的人才可以为将。对此，诸葛亮在兵书《将苑》中讲了很多，在"将材"中就说，"将材有九"，并对每种"将"的标准、特长作了说明。在"将弊"、"将志"、"将善"、"将刚"、"将骄吝"、"将强"等篇文字中还阐述了"将帅"的品德修养，要防止出现贪、骄、犹豫不决、荒淫酒色等弊病；要做"战欲奇、谋欲密、众欲静、心欲一"的善将；要做"高节、孝悌、信义、沉虑、力行"的强将等。

诸葛亮在《将苑》中有一篇文字叫"将善"的，文中提出"将有五善四欲"的素质要求。"五善者，所谓善知敌之形势，善知进退之道，善知国之虚实，善知天时人事，善知山川险阻。"说的是将领的"知"的素质问题。"四欲者，所谓战欲奇，谋欲密，众欲静，心欲一。"说的是将帅的"智"，或者是"知"的运用要领问题。

2. "**善将**"。

诸葛亮在《将苑》中还有一篇叫"善将"的文字，重点讲将领要具有善于统帅军队的统御艺术："古之善将者有四，示之以进退，故人知禁；诱之以仁义，故人知礼；重之以是非，故人知劝；决之以赏罚，故人知信。禁、礼、劝、信，师之大经也。"就是说，诸葛亮提出了禁、礼、劝、信，是带兵打仗的根本法则。

诸葛亮还善于择将，例如他招纳、启用姜维为将。

上面说的是军事上的事与理。把这个思想推移、衍生到地方工作、社会工作、企业管理工作上来，其理完全一样。比如企业，如海尔集团用了张瑞敏为"将"，联想集团用了柳传志为"将"，就把各自的公司办得很出色。

五　严军

"严军"，从严治军。

《孙子兵法·计》说："将者，智、信、仁、勇、严也。""严"是将帅应具备的素质之一，严格的要求、严密的组织、严肃的态度、严明的纪律等。上述四个"严"是我国余秋里将军在组织大庆油田开发建设中，总结大庆人"三老四严"的精神时归纳出来的。作战打仗也必须"严"字当头。

诸葛亮对治军从严的问题十分重视。在他的著作里多次讲了这个问题，如《便宜十六策》的"治军"篇说："设斧钺以齐其心。"是说军中的刑法严厉，如"设斧钺"那样的严，使军队"齐其心"。在"赏罚"篇中说："赏以兴功，罚以禁奸。""治乱"篇中说："明君治其纲纪，政治当有先后。先理纲，后理纪。""斩断"篇中说：对不从教令的要严以斩断处之。在兵书《将苑》中，诸葛亮还专门写了一篇叫"重刑"的文字，说："禁令刑罚，所以威心"，"心威以刑，不可不严"。在该文"整师"篇中说："若赏罚不明，法令不信，金之不止，鼓之不进，虽有百万之师，无益于用。"

从严治军，千百年来传为佳话的是诸葛亮挥泪斩马谡的故事。据《三国志·马谡传》中说，马谡"才器过人，好论军计，丞相诸葛亮深加器异"，但诸葛亮却挥着泪把他刑之以法斩了。

诸葛亮挥泪斩马谡的故事是这样的：

魏主曹睿起用司马懿等人引兵二十万，来抵御诸葛亮的北伐大军。司马懿认定街亭是通往汉中的咽喉要道，准备袭取街亭。孔明在祁山得知司马懿引兵出关的消息，断定司马懿必取街亭。在选定谁去守街亭问题上，参军马谡向诸葛亮作自我推荐，自告奋勇地表示要去守街亭。孔明说："街亭虽小，干系甚重。倘街亭有失，吾大军皆休矣。汝虽深通谋略，此地奈无城郭，又无险阻，守之极难。"马谡说："吾自幼熟读兵书，颇知兵法。岂一街亭不能守耶？"于是，诸葛亮让马谡立下了必守的军令状，又派上将王平相助。诸葛亮告知马谡、王平下寨必当要道之处，使贼兵急切不能偷过。

马谡、王平二人到了街亭后，察看了地势，马谡改变了孔明"当要道下寨"的指令，认为"侧边一山，乃天赐之险也"，决定于山上屯军。王平认为此山是绝地，不可屯兵。马谡说："孙子云：'置之死地而后生。'若魏兵绝我汲水之道，蜀兵岂不死战？以一可当百也。"

司马懿大军到了街亭后，就把马谡之兵所在的山团团围住，既而又派重兵切断了蜀军汲水道路。蜀军被围又不得食而大乱。司马懿又令人沿山放火，蜀兵彻底溃败。

马谡兵败街亭，诸葛亮追究马谡的责任，变色说："吾累次叮咛告诫：街亭是吾根本，汝以全家之命，领此重任。汝若早听王平之言，岂有此祸？今败军折将，失地陷城。若不明正军律，何以服众？"挥泪叱左右将马谡推出斩之。蒋琬从成都赶来，见状大惊，高叫："留人！"说："戮智谋之臣，岂不可惜？"孔明流泪答："昔孙武所以能制胜于天下者，用法明也。今四方分争，兵交方始，若复废法，何以讨贼耶？合当斩之。"

孔明既斩马谡，又自作表文，令蒋琬申奏后主，要求自贬丞相之职："不能训章明法，临事而惧，至有街亭违命之阙"，"《春秋》责帅，臣职是当。请自贬三等，以督厥咎"。后主从之，乃下诏贬孔明为右将军，行丞相事，照旧总督军马。

诸葛亮斩马谡，自贬三等，给人的教育启示很多：（1）治军从严，执法如山。军法、纪律是军队的生命，严若失，则军队的生命失。（2）执法不避亲。马谡是诸葛亮的好友马良的弟弟，是诸葛亮的爱将，是诸葛亮着意培养的人才，但犯了重罪，照样格杀勿论。（3）执法者贵自律。马谡失街亭，罪在马谡。但诸葛亮负有用人不当之责，"请自贬三等"。（4）既尚法，又要崇德。诸葛亮对马谡的错误是怀着深深怜爱之心执法的，为此伤痛，对马谡说："汝死之后，汝之家小，吾按月给予禄粮，汝不必挂心。"周围"大小将士，无不流涕"，起到了以德教育人的效果。（第95回）

六 "庙算"

我们杜撰一个词叫"**庙算对**"。我们套用"隆中对"的说法，主要是为了强调"庙算"这个词，强调庙算重要这个理，但说的仍然是关于"隆中对"的战略决策问题。

"庙算"这个词出自《孙子兵法·计》。在该篇文字中有这样的话："夫未战而庙算胜者，得算多也；未战而庙算不胜者，得算少也。"意思是说，庙算重要，打仗要先庙算，要多得胜算而行。

什么叫"庙算"？**庙算**就是在庙堂内所进行的运筹谋划。古人作战，当君主的总要带领文武大臣、带着祭祀牲物去祖庙做祈祷，祈愿祖宗保佑，上天保佑我这个仗打好获胜，并谋划我这个仗该如何打，分析胜败得失因素，决断如何出战。

诸葛亮所写的文字中有类似这方面的话，在《将苑·出师》中就有。如说："入太庙，南面而立，将北面，太师进钺于君，君持钺柄以授将，曰：'从此至军，将军其裁之。'"在诸葛亮这段话里，不见庙算的字样，但君授军权给将，却是在太庙中发生的，君嘱咐将领曰："进退惟时，军中事，不由君命，皆由将出。"使将军拥有战场指挥的全权。在这里，太庙、君、将、军权等结合得浑然一体，讲的实际就是"庙算"问题。

我们认为，孙武"庙算"的观点是很对的。打仗需要事先进行庙算、算计、权衡、比较、思考，最后作决断。

现在说说"**庙算对**"。读《三国演义》，人们绝对忘不了刘备三顾茅庐的故事，忘不了诸葛亮"隆中对"的事。

我们认为"隆中对"就是"庙算对"。因为"隆中对"的谈话内容，实际就是一次"庙算"，是诸葛亮为刘备打天下所作的一次庙算。诸葛亮告诉刘备要打天下，如何先站住脚跟，如何与曹操、孙权争天下，内事工作怎么做，外事工作怎么做，如何争天时，得地利，取人和。认为刘备集团应该主要依靠人和。近期怎么做，长远怎么做，算计得清清楚楚、明明白白。这就是关于庙算的对话。

诸葛亮的这个庙算是正确的，刘备及其蜀汉的存在、发展，基本是按照这个庙算的路子运作的，可以这么说，按这个庙算路子走下去，其事业就兴旺，就发展；反之，其事业就遇到挫折，甚至败亡。

诸葛亮这个"隆中对"，我们称之为"庙算对"，在"治国"篇中已作了很多讨论，那是从治国角度去说的。我们认为刘备的治国与治军是统一的，军争是为了取国，取国需要军争。"隆中对"中的"庙算"，既是一个治国的命题，也是一个军争的命题。

"隆中对"这个庙算，是运筹，是谋划，是谋略。它既具有总体性的考虑，而不是一事性的考虑，是在谋全局；又具有长远性的考虑，而不是一时性的考虑，是在谋万世。"隆中对"的谋略思路管了刘备及以后西蜀几十年的战斗历程，刘备的西蜀就是在这个"隆中对"的光环映照下成长、发展起来的，但当"隆中对"不被执行时，这个光环被破灭时，蜀国则走向失败、消亡。

"隆中对"这个"庙算"是重要的，它谋了长远、谋了全局。对今天的我们来说，做各项工作也务必重视这个庙算工作，重视战略规划的研究与制定问题。

举个例来说，当我们今天享受着高科技产业的累累硕果，并因此而欣喜不已时，谁不为20多年前国家所作的庙算，所制定的抢占国际竞争制高点的"863计划"而感到自豪呢！

再举个例，50多年前，我国面对霸权主义的核讹诈、核威胁时，1955年1月15日，毛泽东主持的中共中央书记处扩大会议，作庙算，作出了发展中国原子能事业的战略决策，所以才有了1964年10月14日中国第一颗原子弹的成功爆炸，进而才有了中国航天事业的一系列辉煌。

在我们为某件大事，集中各方面的智慧做庙算时，务必要充分估计各方面情况，多算计，多考虑，争取多得胜算，以作出正确的决断。

七 决策

上题讨论了"隆中对"问题，是从"庙算"角度去讨论的，意犹未尽，写本题"决策"继续讨论。

"**决策**"这个词，在现代管理学中是一个十分时髦又使用得十分广泛的词。所谓时髦，那是诺贝尔奖获得者、管理决策学派创始人西蒙提出的，他说"管理就是决策"，此后，这个观点就在世界范围内流行开来；所谓使用得十分广泛，其意思是说，在管理学中，什么内容都可按上一个决策的帽子，如什么产品决策、营销决策、科技决策等。

但这个词的思想在我国古时就被使用了，如《孙子兵法》中的"庙算"就含有这个思想。"决策"这个词，在《三国演义》中就有，起码有两处出现过：一处出现在第 38 回，那回的回名就叫"定三分隆中决策"；另一处出现在第 44 回，在赤壁大战前夕，周瑜向诸葛亮讨教破曹良策时，诸葛亮说："孙将军军心尚未稳，不可决策也。"

请注意，在《三国演义》中，出现两个"决策"，都同诸葛亮的故事有关。还请注意，那"隆中对"，我们称之为"庙算对"的，本身就是一个决策。这两个"决策"词的出现，足见这样一个事实：诸葛亮是聪明人，是智慧人，其聪明、智慧，首先就体现在他有决策思想，而且他所做的决策大部分是正确的。

探究决策这个词，从诸葛亮作"隆中对"，我们称之为"庙算对"来看，它包含这样一个特点，那就是"决断"，从众多办事方案中决断其中之一，选出一个尽量完美的方案来，诸葛亮作隆中决策，是经过深思熟虑，作了种种考虑之后而提出的。

决策有两种：战略决策与战术决策。"隆中对"定三分的决策是属战略决策；在赤壁之战中这个仗如何打，则是战术决策。

正确的决策不是很容易做出的，必须根据事实、实际情况才能做出，情况一定要明，决策才有可能正确；决策正确，决心才有可能大；再加上方法对，事情才能取得成功。这个做事的成功诀，用简明的话来说，可概括成这样的话："**情况明，决策好，决心大，方法对。**"

现在，我们说**战略决策**。让我们举"隆中对"为例说明问题。诸葛亮作"隆中对"决策时，他对当时的政治形势的了解是一清二楚的：曹操方已拥百万之众，挟天子以令诸侯；孙权方据有江东，已历三世，国险而民附。荆州、益州地势重要，那里的领导人昏弱无能而不能守。刘备是帝室之胄，信义著于四海等。

针对这个形势，刘备今后该怎么办？诸葛亮开出的建国创业的政治处方是：跨荆、益，保岩阻，西和诸戎，南抚夷越，外结好孙权，内修政理，待天下有变，则命一上将将荆州之军以向宛（南阳）、洛，你刘备身率益州之众出于秦川。诸葛亮的战略决策处方是正确的，是合乎实际的，已被事后的历史事实所证实。

现在，我们说**战术决策**。让我们举孙权、刘备联合与曹操打赤壁大战的事以说明问题。诸葛亮与周瑜两人在商量如何与曹操战，两人各自在自己的手心里写上一个字，然后两人摊开各自的手，看双方的意见是什么。英雄所见略同，两人的手心里写的都是"火"字，都主张用火攻取胜对方。用"火"攻，或用其他办法攻，这属战术决策问题。它也是在判明了敌我情况后所作的一个正确决策，因为当时，曹操的武力要远比孙刘的武力强，用纯武力交战，孙刘肯定打不过曹操，用火攻战的办法就成为孙刘与曹操战的最佳选择。

作决策要防止拍脑袋，要搞调查研究，要据事实，要算计。现在我们举一个企业管理的例子来说明上述的理。"巨人"企业，1992 年，在没有作多大的可行性研究的情况下，拍脑袋，想建一座 18 层高的营业大楼；不久，嫌楼低，拍脑袋想盖 38 层；再后，有一位上级领导人说该楼楼址好，建议盖得再高些，于是又拍脑袋想盖 54 层；又过不久，认为既盖高楼何不盖一个全国最高的，于是又拍脑袋想盖 64 层；后又觉得"64"是个不吉利的数字，于是又拍脑袋决定盖 70 层。如此乱拍脑袋，其经营也必然是乱的，不久这个企业随着拍脑袋行为不断升级而垮台。

由此，我们得出看法，在"决策"问题上，应该坚决反对"三事"：凭感觉办事，拍脑袋行事，拍屁股完事。

上题说，作战最为重要的事是决策，决策有了，正确了，胜利也就有了。预测是决策的前提和基础，是必要的环节。

现在让我们讨论预测。

可以作这样的形象比喻，决策是一首歌，那预测就是其音符，好听的音乐旋律是靠一个一个动听的音符组合起来的。

决策是算计而得的，是思考而得的，这个算计、思考必须建立在正确的调查基础上、正确的预测基础上。

"预测"这个词，是企业管理学中的词，是经营领域中的词。在军事领域中没有这个词，但预测的基本内涵，在军事领域却有，如据调查研究所得，判断估计事态将发生的趋向，然后作出决定我该怎么办。这里的判断、估计就是预测。

诸葛亮决断高明，就在于平时注重做好周密的、细致的调查、判断、估计工作，即预测工作。

让我们例举诸葛亮火烧新野的故事来说明上述的理。

博望坡之仗不久，曹操派曹仁、曹洪领兵十万为前队，许褚为先锋，杀奔新野来，午时，来到鹊尾坡。

诸葛亮是如何迎接这个敌军的呢？敌军这个行动，早已在诸葛亮的意料之中，即预测之中了，诸葛亮对此作进一步分析，正确预测了敌人来新野后所走的路线和相应的步步动作。

根据这个分析与预测，诸葛亮下令了：令关羽带兵一千去白河上游埋伏，带沙袋堵水，当听到下游杀声嘈杂时，放水淹之；令张飞带兵一千去博陵渡口埋伏，此处水流缓慢，曹军若被水淹后，必找此处逃生，可掩而杀之；令赵云率三千人分四队，赵云自领一队埋伏于新野县城的东门，其余三队分别埋伏城的西、南、北门，却于城内人家屋上，多藏硫磺焰硝引火之物，曹军入城，必安息民房，来日黄昏后，待风起，伏在西、南、北门的兵将火箭射向城里，待城中火势大作时，城外的人就呐喊助威，留东门放敌人走，赵云就在东门外从后击之；令糜芳、刘封带兵二千，其中一半人持红旗，一半人持青旗，去新野外三十里鹊尾坡处屯住，见曹军到，红旗军左走，青旗军右走，敌人见此必不敢追，糜、刘两人就把自己埋伏起来，待城里火起，便可追杀败敌，然后去白河上游接应关羽。

曹仁、曹洪进鹊尾坡后，曹军的先锋许褚见刘备的兵退，有持红旗的，有持青旗的，不敢胡乱追。又见山顶上刘备与诸葛亮对坐饮酒，许褚大怒寻路杀上山来，山上滚下檑木等物，不得前进，山后又起杀声。曹仁等入新野县城，却是空城，至初更，狂风大作，西、南、北三门火起，曹仁等冒火出逃，奔无火的东门逃，却遭赵云痛杀。再逃，又遭糜芳、刘封等两处截杀。到四更时分，曹仁等逃到白河，埋伏在白河上游的关羽令兵取下掩水的布袋放水，水流滚滚，曹军溺水死者无数。曹仁等再逃，又遭张飞从白河的下游杀来，曹军惨败。

这就是诸葛亮出山后所打的第二个战役，是诸葛亮"新官上任三把火"所放的第二把火：火烧新野（诸葛亮出山后主打的第一个战役，放的第一把火，是火烧博望坡；第三个战役，是第三把火，是与东吴周瑜合作一起打的、放的，火烧曹军与赤壁）。在敌强我弱的情势下，火烧新野破曹兵，为刘备撤军到樊城争取了时间。

诸葛亮的新野之胜，是他判断事物正确的胜，是他预测形势变化准确的胜。在这场新野之战中，他的每步作战方案，都是建立在准确的预测、判断基础上作出的，诸葛亮的智慧令人钦佩，诸葛亮善于预测、善于决策的精神令人钦佩。

从管理角度说点预测的事。预测本来就是管理学中的一个词。搞管理、搞经营必然要搞预测。比如你经营商品，就必须预测该商品今后市场的发展形势，以便你更好地作决策。要做好两个方面的预测：结局预测与过程预测。做好过程预测，为取得好的结局打基础。做管理预测同做军事预测一样，反对主观性，要讲科学性，要调查，要研究，要实事求是，反对迷信，反对鬼神崇拜。

九 "先探敌情"

——"先知"

诸葛亮《将苑·击势》中说:"古之善斗者,必先探敌情而后图之。"这句话的意思是,善于统兵作战的人,在与敌人战的时候,首要的是先探听清楚敌人的情况,获得先知,然后战而胜之。

关于"先知",关于"知"的问题,孙子讲了很多著名的话。如在《孙子兵法·谋攻》中说的"知彼知己者,百战不殆";在《地形》中说的"知天知地,胜乃不穷";在《用间》中说的"明君贤将,所以动而胜人,成功出于众者,先知也"等。说明了"知"的内容,"知"的重要,"知"的先后,"知"与胜的关系等。

上两题中所讨论的决策问题、预测问题都是要依靠"知彼知己"的"知","知天知地"的"知","先探敌情"而获得的"先知"来构建与完成的。两眼茫茫,没有先"知",如何预测?如何决策?

古人也好,今人也好,在战事中,始终是十分重视"知"的工作、"探"的工作的。因此,在战事中就纷纷有"探马"、"哨马"、"侦侯"、"细作"、"侦探"、"暗探"、"谍报员"、"情报员"、"侦察员"、"信息员"等的出现。

让我们用诸葛亮的故事来说明"先探敌情"、"先知"的意义。

蜀建兴元年(223年),刘备去世,刘禅即位,魏帝曹丕乘机攻蜀,司马懿用五路大兵夹攻刘禅。

所谓五路兵,一路是以金帛贿赂鲜卑国王柯比能,令其从旱路取西平关;一路是遣使以封官为诱饵,令南蛮孟获起兵攻打益州、永昌;一路是遣使入吴,许以割地,令孙权出兵攻两川峡口;一路是令降将孟达西攻汉中;一路是命魏大将曹真出阳平关取西川。

建兴元年秋八月,魏调五路兵取西川的战事启动,蜀国危急,刘禅等人惶然,急请丞相诸葛亮商量,诸葛亮却连"病"三日未能上朝。刘禅驾车亲至相府,却见孔明悠闲地独自依杖在小池边观鱼。刘禅急问曹丕起五路兵犯境怎么办？孔明大笑，胸有成竹地说：主上勿忧，臣已有计，"五路兵至，臣安得不知？臣非观鱼，有所思也"。

诸葛亮所思的对策是建立在"知"的基础上的，他的"知"与"思"的对策是这样的：

一知西番国王柯比能引兵犯西平关，因马超的祖上是西川人士，素得羌人之心，羌人以马超为神威天将军，所以孔明已先遣一人，星夜驰往，令马超紧守西平关，伏四路奇兵，每日交换，以兵拒之。

二知南蛮孟获用军多疑，已令魏延领一军，左出右入，右出左入，蛮兵虽勇，但见疑兵，必不敢进。

三知孟达与李严曾结生死之交，孟达引兵攻汉中，此时，李严正守永安，孔明则以李严的手笔作书，令人送与孟达，孟达见书必会推病不出，以慢军心。

四知曹真引兵犯阳平关，此地险要，可以保守防之，所以调赵云引一军把守关隘，并不出战，曹真若见我军不出，不久就会自退。

五知对吴兵，诸葛亮认为吴与曹魏有隙，曹丕曾三路侵吴，吴不会那么卖力。只要听说其余四路兵退却，其也必然不敢妄动。但须派一善辩之士做说客，往东吴说以利害，让东吴退兵（后来诸葛亮选定邓芝出使东吴游说，果获成功）。

曹丕、司马懿的五路兵进攻刘禅，经诸葛亮"先知"、思考与努力，被一一化解。（第85回）。

诸葛亮的"探敌情"的话什么意思呢？是说要重视"探"，要重视调查研究，要重视摸清对方情况。正如毛泽东说过一句名言："没有调查就没有发言权。"

在中国土地革命时期，毛泽东坚持做农村调查，如做"兴国调查"等，从而确立了依靠农民，建立农村革命根据地的战略思想，找到了与苏联不同的中国武装夺取政权的具体道路。

在如何进行社会主义建设的问题上，邓小平坚持改革开放，进行建立经济特区的试点，摸索经验，做调查研究，做到先知。

诸葛亮的"古之善斗者，必先探敌情而后图之"的观点有普遍意义。做任何事，首先必须"探敌情"，了解情况，做到"先知"，做到"知彼知己",做到"知天知地",然后"图之"。

孙子说的"知彼知己,百战不殆"的话,被毛泽东称为"孙子的规律"、"科学的真理"。我们做任何工作就必须运用好这个"规律"、这个"真理",做好调查研究工作,做好预测决策工作,而且努力使获得的知是真知,是理性化了的知,不是表象的、一知半解的、似懂非懂的知,把工作做好。

十 "先计而后动"

——"伐谋"

诸葛亮在《将苑·将诚》中说:"先计而后动。"诸葛亮在讲了这句话后,紧接着又说"知胜而始战"。本题讨论上面说的第一句话,关于第二句"知胜而始战",让我们留待下一题中去说。

关于"先计而后动",诸葛亮在《便宜十六策·治军》中也说了两句:"用兵之道,先定其谋,然后乃施其事。""先定其计,然后乃行。"

"先计而后动"问题,用孙武的话来说,叫做"始计",叫做"伐谋"。

"先计而后动","始计","伐谋",是说作战首先要做好计谋工作,然后才开始作战。"先计而后动"的思想,来自孙武在《孙子兵法》的"计"篇。孙子首先就讲了这个"计"的思想。在有的《孙子兵法》版本中,还把"计"的这个篇名称为"始计",这说明"计"是作战中首先要做好的一项工作。

《孙子兵法》全书开宗明义就说:"兵者,国之大事,死生之地,存亡之道，不可不察也。"（《孙子兵法·计》）如何察？如何研究、审察？办法是通过"计"来察，通过"经五事（五事：道、天、地、将、法）"来察，通过"校七计（七计：主孰有道？将孰有能？天地孰得？法令孰行？兵众孰强？士卒孰练？赏罚孰明？）"来察。然后庙算之，多算计之，施好计。

诸葛亮出山帮助刘备打的第一仗叫**火烧博望坡**。

建安十二年（207年），诸葛亮出山辅佐刘备，来到新野。当时刘备的队伍不过千人，经过孔明的建议新募兵员三千人，由孔明教练阵法。不久，曹操派夏侯惇领兵十万杀奔新野而来。面对数十倍于己的强敌，张飞故意对刘备说："何不使'水'去御敌？"（"水"，指诸葛亮，因刘备曾说，他得孔明"如鱼得水"）当刘备把指挥刘军的剑印交给孔明后，孔明已成竹在胸，打了一场"先计而后动"的仗。

诸葛亮是如何打这场仗的呢？以总共四千人的刘备军，对抗十万曹军，以兵对兵地相抗争是自取灭亡。孔明用计与之打：（1）避实击虚地打。不击前锋，只击粮草，因曹军人多，粮草是大军的命脉，军中无粮，不战自乱。这也是曹操官渡之战以少胜多，战胜袁绍的经验。（2）虚中求实地打。自己兵力不足，借地势，借风力，借火势去打。借火，火攻烧粮，乘乱破敌。借地，孔明久住襄阳一带，了解博望坡的地形，他施计选择新野外围的博望坡为预设战场。（3）布阵。孔明了解曹军势众轻敌的情况，也了解刘关张赵的勇武。他手持剑印，令关羽在博望左边的豫山埋伏，见南面火起，出击，烧敌辎重粮草，一般粮草总是随军的，且必有重将把守，故派大将关羽去带兵烧粮；令张飞在博望右边的安林里埋伏，同样见南面火起，烧博望坡的旧屯粮处，使曹军无粮补充；令关平等在博望坡后两侧等候，待初更时分，敌军到来时纵火为号；又调回樊城的赵云为前部，扮作老弱残兵模样，以骄敌将之心，与敌战，不要赢，只要输，诱敌军进入预设战场；请刘备引兵就博望山下屯住，作为"援军"，敌军到时则弃营而走，进一步诱敌深入，但见火起，即回军掩杀；孔明自己与糜竺等只留几百人守县城；令孙乾等准备庆功筵席，安排功劳簿。

现在说曹军，夏侯惇与于禁等引兵至博望坡，人马快到该地时，夏侯惇遥望前方有军，笑说：此等军马与吾对敌，如驱犬羊与虎豹斗。赵云与之战，不数合，赵云诈败而走，夏侯惇从后追来，约走十余里，赵云又回马战，不数合又走，夏侯惇又追。此刻有人提醒夏侯惇小心赵云是诱敌之计，防止刘备设伏。夏侯惇见刘备兵不堪一击，不纳副将的提醒，依旧穷追不舍，进入孔明预设的战场之中，以后的战事就按照诸葛亮设定的模式进行，结果，曹军大败，刘备、诸葛亮军大胜。

博望坡之仗，少的胜了多的，弱的胜了强的，胜在智谋的运筹，说明诸葛亮"先计而后动"的正确，体现了诸葛亮的用兵智慧。（1）诸葛亮善用兵权，"主公乞借予我剑印"，压制了张飞等人的瞧他不起的情绪；（2）避实击虚，攻敌要害，敌兵势众，粮草为大，兵无粮草，不战自乱，烧其粮草；（3）赵云以骄兵诱敌，使敌进入预设的埋伏区，出其不意而杀之；（4）调配力量，因地设伏，火攻造势，放火烧粮；（5）选准时机，利用天黑夜幕作掩护杀敌。

诸葛亮初出茅庐，首次用兵，火烧博望坡获大胜，令关羽、张飞等人折服。后人这样赞扬诸葛亮：

> 博望相持用火攻，指挥如意笑谈中。
>
> 直须惊破曹公胆，初出茅庐第一功。

十一 "知胜而始战"

——胜战

作战是要讲"知胜而始战"的。打仗当然希望打必胜之仗，这一点，孙子在他的兵法书中有论述："胜兵先胜而后求战，败兵先战而后求胜。"（《孙子兵法·形》）孙子又说："善战者，先为不可胜，以待敌之可胜。不可胜在己，可胜在敌。"（同上）"先为不可胜"，各方面做了充分的准备，有必胜的把握则战之，此为"先胜"；有了把握也不能盲目出战，还要等待战机，当出现了"敌之可胜"之机时才开战，以达到"可胜"的目的。有可胜之谋，可胜之力，可胜之时机，才开始与敌作决战。

诸葛亮在《便宜十六策·治军》中也这么讲：**"智者先胜而后求战，暗者先战而后求胜。"**说明诸葛亮也是赞成"先胜"、"知胜"的观点的。但他的思考是将孙子的"胜兵先胜而后战"改为"智者先胜而后战"，将"败兵"改为"暗者"，说明了用兵胜败与智明智暗有关系，区分了仅仅以力胜人的片面观点，突出了智谋明暗是决定战争成败的关键因素，这是诸葛亮用兵的高明之所在。

诸葛亮《将苑·将诚》中的话，"先计而后动，知胜而始战"，前后两句话是有关联的。前句，"先计而后动"，重在先有谋划，才可以行动，这是从总体上、战略上来考虑战争该怎样打；后句，"知胜而始战"，关键是"知胜"，包括做好战前的准备工作，包括完整的"先计"，包括识"敌之可胜"之机，然后才可以开战，这是指具体战事而言，是针对战役行动而言的。

"先计"、"知胜"是动而胜敌的条件与前提。但是，问题没有这样简单，要做好"计"的工作，还要做好战前的种种准备工作，就是说要打有准备之仗，打有把握之仗，打"胜兵之战"，不要打无准备之仗，"败兵之仗"。

举一个例来谈这个问题，**孙刘联合大败曹军于赤壁**，在这个故事中诸葛亮和周瑜是主角。

赤壁之战，是一则历史上非常有名的以弱胜强、以少胜多的战例。

这则故事，从诸葛亮舌战群儒始，到关羽义释曹操止，在《三国演义》中共写了八个回目，作了绘声绘色、绝妙绝伦的描述。

孙权、刘备与曹操的赤壁之战发生在建安十三年（208 年）。当时曹操方投入兵力号称百万人（实际 80 万人），分布在长江北岸的千里沿线上；周瑜在赤壁投入兵力 3 万人（占孙权总兵力的 60%）、刘备方投入兵力 2 万人（是刘备当时兵力的全部），孙刘联军合起来是 5 万人，与曹操兵力相比，只占曹军的十几分之一，可谓小巫见大巫，双方力量相差悬殊。

周瑜、诸葛亮在势弱兵少的情况下，是充分发挥了主将的智谋的优势而打胜这场战争的，是按照不打无准备之仗，"知胜而始战"的原则，打胜这场战争的。

　　据《三国演义》说，孔明、周瑜他们俩所作的准备内容主要有：（1）大敌当前，孔明亲去东吴，说服东吴各方，促成了孙刘联合，迎战曹操。（2）孔明与周瑜商议作决策，决定主要采用火攻法战曹操。（3）为用火攻取胜作系列用计：需要有人去曹操那儿去纵火；现在有人自告奋勇，演苦肉计，诈降曹操，骗取曹操信任，去曹军那儿纵火，那人就是孙权的老将军黄盖；派人去曹操那里献上黄盖的亲笔降书，那人是阚泽，阚泽所言使曹操与自己暗派的奸细的汇报相符而确信无疑；派人去曹营，献战船连锁的连环计，此人是庞统，曹操慕其名而采纳。（4）用火攻需要有风，风助火势，火助兵威，诸葛亮七星坛祭风，向老天爷借得东风三日。（5）这次战斗需要用水战，为削弱曹操水军的战斗力，周瑜通过蒋干盗书施反间计，借曹操之手，除去了曹操的水军将领、荆州降将蔡瑁、张允。（6）诸葛亮利用江面大雾弥漫做掩护，虚张声势，用草船向曹操"借"了10万支利箭。（7）诸葛亮部署了陆地兵力拦截，如在华容等地设伏，捕捉曹操。（8）派人向曹操投诚，利用曹操遣派到吴的奸细，向曹魏示弱，使曹操产生骄态，曹操在长江上得意吟诗，相信打胜孙刘是轻而易举的事，幻想孙权成为刘琮第二，如此等等。就这样，诸葛亮、周瑜做好了"不战而屈人之兵"的种种准备。

　　当然，以上是据《三国演义》的描述而说的，有文艺加工，有虚构描述，正史上写的不全是这样，但其最基本的事实却没有差别。

　　因为诸葛亮、周瑜的决策正确，伐谋高明，胜战决战思想对头，"不战而屈人之兵"的准备工作充分、得当，选择了隆冬季节少有的东南风的时机，突袭曹营，黄盖纵火，吴兵千船竞发，火烧曹营，孙刘与曹操的这场赤壁大战，最终以孙刘大胜而载于史册。

军争靠什么取胜，靠伐谋，靠伐兵，也需要靠伐交。诸葛亮善借伐交为手段去取胜曹操。

关于伐交问题，本书在"治国"篇讨论"外结好孙权"时已有较多的讨论，这里就治军角度再补充说几句。

《孙子兵法·谋攻》说："上兵伐谋，其次伐交。""伐交"是军争重要的取胜手段。在孙子这段话里，伐谋、伐交是两个概念。其实，伐交也可视作伐谋的一个内容，如诸葛亮的《隆中对》中就含有"外结好孙权"的内容。这《隆中对》的内涵是"谋"，这"外结好孙权"的内涵是"交"。

用"交"去取胜，古来例子何其多。在这个问题上，在战国时期还出现过两个不同的派别。战国时期主要有七个国家：齐、楚、燕、韩、赵、魏、秦，其中尤以秦为最强。这两派是：一派以苏秦为代表，主张秦以外的六国联合起来抗秦，此谓"连横"派；另一派以张仪为代表，因秦最强，对其他六国采取远交近攻的办法压之，使其依附于秦国之下，是谓"合纵"派。前一派，齐、楚、燕、韩、赵、魏六国联合抗秦，使秦国闭关十五年，这就是伐交的力量。

用"交"伐胜，有个著名的"围魏救赵"的战例。周显王十五年（前354年），魏国派庞涓伐赵国，赵施伐交之策，请齐国帮助。齐国派出田忌、孙膑出兵救赵。孙膑、田忌没有直接与庞涓交锋，而是去围攻魏国的都城，迫使魏将庞涓回兵救魏，不仅解了赵国邯郸之危，而且孙膑在沿途设伏，打败了庞涓。这就是历史上有名的"围魏救赵"的故事。

《三国演义》中有很多很多有关伐交的故事。其中**最为著名的，也最为要紧的就数诸葛亮一手策划的有关孙刘之交的事了**。演这个孙刘之交的剧的主要人物是刘备方的诸葛亮、孙权方的鲁肃。

刘备、诸葛亮与孙权搞联合，这是由于刘备方的实力不济而决定的，他必须依靠他人之力来强化自己的力，以便与曹操抗衡，同时也与盟友孙权抗衡。刘备这样做，是诸葛亮在他的杰作《隆中对》中明白指出的。《隆中对》说：要刘备"西和诸戎，南抚夷越，外结好孙权"，这"西和诸戎，南抚夷越，外结好孙权"云云，就是属于伐交问题。这西、南、外所云，其中尤以"外结好孙权"最为要紧。

当然，孙刘搞联盟，**联是一个方面，还有斗的一个方面**。其实，联与斗是不可分离的。联中必然有斗，斗中也才能使之更好地联。因为，这两个联盟者各自有各自的利益考虑，彼此间不可能没有矛盾，不可能没有斗争，比如，在荆州问题上，斗争是很激烈的。但诸葛亮却较好地把握了其中斗的分寸，既不丢失荆州，又与孙吴维持友好。

与孙吴搞联盟这个问题上，诸葛亮做得最坚决、最积极，做得也是最好的。可是刘备、关羽对蜀吴联盟的意义认识不足，做得也较差，特别是关羽，傲慢自大，压根儿看不起孙吴，损坏了蜀吴联盟，最终吃了苦果，丢了命，丢失了荆州。刘备为义弟关羽报仇，起兵伐吴，最终大败于吴，损失十分惨重。

还得再说说诸葛亮，在蜀吴联盟遭到严重挫折的情况下，是诸葛亮坚持"伐交"政策，修复了这个残缺的联盟关系，为蜀国平定南中，进而为六出祁山、北伐中原创造了条件。

上面说的是孙刘联盟问题，在三国中**还有其他联盟**，如魏与吴也搞过联盟等。在联盟的形式上也呈现出五花八门的特点：有的是紧密的，有的是松散的，有的是既紧密又松散的。在形成联盟关系的纽带上，形式多种多样：赤壁之战中，诸葛亮去东吴做说客，孙刘搞联盟，共同对抗曹操，这是政治联盟；刘备与孙尚香成亲维持孙刘联盟，这是用姻亲做纽带；孙吴让南郡，刘备借荆州、还荆州（还荆南三郡），维持孙刘联盟，这是政治与经济手段共用为纽带；北魏与东吴联盟，是以讨伐西蜀，平分蜀地为条件，通过谈判伐交结成的联盟，如此等等。

军争伐交，现在也十分需要，如在我国抗日战争时期，我就利用苏联等国的力量与日作战，最终使我借力而获胜。

诸葛亮在《便宜十六策·治军》中说：军"以绝智为主"。

诸葛亮重视智，他亲自指挥的一些主要战争，多数是以智获胜的，如前文说及的博望坡之仗、新野之仗等。出祁山北伐中，虽然"收复中原，兴复汉室"的目标因孔明病逝未能实现，但是在斩夏侯渊，战曹真、司马懿中，也是胜仗不断；即使因军粮供应不继等原因而主动撤兵时，也在归途设伏，斩魏军大将王双，乱箭射杀名将张郃等，也取得了骄人的战绩。诸葛亮何以能做到这一步呢？因为他有智，他聪明，他善思，他所打的仗都是**智仗**，他所获得的胜都是**智胜**。

赤壁之战后，在荆州问题上，诸葛亮与周瑜三次较量，三次获胜，"三气周瑜"，说明孔明的智、聪明、善思与才华。

三次较量的缘由都是为了争夺荆州的占领权。简单地说说**荆州的战略地位问题**。荆州北据汉、沔，利尽南海，东连吴会，西通巴蜀，战略地位重要，又因地广物博，交通便利，经济发达，人民殷富，使荆州成为兵家必争之地。三国百年战乱，荆州就经历了十次争夺。曹操的谋臣郭嘉，孙权的智囊鲁肃、周瑜，刘备的良辅诸葛亮，他们在为各自君主谋划霸业时，都包括要占有战略重地荆州这步棋。

荆州七郡，包括南阳、南郡、江夏、零陵、武陵、长沙、桂阳，原来都是刘表的辖区，刘表经营了19年，但他胸无大志，独占荆州采取偏安政策，却管不好荆州，致使乱象丛生。曹操、孙权、刘备都计谋霸占这块土地。赤壁之战后，孙权与刘备就着手乘机争夺此地。孙权方的周瑜，刘备方的诸葛亮，开始了既联合又争夺的用智用勇的明争暗斗。

1. **一气周瑜**。赤壁之战后，刘备、诸葛亮兵屯油江口，准备攻占南郡治所重镇江陵。周瑜问刘备是否对江陵有意图，刘备说："若都督不取，备必取之。"周瑜说："今南郡已在掌中，如何不取？"刘备说："曹仁勇不可当，怕都督不能取。"周瑜说："若我取不得，任公取之。"刘备说，那就请君说话算数。周瑜攻打南郡，中了曹操计，中箭受伤。但周瑜不服输，继续苦战，历时一年，最终打败了曹仁。当周瑜径往南郡城下时，这个城却已被赵云占领了。周瑜只好回军去取荆州和襄阳，不料，诸葛亮自得了南郡后，遂用缴获的曹仁的兵符，连夜诈调荆州守军来援，叫张飞偷袭了荆州。另外，夏侯惇在襄阳，被诸葛亮差人送去兵符，诈称曹仁求救，诱夏侯惇引兵出城，被关羽袭取了襄阳。二处城池皆归属刘备。就这样，周瑜辛辛苦苦夺荆州，诸葛亮轻轻松松取荆州。周瑜用的是力取，诸葛亮用的是智收。周瑜智输诸葛亮一筹，气得金疮迸裂，是谓诸葛亮一气周瑜。

2. 二气周瑜。刘备占了荆州后，周瑜心生一计，借刘备丧甘夫人之机，请孙权把他的妹妹孙尚香嫁给刘备，以招婿为名，把刘备骗来东吴囚禁，要挟刘备还荆州。孙权采纳了周瑜之计，派吕范为媒去荆州提亲。对此，刘备怀疑不定，孔明对刘备说：我略用小计，定使周瑜一筹莫展。诸葛亮施的小计是这样的：叫赵云陪同刘备前往东吴南徐，带了三个锦囊妙计，叫赵云依计按需要、按顺序打开使用。刘备、赵云既到东吴，赵云打开第一个锦囊计：请刘备去见乔国老（孙策、周瑜的岳父），造势宣传刘备来东吴成亲，又通过乔国老说动了孙权的母亲吴国太，经过吴国太的考核，让刘备与孙尚香成了亲；刘备婚后乐不思归，赵云打开第二个锦囊计，使刘备决计离开东吴，携孙夫人出逃，孙权派兵将追赶；赵云打开第三个锦囊计，让刘备求救于孙夫人，孙夫人斥退孙权的追兵。当周瑜的追兵逼近荆州地界时，刘备已被孔明安排的关羽等人接应而回。"周郎妙计安天下，赔了夫人又折兵"，是谓诸葛亮二气周瑜。

3. 三气周瑜。周瑜鼓动鲁肃去刘备那里催还荆州。刘备依孔明之计对鲁肃说，益州刘璋是我之弟，我兴兵去取恐被外人唾骂。周瑜知道后答说：你刘备不忍取西川，我东吴去取，但希望我东吴兵路过荆州时，请你们出城犒劳吴军。刘备在诸葛亮的示意下点头应允。其实，诸葛亮看透了周瑜要的是"假途灭虢"的把戏，虚名收川，实收荆州。当周瑜领军水陆并进来到荆州城下时，并不见刘备出迎，却见赵云立于城头，说我军师已识破都督的"假途灭虢"之计，接着又见关羽、张飞、黄忠、魏延从四方而来，周瑜只好退兵。周瑜气急万分，在进川途中箭疮崩发，坠于马下，仰天长叹，"既生瑜，何生亮"，命绝身亡，是谓诸葛亮三气周瑜。

关于"智",诸葛亮在《将苑·机形》中说："**以愚克智，逆也；以智克愚，顺也；以智克智，机也**。"诸葛亮与周瑜之斗，是"以智克智"之斗，诸葛亮比周瑜智高一筹，高在战略眼光与料事如神，"因机而立胜"。诸葛亮一气周瑜，把握的是"势机"，趁势而占南郡；诸葛亮二气周瑜，把握的是"事机"，将计就计，促成了孙刘联姻；诸葛亮三气周瑜，把握的是"情机"，"情机发而不能行，非勇也"，以诈对诈，以武对武，针锋相对，保卫了荆州。把握时机，才是大智。智，是做将的必备素质。

《孙子兵法·计》说："将者，智、信、仁、勇、严也。""智"，被列为将的"五德"素质的首位素质。从本题的讨论可见，对一个主将来说，"智"确实是十分重要的，有智才能胜。

孙子说："凡战者，以正合，以奇胜。"（《孙子兵法·势篇》）诸葛亮说："故军以奇计为谋。"（《便宜十六策·治军》）谋的要害是用奇，出奇兵，发奇谋，打奇仗，才能获大胜。

诸葛亮是位善于出奇兵，发奇谋，打奇仗，获大胜的人。诸葛亮获这样大胜的事例太多了，最负盛名的，要数赤壁之战中"**草船借箭**"的故事。

周瑜每见诸葛亮智谋超群，产生妒忌、恐惧感，想方设法想杀诸葛亮。在赤壁之战中又想出一计，当着众将的面，要诸葛亮在十天之内造出十万支箭。诸葛亮明知这是刁难，但为了要显示刘备方对结盟的诚意与实力，满口答应，还说：大江之上，无箭怎能作战？又说：造十万支箭无需十天，三天后即可交箭，并立了军令状。第一、二天过去了，诸葛亮毫无动作，也无动静，只要求鲁肃帮助准备了二十条快船，每船要有若干名军士，船上青布为幔，草捆千余供用。到第三天四更时分，孔明密请鲁肃到船中，命将二十只船用长索相连，径望北岸进发。是夜大雾漫天，长江之中，雾气更甚，对面不能相见。孔明催舟前进，五更时分，船已靠近曹操水寨。孔明令船队头西尾东，一线摆开。利用大雾掩护，士兵擂鼓呐喊。重雾中，曹军不敢出阵，只发乱箭御敌，箭如雨发，皆中草船。一会儿，孔明又命船队头东尾西一字摆开，继续受箭，待至日高雾散，孔明收兵，轻易地、悠悠地获得了十万余支箭。这时，孔明令士兵高喊："谢丞相箭！"待曹操发现自己上当后，令人紧追，但诸葛亮的船队船轻水急，顺流而下，曹军已追之不及。

诸葛亮此举，令鲁肃惊异不已，问曰："先生何以知今日有如此大雾？"孔明答："为将而不知天文，不识地利，不知奇门，不晓阴阳……是庸才也，亮于三日前已算定今日有大雾，因此敢任三日之限。"（第46回）

诸葛亮此举给人很多启发：

1. **为将必须有智**。这一点，我们在上题讨论中已经说及，本题所举事实对此又做了最好的注脚。诸葛亮说得好：为将而不知天文，不识地利，不知奇门，不晓阴阳……是庸才也。从这里，可以看出知识的力量是何等巨大。

2. **作战务必出奇**。用常法打仗，即使胜了，也不足为奇。唯出奇兵，才能显现出将才的水平来。也只有这样，才能打出以弱胜强、以少胜多的仗，如诸葛亮与周瑜合作与曹操打的赤壁之战之胜，如诸葛亮与周瑜较量争夺荆州之战之胜。"草船借箭"之胜是诸葛亮成功用奇的一例。

3. **"草船借箭"是一种独特的思维方法，要提倡**。它不是正向地去想问题，而是逆向地想问题。箭由工匠打造，这是常法、正法，这是周瑜想的路子，据此，周瑜可以设各种关口刁难诸葛亮，如备料、工期、叫工人怠工等，让诸葛亮就范送死。诸葛亮却另出高招，不走正道走旁道，用"借"的形式，向"曹丞相"借箭，"不费江东半分之力"，得了十万余箭。

关于反向思维问题，值得大大提倡与关注。老子说："反者道之动。"（《老子·四十章》）想问题，正向想而不得时，就要作反向的思考，以此去求取"道之动"。事情常常是这样的，有时问题闹得你焦头烂额，走投无路，但你换个角度去想，眼前就会出现"忽然开朗"、"柳暗花明"的美好景象。

有语说"人不能在一棵树上吊死"，是说人做事不能总是死脑筋地想问题。要多动脑筋，正方向想，反方向想，前后左右地想，思虑尽量周全。反思、多思，正如刘禹锡的诗句所说的那样，出现"山重水复疑无路，柳暗花明又一村"的境界来。

让我们举个管理方面的例子，用来说明反向思维的重要性。日本东京山地笔厂生产的圆珠笔漏油，该店老板组织改善圆珠笔材质的攻关没有成功，于是发动全厂员工想办法。有一位叫渡边的工人，忽然想到，何不从反面去考虑问题呢？当圆珠笔在使用中，还处于没有漏油的那个瞬间，就让它断油，这个漏油问题不是解决了吗？于是通过改变圆珠笔芯的装油量，这个棘手的问题就轻而易举地被渡边解决了。

考虑问题，正面思考是必要的，这是常法。但是千万别忘了反面思考，那是奇法。多一种思考问题的方式，就多一条成功的出路，多一份胜利的把握。让我们去学习、学到这种善于运用反向思维的本事吧！

十五 奇之用

本题以"奇之用"为题，继续讨论"奇胜"。

诸葛亮善用奇，让我们再列举二则。

1. **诸葛亮用增灶撤军的办法骗过仲达**。《三国演义》第 100 回说，诸葛亮与司马懿战，诸葛亮得胜。司马懿为了除掉诸葛亮这个强敌，心生一计，要蜀的降将苟安潜回成都，去那里散布流言，说诸葛亮有怨上之意，自恃有功，早晚必将篡国。在宦官的鼓动下，后主年幼轻信谗言，急命诸葛亮回成都。诸葛亮无奈撤军。诸葛亮在撤军中，为了防止司马懿的追击，又施奇计，用增灶减兵的办法，瞒过了魏军。孔明曰："吾今退军，可分五路而退：今日先退此营。假如营内兵一千，却掘二千灶。今日掘三千灶，明日掘四千灶，每日退军，添灶而行。"司马懿见蜀军增灶，怕诸葛亮队伍有埋伏，不敢追。诸葛亮不损一兵一卒，安全地把军队撤退回汉中。

诸葛亮增灶退兵，司马懿叹曰："孔明效虞诩之法，瞒过吾也！其谋略吾不如之！"什么是虞诩之法呢？虞诩，东汉人，曾与羌人在陈仓作战，他使用增灶的办法诱骗敌人，打败了羌人。历史上还有用减灶的办法胜敌的故事，那就是著名的"孙庞斗智"的故事，孙膑用减灶的办法麻痹了庞涓，最后打败了庞涓。诸葛亮效法前人，但有新意，他用兵出奇，奇妙如神。

2. **诸葛亮设计射死魏大将张郃**。《三国演义》第 101 回说：诸葛亮伐魏，在前线，得李严的信，说魏吴联合，魏令吴取蜀（这信的内容虚妄，是李严的一种欺骗）。诸葛亮为护蜀只得撤军回西川。诸葛亮主动撤军，司马懿出兵追击。诸葛亮就设奇计截杀追兵：选择剑阁的木门道的秃山处，预先埋伏弓弩手无数，安排了滚石檑木以堵敌退路；用曾经打败过张郃的魏延和大将关兴轮流与追兵张郃交战，魏延连输数场，敌将张郃杀得性起，见沿途并无林木，穷追不舍，一直被诱至木门道中，这时滚石檑木俱下，万箭齐发，可怜名将张郃及部将百余人均被乱箭射死。

现在让我们联系商争来说些用奇的事。**商争与军争有很多相似之处**，如二者都具有抗争性质：二者都为争胜而努力；二者的抗争都很残酷，军争要死人，商争失败也有人会跳楼的；二者都要实行计、谋、术等法，以取胜对方，其中包括用奇。当然，**商战与兵战本质上是有区别的**，兵战之争是以刀枪作武器，商争是用商品、销售作武器；军争的对象其数是有限的，商争的对象是无数的，如国内同行，可替代商品的企业，甚至国外同行等；军争的抗争有时限性，打仗总是有结束的时候，商争则不然，只要企业一天不倒闭，企业与他企业的抗争永远不会止息；军争可以不择手段地用奇用诈，商争的行为则要受法律的约束、道德的约束、诚信的约束等。

现在说说**商争用奇**。商业竞争也必须出奇，出奇体现在创新上，比如开发出新奇的产品，使之有市场竞争力。比尔·盖茨领导的微软公司，自认为本企业只有3个月的寿命，于是拼命搞创新，推出一代又一代的软件产品，从Windows98，到Windows2000，再到WindowsXP，不断升级，始终把竞争对手甩在后面，企业利润也得到持续增长，使该企业获长寿。

出奇创新，在不能推出全新产品的情况下，局部地创新也可以，局部地做某些改进也可以。还可以出奇地搞营销，出奇地做广告，出奇地搞好服务等。

十六 奇正

上题说了作战的用奇问题，"奇正"与"用奇"有关。

奇正思想是孙武首先提出的。孙武在《孙子兵法·势》中说："三军之众，可使必受敌而无败者，奇正是也。"语意是，当遭敌人攻击的时候，而我不败，靠的是作战方式的奇正变化之术。在上述同篇的文字里，孙武又说："凡战者，以正合，以奇胜。"语意是，作战要用正兵御敌，用奇兵胜敌。

诸葛亮在《便宜十六策·治军》中也讲了"奇正相生"这样的话，讲了"兵以奇正为始"这样的话。

什么是"奇正"？"奇正"是个辨证的命题。"奇"与"正"对立地存在着，有"奇"必有"正"，有"正"必有"奇"。一般来说，常规战法是正，特殊战法是奇；正面对抗是正，迂回偷袭是奇；合战是正，分兵是奇；静为正，动为奇；实战为正，佯动为奇等等。统而言之，一句话："常法为正，变法为奇。"

你觉得上述说法抽象吗？让我们举《三国演义》中关于诸葛亮方面的故事来说明问题，那你就不会感到抽象了。

举诸葛亮摆空城计，武侯弹琴退仲达故事的例。

诸葛亮在兵出祁山中，马谡丢失了战略要地街亭，孔明跌足长叹：大势去矣！此吾之过也！立即布置退军。探马飞报，说司马懿引大军十五万望西城蜂拥而来。当时诸葛亮身边没有大将，只有一班文官，所率领的五千军卒，已有一半搬运粮草去了，城中尽剩老弱，众官得此消息，尽皆失色。孔明登城望之，只见迎面尘土飞扬，魏兵分两路望西城浩荡杀来。诸葛亮传令：将旌旗尽皆藏匿；诸将各守城铺（哨位），如有枉行出入及高声言语者，立斩；大开四门，每一门用二十军士，扮作百姓，洒扫街道，如魏兵到时，不可擅动。孔明自披鹤氅，戴纶巾，引二小童携琴一张，于城上敌楼前，凭栏而坐，焚香操琴。魏军前哨来到城下，见诸葛亮如此模样，不敢前进，急报司马懿。司马懿远远望之，果见孔明端坐于城楼之上，笑容可掬，琴声悠扬。心中好生疑惑，便下令魏兵："后军作前军，前军作后军，往北山路而退。"司马懿次子司马昭说："莫非诸葛亮无军？"司马懿说："亮平生谨慎，不曾弄险。今大开城门，必有埋伏。我兵若进，中其计也。"（第95回）

诸葛亮在这个战役中打的是出奇之仗，反常规之仗，不是兵戈相交，正面抵敌，而是运用心理战法，摆出空城以御敌。诸葛亮以一些老弱残兵，硬是惊退了司马仲达数万大军，争得了撤退的时间。诸葛亮何以演成"空城计"，取得如此好的战争效果？因为诸葛亮一生谨慎，从不弄险；诸葛亮又善于神机妙算，世人皆知；加上司马懿也是智谋超群，谨慎为上，此次初与诸葛亮交手，进兵如此迅速，还弄不清蜀军的底细，致使司马懿不敢轻易与诸葛亮交战。诸葛亮在这里不得已而一反常规，举了冒险棋，走了危险子。难怪司马懿退兵北向之后，诸葛亮自己也惊出了一身冷汗。

在这则故事中，我们可以弄清楚何谓"正"，何谓"奇"的问题。诸葛亮打谨慎仗是多数，是常法，是"正"；这次摆空城，打冒险仗，是偶尔为之，是变法，是"奇"。

出奇弄险是有条件的，不是说你想用奇你就能用上奇。拿诸葛亮这次摆空城的事来说，因为诸葛亮一生谨慎，从不弄险，这次摆了空城成了事；还有诸葛亮在城头上，若其不能镇定如常、笑容可掬，若其琴声不能舒缓悠扬、委婉动听，恐怕司马仲达早就识破其计了；还有，假如下次若再与司马懿战，诸葛亮若再施空城计，因为它已被使用过了，已是常法，所以就不能称它为奇法了，司马懿也绝不会上其当了，这样奇正也就转化了，奇转化为正，正转化为奇。如此，奇奇正正，正正奇奇，不可胜数，如五音之变，不可胜听，如五色之变，不可胜观，如五味之变，不可胜尝，催生出绚丽多彩的奇正花朵来。

奇正之术，是聪明之术，是智慧之术，让我们学习聪明，学习智慧，运用奇正之法去做好工作。

十七 用诡

打仗要用"诡"。"用诡"是战争必有之义。孙武说："兵者，诡道也。"（《孙子兵法·计》）又说："兵以诈立。"（《孙子兵法·军争》）战争中，不会用诡道的人，不会用诈的人，是愚蠢的，是笨拙的。

"兵者，诡道也"，**"兵以诈立"**。这里的"诡"、"诈"都是欺骗的意思。战争是"死生之地，存亡之道"，是你死我活拼杀较量的地方，没有

"温文尔雅"可言，这是战争性质决定的。借助"诡"、"诈"，欺骗对方，使自己在战争中减少损失，获得胜利。有"兵者凶器"一说，这就要求我们在作战中使用"诡"，使用"诈"。

有"自古知兵非好战"一说，是说自古会打仗的人，都是谨慎而非好战的。因为打仗就会有伤亡，这就要求我们在迫不得已需要打仗时，用谋，用计，用心去打，以减少伤亡，其中也包括用"诡"、用"诈"。

"诡"，是"兵者诡道"、"兵以诈立"语的简称，被兵圣孙武所肯定，也被诸葛亮所肯定。孙武在《孙子兵法·计》中讲了"诡道"十二法："能而示之不能；用而示之不用；近而示之远；远而示之近。利而诱之；乱而取之；实而备之；强而避之；怒而挠之；卑而骄之；佚而劳之；亲而离之。"其目的是："攻其无备，出其不意，此兵家之胜，不可先传也。"诸葛亮在他的《将苑·将诚》一文中也讲了如孙武所说的关于"诡"的若干法的话："迫而容之，利而诱之，乱而取之，卑而骄之，亲而离之，强而弱之……"作为"行兵之要"，告诫将帅们要谨记。

讲"诡"，必然要讲"间"。"间"，即间谍。"间"，用间谍窃取情报。《孙子兵法》中写有"用间"一篇。诸葛亮在他的著作《便宜十六策·治军》中也讲了"间"，说"五间（即五种间谍）之道，军之所亲，将之所厚；非圣智不能用，非仁贤不能使"。

诸葛亮对己方的人，讲仁义、仁慈；对敌人，为胜之，把"诡"、"诈"、"间"等全部用上了。刘备之军，对曹操之军而言是弱军，对孙权之军而言也是弱军，单纯地靠力是胜不了他人的，必须靠智，靠诡，靠诈，靠间。可以这么说，诸葛亮所指挥的与曹操交战之仗，基本都是靠智、诡、诈、间等取得的。如强而示之弱，诱敌进入我埋伏区，然后痛杀之，诸葛亮打博望坡之仗，打新野之仗，就是靠这些办法而取胜的。在赤壁之仗中，那草船借箭，以草人示真人向曹魏借箭，这不是诡是什么？那与司马懿作空城计之战，以空城示实城与之战，这不是诡是什么？

现在我们再列举一例以说明问题。

诸葛亮准备征伐南蛮，却有建宁太守雍闿结连孟获造反，朱褒、高定也连同作乱。诸葛亮兴兵伐南中首先与这些人交战。在交战中，诸葛亮就使用了诡术、诈术、离间术。《三国演义》第87回是这样描述的：

在捕获了高定的部将鄂焕时，诸葛亮宽厚待之，并放他回去，他向高定诉说诸葛亮的好话。

为离间高定与雍闿的关系，蜀军捕获到了雍闿、高定的兵，诸葛亮把他们分囚在两处，令军士谣传说："高定的人免死，雍闿的人尽杀。"此后，诸葛亮问雍闿名下的人："是何人部从？"被问者谎答："是高定部下人。"诸葛亮免其死，并释放回寨。诸葛亮又用同样问语问高定部属的人，答我们实是高定部下的人，诸葛亮同样免其死令回己寨。诸葛亮说："雍闿今日使人投降，要献汝主（高定）并朱褒首级以为功劳。"又说："汝等既是高定部下军，吾放汝等回去，再不可反。"

高定部下的人回寨后，向高定尽说诸葛亮好话。高定命人去雍闿那里探听虚实，却有一半的人说诸葛亮的德。高定仍不放心，又派一人去诸葛亮那里探情况，被诸葛亮的伏兵抓住。诸葛亮故意认定该人是雍闿的人，说："汝元帅既约下献高定、朱褒二人首级，因何误了日期？"诸葛亮把他放了回去，并令他带了一封信给雍闿。

高定的细作回寨，将诸葛亮的信交出，高定读信后大怒："吾真心待之（指雍闿），反欲害吾，情理难容。"诸葛亮促成高定与雍闿的火拼，雍闿被鄂焕刺杀于马下。高定携带雍闿首级来降诸葛亮，诸葛亮却说他是诈降，说朱褒有密书给我，说你与雍闿有生死之交，你岂肯杀雍闿。高定答，这是朱褒的反间计。孔明说："吾难听一面之词，汝若捉得朱褒，方表真心。"

高定引兵又去杀朱褒。高定说："汝如何写书与诸葛丞相处，使反间之计害吾耶？"朱褒漠然，不知怎对，被鄂焕一戟刺杀于马下。（第87回）

诸葛亮就这样用"诡"、"诈"、"间"之术平了雍闿等三人的反。

作战是不能不用"诡"的、"诈"的、"间"的。若不这样，那就叫对敌人讲仁慈，对己军讲残忍了，作战的结果也就必然是胜负颠倒了。

十八 借力

"借"是一种"计",是一种"智",是一种"奇",是一种"力"。诸葛亮善用"计"、"智"、"奇"、"力"。

"借"存在的理由是这样的：作战中，自己主观方力量不足，无力与敌人抗衡，于是就用"借"，使自己强大起来，使之与对方战，取胜对方。

"借"，向谁借？向敌人借，向友军借，向其他方面借，向自然环境借等。

关于诸葛亮的"借"的故事，最负盛名的有三：借荆州的"借"，草船借箭的"借"，借东风的"借"。让我们逐个说这些"借"。

先说借荆州的"借"。

借荆州的"借"，在本书本篇"伐交"、"智胜"等处已经说及，这里再补充说几句。

荆州地理位置重要，是兵家必争之地。就三国而言，魏要争之，因为它是北方进入南方的通道；吴想要之，因为它是吴西向的门户，同时，在条件成熟的情况下，可北扩；蜀想夺之，因为它是蜀立足的基点，也是它西入益州的一个基地，同时，在可能的情况下可东奔、北奔。

荆州之争，在赤壁大战后，主要是在吴、蜀之间进行，是由赤壁大战之胜引发的。因为曹操在赤壁战争中失败了，荆州地区就被孙、刘两家作为战利品而互相争夺着。按当时的公理，孙刘联盟在赤壁战胜了曹操，孙权方出的力最大，荆州这个战利品似乎应该归于孙权所有才是。

但是，刘备、诸葛亮占有荆州也不是没有道理，因为，属荆州地区的南郡等地首先是被刘备军占有的；还有，孙刘联军胜于赤壁，刘备方也是出了大力的；再有，荆州本是刘表的基业，刘备是刘表之弟，刘表虽然去世，但其子尚在，做叔叔的帮助侄子管理荆州，也是合乎情理的事。

现在的问题是，诸葛亮为什么没有死皮赖脸地去占有荆州，反而说是向孙权"借"？是傻？是无能？显然都不是。其实，这正是诸葛亮所以成为诸葛亮的缘由所在,是高明,是谋断。在诸葛亮看来,借荆州比得荆州更有利,这既可以与孙权维持和好局面,使联盟关系不破裂,同时也可以牵制孙权,更重要的是我刘备方依然控制着荆州这个战略要地,为进军益川提供基础。"刘备借荆州,一借不还",多高明的一着棋。

再说**草船借箭**的"**借**"。

关于这,在本篇"用奇"中已说了不少。

三说借东风的"借"。

赤壁大战前夕,周瑜和诸葛亮已经商定,用"火攻"的方法对付曹操百万之众,并已作了许多准备,如有人愿去曹操那里纵火等,可谓基本已达到了攻曹"万事俱备"的程度。

此刻周瑜在江畔的战船上,观望曹营,一阵狂风刮起战旗的旗角拂向瑜面,周瑜猛然一惊,口吐鲜血倒下,不省人事。

周瑜的昏厥有道理。与曹操战,用火攻必须有风,曹操军在江北,周瑜军在长江东南,有风而且必须是东南风,只有这样的东南风,才可能让火向曹操方烧去。而此刻是隆冬季节,哪来的东风呢?江畔那阵风拂面刮来,说明此时刮的是北风,或西风,怎么能不把周瑜刮出一个忧愁致昏倒的心病来呢!

周瑜被救起。诸葛亮看出了周瑜的病因。为此,诸葛亮为周瑜开出了十六个字的处方:"欲破曹公,宜用火攻;万事俱备,只欠东风。"周瑜大惊,病愈,暗思:"孔明真神人也。"问:"先生已知我病源,将用何药治之?"于是诸葛亮在南屏山搭七星坛祭风,为赤壁之战借得东风,烧了曹操一把大火。

诸葛亮设坛祭东风,这是神灵描述,不值得太多相信,但曹操的兵确实是被火大烧了的。《三国志·周瑜传》就有"时东南风急"、"尽烧北船"这方面的记载。另外,诸葛亮聪明,作战需要借力也是毋庸置疑的。

"借"是重要的取胜之法,是变己弱为己强的一着,我们要善于利用这种"借"。关于这,让我们在下题中去细说。

十九　借力之二

上题已经就诸葛亮善于"借"的问题说了好几个例子了，如"借荆州"等，现在让我们再说一个诸葛亮**借他人之力而得将**的故事。

大将马超受东川张鲁的派遣支援刘璋，进攻刘备军占据的葭萌关，与张飞大战百余合，不分胜负。刘备深爱马超这个虎将。诸葛亮同刘备说："亮闻东川张鲁，欲自立为'汉宁王'。手下谋士杨松，极贪贿赂。可差人从小路径投汉中，先用金银结好杨松，后进书与张鲁云：'吾与刘璋争西川，是与汝报仇。不可听信离间之语，事定之后，保汝为汉宁王。'令其撤回马超兵。待其来撤时，便可用计来招降马超矣。"诸葛亮对刘备说的这一席话，是借他人之力收降马超的话。

刘备照办，修书备金，差孙乾去汉中见杨松，杨松大喜，引孙乾见张鲁。张鲁贪官贪财，便差人教马超罢兵。但一连请了三次，马超就是不撤兵。杨松说："此人素无信行，不肯罢兵，其意必反。"并散布流言说马超意欲夺西川，自为蜀王，与父报仇，不肯臣服汉中。杨松又同张鲁说：可差人同马超说，要马超在一个月之内取西川、斩刘璋、退荆州兵，若三事不成，让献头来。同时派军把守关隘，防马超兵变。张鲁从之。马超欲罢兵回汉中，张鲁却派兵守住隘口，不放马超兵入，马超处于进退不得之中。据此刘备、诸葛亮起用西川人李恢，借用李恢之善辩能力，利用李恢与马超有一面之交的关系，说降马超，获成功，使刘备获得一员虎将。（第65回）

关于"借"，我们还想讲一个道理，"伐交"实际也是一种"借"，借友军之力，与我媾好，协同抗击敌人。

本题与上题所举的诸葛亮关于"借"的故事，都是从军争角度说的，现在我们扩展眼界，把诸葛亮的"借"的思想，延伸到、转化到、使用到商争领域中来，发现其可用性很强，举例若干作说明。

1. "**借冕播誉**"。"冕"，皇冠。"借冕播誉"，就是借皇帝之冠扬我之名。这个成语的现实价值是作宣传用、广告用。用某名人之名气，宣传、广告我的事、我的物，使我的事、我的物得以扬名。有一人，写了一本蹩脚的书，无人问津，该人寄了一本给国王，利用国王纳该书，不屑读该书，扔弃该书三次行为，利用媒体作宣传，告诉社会，国王纳我书，不读我书，扔弃我书，产生社会效果，或引起兴趣、好奇，或图看个究竟，纷纷购买。借冕播誉，现在被很多企业、商家广为利用，如借某影视明星的冕大做自己的商品广告等。

2. **"借尸还魂"**。某商品已被社会淘汰，某企业把它拣了回来，加以革新、改造，使该产品起死回生，旧貌换新颜。

3. **"借鸡下蛋"**。没有鸡，下不了蛋，就赚不来钱。没有"鸡"，或是没有资金，或是没有场地，或是没有其他，那就要向他企业借自己所需要的"鸡"，使自己有下蛋的资本与能力，让自己下起蛋来。

4. **"借船出海"**。企业应该有这样的抱负，把自己的商品、生意做到海外去，与海外的同行拼天下。要做到这一点很不容易，需要有过硬的商品质量，有商品销售渠道等。假如自己不具备这些，那就必须采用"借"的办法了，如我的商品借冠他企业品牌的名打出去，借国外企业的名与该企业合作生产商品等。我国联想集团创业之初，曾用"瞎子背瘸子"的办法，在国外打市场，其实，这也是一种借力之计。

5. **"借刀杀人"**。企业间竞争十分残酷。有的企业，利用某企业的社会影响，挤压另一企业，使另一企业退出甚至垮台。

如此等等，还可以利用多种多样其他的"借"，如"借题发挥"、"借花献佛"、"借风使船"、"借古讽今"、"借水行舟"等，为我服务。

"借"是计，是智，是奇，是力，就让我们善用这种计、智、奇、力，即善想，想出好的"借力"的招来，"借力使力不费力"，以巧取胜，使我们的企业昌盛起来。

　　你会下象棋吗？你出个炮，我上个马。你会打篮球吗？你来攻，我来守。这叫应变。你怎么来，我就怎么应对。凡是具有博弈性质的东西，在较量过程中都要注意应变。其实，扩大地看，做任何事，都有一个以事应变的问题，形势变了，情况变了，你还能墨守老框框吗？

　　战争也是博弈，自然也离不开变易。

　　我们认为《孙子兵法》其精华思想多多，最主要的有四：**庙算思想，伐谋思想，先知思想，变易思想。**

　　《孙子兵法》中有一个重要思想就是强调应变。在"虚实"篇中说："**水因地而制流，兵因敌而制胜。故兵无常势，水无常形，能因敌变化而取胜者，谓之神。**"

　　诸葛亮也十分重视应变，在他的著作中有这方面的论述。在《便宜十六策·治军》中，诸葛亮说："敌欲固守，攻其无备；敌欲兴阵，出其不意；我往敌来，谨设所居；我起敌止，攻其左右。"这里，诸葛亮所说的都是因敌变化而变之法。

　　诸葛亮在作战中，就很会应变。诸葛亮在作战中善变，善胜，多胜。他的胜多半来自于他善于应变，视敌情的变化而及时调整自己的行动方案。

　　让我们列举诸葛亮应变三例。

　　1. **用马超之力，应变，解了孙权遭曹攻伐之危。**《三国演义》第58回说，曹操杀马腾后，乘机发三十万兵伐吴。孙权急命鲁肃去刘备处求救。刘备处于两难之地：不救吴，有损孙刘联盟，也有可能遭到被曹各个击破之险；救吴，此刻刘备正准备进军西川，救了吴就会丧失征伐西川的机会。诸葛亮不愧是军师、智囊，他提出了应变之法，办法就是借他人之力以相救。孔明说：曹操杀了马腾，其子马超必然恨曹操，只需要联合马超，让马超起兵入关，袭曹操之后，问题即解。刘备按孔明之计行事，孙权之危迎刃而解。

2. 用吴懿计，应变，变先攻雒城，后捉张任，为先捉张任，后取雒城。《三国演义》第 64 回说：诸葛亮带兵进川，刘备等人攻打雒城，久攻不下。据守雒城的张任是益州名将。诸葛亮收降川将吴懿后，依据吴懿提供的情报，观察了雒城外金雁桥一带的芦苇地形，改变了直攻雒城的战法，作出"先捉张任，后取雒城"的应变对策，于是命魏延、黄忠、张飞、赵云等人分别在金雁桥外几处设伏。诸葛亮亲自去前线诱敌，引一队不整不齐的军队，过金雁桥来，与张任对阵。张任见状冷笑："人说诸葛亮用兵如神，原来有名无实。"轻敌而出，被孔明诱过金雁桥，结果遭蜀军魏、黄、张、赵等人伏击，张任被诸葛亮俘获，雒城随后而得。

3. 与司马懿战，变死打为活打，打得赢就打，打不赢就走。《三国演义》第 103 回说：诸葛亮北伐，六出祁山，与司马懿对决于五丈原。司马懿畏敌，坚守不战，诸葛亮施尽各种手段，叫阵，骂阵，羞阵，搦战，司马懿就是按兵不动。诸葛亮据情应变，派人给司马懿捎去一只盒子，内装妇女服饰，并附了一封信说："仲达既为大将，统领中原之众，不思披坚执锐，以决雌雄，乃甘窟守土巢，谨避刀箭；与妇人又何异哉！"司马懿见此信，依然故我，甘受侮辱，就是不与诸葛亮战，相持数月，蜀军后因诸葛亮身体不好而撤军。真是"打得赢就打，打不赢就走"，结束了这场战争。

"变"是重要的，是客观的，是绝对的。世上没有不变的事物，天在变，地在变，有所谓这样的话："天不言而四时行，地不语而百物生。"人间万物也在变。古希腊哲学家赫拉克利特讲过这样一句十分有名的话："人不能两次踏入同一条河流。"是说，当你再次踏入你第一次踏过了的那条河时，那河里的流水已经变化了原样。我们讨论应变问题的意义在于，世上的事无时不变，我们一定要顺应大势，主动地改变自己，善于应变，把我们这个世界变得更漂亮些。

"势"，态势、气势，也包括强大的实力形成的威势、优势等。

诸葛亮重视势，主张造势。他在《便宜十六策·治军》中说："**将服其威，士专其力，势不虚动，运如圆石，从高坠下，所向者碎，不可救止，是以无敌于前，无敌于后，此用兵之势也。**"这话的意思是，用兵打仗首先要有威势，不是虚动形态的势，应该造成如圆石从高山滚下，所向披靡，不可救止那样的态势。这样的势，它无敌于前，无敌于后。

"兵以势胜。"（《鶡冠子·世兵》）将帅不仅要注意战略造势，还必须注意战术的布阵造势，如诸葛亮布"上方谷困司马"之势，布"盘蛇谷火烧藤甲军"之势等。

诸葛亮在他的兵书《将苑》中还写了"**兵势**"篇，说"**行兵之势**有三焉：一曰天，二曰地，三曰人"。天势者，日月清明，风气调和；地势者，城峻重崖，洪波曲径；人势者，主圣将贤，三军由礼，士卒用命，粮甲坚备。诸葛亮认为"善将者，因天之时，就地之势，依人之利，则所向者无敌"。诸葛亮还写有"**地势**"篇，说"地势者，兵之助也，不知战地而求胜者，未之有也"。还写有"**情势**"篇，说用兵要针对敌方将领的性格、心理，采取相应的对策。还写有"**击势**"篇，说"古之善斗者，必先探敌情而后图之"。

按照诸葛亮的观点，"**兵势**"有两种："**行兵之势**"与"**用兵之势**"。所谓"行兵之势"，上述"兵势"篇中所说的"天地人""三势"，就是这种势，是胜敌必备的条件。所谓"用兵之势"，上述所说的"地势"、"情势"、"击势"就是这种势。它告诉我们在作战中务求得地利，以求兵之助；要顺应敌将之情而用谋；要探知敌情之后而进行作战。

"**行兵之势**"比"**用兵之势**"重要，显得高远，是指将帅指挥一个或几个战役，造就战则必胜所应具备的条件。"行兵之势"是指战略造势，如诸葛亮指挥的打南中之战、打北伐中原之战等。"用兵之势"也十分重要，是战役造势，战术造势，造的是战争中打赢一个个胜仗的势。"行兵之势"与"用兵之势"相结合，这是诸葛亮对孙子等军事家"造势"思想的继承与发展。

诸葛亮上述关于"治军"中那段话，说"将服其威"的用兵之势，是说作战要靠强大的威势作支撑，说这种势之强大"运如圆石"。上述关于"兵势"的那段话，是说"行兵之势"，打仗要靠得天之时，得地之势，得人之利才能得胜。

关于"运如圆石"问题，在《孙子兵法》中有论述，在该书的两个篇章说及了这个问题。"形"篇中说："胜者之战民也，若决积水于千仞之溪者，形也。"语意是，胜兵在作战中，其势态像打开高山上深谷的积水，冲破堤岸，奔腾而下，不可阻挡，这叫"形"。另一篇"势"篇中说："善战人之势，如转圆石于千仞之山者，势也。"语意是，善于作战的人，其运兵作战的势态，就像从千丈高的高山上把巨大圆石往下滚那样，无坚不摧，锐不可当，这叫"势"。

"运如圆石"，实际是强大实力的一种运作态势。这势态是这样的：有训练有素的精兵良将，有强大的兵力，有精良的武器装备和后勤保障，有严密的组织纪律和优良的战斗作风，有"将服其威"的正确指挥，有"士专其力"的队伍素质等，形成进不可挡、退不可追、攻无不克、战无不胜的态势，如同从高山上滚下圆石那样锐不可当，如同高山深谷决水那样一泻千里。

诸葛亮对"势"的论述，与孙子的论述基本相同，但在对于实力内涵的理解上，我们觉得，诸葛亮的理解对孙子观点有发展，由兵力众寡发展到将帅的智力高低，由物质因素扩展到精神因素，由兵众之力扩展到将帅指挥问题，甚至更重视人，重视人的智能的发挥，重视各种制胜因素的协同，诸葛亮的理解是精辟的。

在刘禅年代，在诸葛亮当政期间，为平定南中与南蛮孟获作战，诸葛亮首先是贮备了强大的军事和经济实力，并以绝对优势的兵力与南蛮开战。他起用了五十万兵力，几乎占了当时蜀军的一半，以赵云、魏延为大将，川将数十员，分三路并进，并亲执帅印，亲自指挥，向南中进发。因为诸葛亮有强大的"势"作保证，又运用了"攻心为上"的策略，所以能对蛮王孟获做到七擒七纵，最终使孟获心服而胜利。

诸葛亮强调势，还有这样一个道理。蜀国的国土面积、人口数量、经济、军力等，都远弱于北魏。为此，诸葛亮强调要利用"天时地利人谋"这三方面的势做好工作：在道义上造势，魏要篡汉自立，蜀国要恢复汉室；强化国内管理造势；在用兵智谋上造势等。用这些办法来克服自己在兵员、武器上的不足，实现自己的富强目标。

联想到解放战争初期，敌与我的军兵对比是三到四比一，但是我们最终却战胜了强敌，何故？除了战争性质的正义性，得到人民的拥护，作战的方针正确，谋略正确，全军将士的英勇善战等因素之外，还有一条，那就是我们采用了每战"集中优势兵力，各个歼灭敌人"的正确的造势方针，以此一个一个地消灭了敌人的有生力量，逐步改变了敌强我弱的势态格局。拿北平的和平解放来说，它是在我军以强大兵力迅速攻取天津后，形成了对北平"兵临城下"的高压态势，加上一系列的争取民众、瓦解敌军的工作，攻心造势，才实现了和平解放，达到了"不战而屈人之兵"的目的。最后中国共产党以"势"打造出了一个新中国。

"心战为上"

诸葛亮南征中，孟获被第七次俘获，押进孔明大帐，孔明令武士给他松绑，进酒压惊。当孟获与祝融夫人并孟优等人饮酒时，忽一人入帐告诉孟获，说丞相面羞，不欲与你相见，令我告诉你，叫你回去，再招人马来决胜负。孟获顿时泪流满面，说："七擒七纵，自古未曾有过。我虽是外化之人，也颇知礼义，怎么能这样地不知羞耻呢！"于是同兄弟妻子宗党等人，跪于孔明帐下，向孔明请罪说："丞相天威，南人不复反矣！""某子子孙孙皆感覆（丞相）载生成之恩。"孔明请孟获上帐，设宴庆贺，令孟获永为洞主，所夺之地尽皆退还。（第90回）

诸葛亮这次南征，从三月开始，五月渡过泸水，三路大军会师云南，与叛军主力决战，至七月止共用了四个多月的时间，一举荡平四郡，蛮王孟获被七擒七纵，心服蜀汉。至此，南中彻底归服蜀汉。

清人赵藩在武侯祠写有楹联说："能攻心则反侧自消，从古知兵非好战。"说的就是上述诸葛亮南征"七擒孟获"的事。清人张澍编辑的《诸葛忠武侯文集》卷二有《南征教》一文，说亮举众南征，为教曰："用兵之道，攻心为上，攻城为下；心战为上，兵战为下。"诸葛亮南征，对蛮王孟获七擒七纵，直至使其口服心服，建立了稳定的南中，这就是诸葛亮"攻心为上"政策的成功之处。

诸葛亮使孟获心服的"攻心智慧"，其经验可概括为三点：

1. **以威服人，以力胜之**。军事斗争，双方胜与不胜，服与不服，首先是军事实力的较量。对于文化落后的孟获蛮夷部落，他们一向自恃其勇而不服输，就更要在武威上征服他们，才能收服其心。诸葛亮是运用了强大的兵力与之战的，关于这，在本篇上题"造势"中已有较多的讨论，这里不再重复。

2. **以智服人，以谋胜之**。孟获"颇晓兵法"，因此也必须在兵法智谋上胜之，才能让孟获输得心服。第一次擒孟获时，诸葛亮用骄兵之计胜他，当孟获看到王平军马平淡无奇时说："早知如此，吾反多时矣。"遂驱兵大进，结果被蜀将包围而活擒。孟获第二次被擒来，孔明令他遍观各营虚实，有意让孟获看出蜀军囤积粮草于密林深处的破绽，诱其用火攻之策攻蜀，结果孟获败，如此等等。诸葛亮神机妙算，令蛮王无以应对。

3. **以恩服人，以道胜之**。比武力、计谋更具战斗威力的力是精神感召力、政策感召力，诸葛亮就用这两种力与孟获战。"七擒七纵"孟获，就是诸葛亮施上述两力于战争的具体体现。诸葛亮的战就是对孟获"欲服其心，不欲灭其族"之战，是仁抚策略之战，是爱心策略之战。孟获被第二次俘获时，诸葛亮曾对孟获说，我有精兵猛将，有充足的粮草兵器，你与我战，你是不可能获胜的，并说"汝若早降，吾当奏闻天子，令汝不失王位，子子孙孙，永镇蛮邦。"孟获不服。当他第七次被俘获后，孔明说羞与他相见，只是要他回去再来决战。此刻的孟获态度与第二次被俘时的态度大不一样了，孟获说："南人不复反矣。"诸葛亮之胜，最终是胜在"心战"上，胜在"精神感召力"、"政策感召力"上，"心战"胜了，诸葛亮彻底地胜了。

上述三个胜，对诸葛亮来说，都很重要：第一个胜是基础的胜，武力是基础，你不服，我有力量收拾你；第二个胜，是智的胜，我花少的力，使我获大的胜，让你输得口服心服；第三个胜，是心战的胜，是"心战为上"的胜，这个胜是最根本的、最彻底的，用孟获的话来说："南人不复反矣。"这三个胜，力胜，智胜，心胜，互为影响，缺一不可；对南蛮人来说，第三者尤为重要。

"心战为上"，打仗如此，做其他工作也如此，做好人的思想工作，使人心悦诚服。如果你是生产厂家，你的产品，其信誉度能深入到顾客的心中，你就获大成功了；你是商家，你服务之好令人感动，那么，你的生意一定会做得兴旺红火。

二十三 创新

诸葛亮在用兵中有好多创新，战略创新，战术创新，还有带有发明创造性质的科技创新，如行兵布阵的"八阵图"，发明"木牛流马"、"连弩箭"等。

创新一词，三国时没有。出新的思想包含在出奇、用智、用巧之中。奇在超出常规，智在预见如神，巧在可夺天工。诸葛亮的"巧思"，就体现在出奇用巧的创新之中。

让我们说说**八阵图**。本故事见于《三国演义》第84回，是困住东吴陆逊之兵的一个石头阵。远看石阵，四面八方皆有门户。进入阵中，飞沙走石，遮天盖地，杀气袭人，无路可出。后经孔明岳丈黄承彦引导，陆逊才得以走出此阵。以小说的描述来看，该阵神奇诡妙，难以置信。但据陈寿的《三国志》记载："亮性长于巧思，损益连弩，木牛流马，皆出其意，推演兵法，作八阵图，咸得其要。"说明确实有八阵图存在。而且，诸葛亮自己还写有"八阵图法"的文。孔明的八阵图，是古代两军交战时部署的一种行列形态。"阵"必须依照敌情、地形、天候的变化来设计，是一般兵书中所称的"阵法"。

汉代名儒郑玄说，孙武有"八阵"，传说是"方、圆、杜、牡、轮、雁行等"不同形态的阵形。新出土的《孙膑兵法》中，也有"八阵"的词，并说："知八阵之机，才是王者之将。"西晋李兴在注释诸葛亮的八阵图时指出："推子（推，推断；子，指诸葛亮）八阵，不在孙吴。"这话是说，诸葛亮的八阵，不限于孙武和吴起的八阵，有不少是他自己独创的。诸葛亮自己也表示："八阵既成，自今行师，应不覆败矣。"（《诸葛亮集·八阵图法》）说明"八阵图"是诸葛亮的得意创作，是其巧思设计的独特行军阵形。其目的，应是在于提高进攻和防御能力。八阵图由于相当实用，对后代影响也很大。所以，司马昭在平灭蜀汉以后，便命令陈勰学习诸葛亮"图阵，用兵倚伏之法"，并表示可用"武侯遗法教五营士"。北魏文帝时，大臣也曾建议"宜采诸葛八阵之法，为平地御寇之方"。

"八阵图"因创新、实用，后人有很多褒扬，如唐杜甫这样称赞"八阵图"："功盖三分国，名成八阵图。江流石不转，遗恨失吞吴。"

现在说"**木牛流马**"。《三国演义》中出现"木牛流马"这个新鲜事物是在该书的第102回。哨马报说："蜀兵用木牛流马转运粮草，人不大劳，牛马不食。"司马懿闻之大惊曰："吾所以坚守不出，为彼粮草不能接济，欲待其自毙耳。今用此法，必为久远之计，不思退矣。"

诸葛亮北出祁山，道路崎岖，多有依山而建的栈道，军粮运输是个难题。在当时的条件下，人挑马驮，需要占用庞大的人力、马力。而且人需粮食，马也需草料，使运输负重加大。在这种情况下，诸葛亮发明了木牛流马，确实是一个莫大的进步，是将木工机械工艺用于实战，对诸葛亮运输粮草，支持远征伐魏，持久作战，作用甚大。

"木牛流马"有什么功用？诸葛亮在其文章《作木牛流马法》中说：它"特行者数十里，群行者三十里"。在《三国演义》第102回，诸葛亮说，它"搬运粮米，甚是便利。牛马皆不水食，可以运转，昼夜不绝"。蜀的士兵夸奖说，它运作起来，"宛然如活者一般，上山下岭，各尽其便"。连敌人司马懿对它也赞不绝口，"果然进退如活的一般"，并设法劫持了几只木牛流马，仿制两千只，去陇西搬运粮草。诸葛亮利用司马懿已会用木牛流马这个情况，遣人扮作魏兵，混入魏军运粮队伍中，杀散护兵，把粮草运往自己营寨方向；当魏兵来追，扮作魏兵的蜀兵，当即把木牛马的舌头扭转，使之动弹不得。等蜀军再到时，再重新把木牛马的舌头扭转回来，就这样，把敌人的粮草轻易地运到蜀军营中来，并使蜀军打了大胜仗。

《诸葛亮集·卷四》在"制作"篇中记载：木牛是"方腹曲头，一般四足，头入领中，舌著于腹"。《蒲元别传》载：蒲元为诸葛亮相府西曹掾，孔明欲北伐，患粮运难致，蒲元遂与孔明曰："元等推意作一木牛，兼摄两环，人行六尺，马行四步，人载一岁之粮也。"这说明着蜀将蒲元与诸葛亮设计制造木牛流马有关。还有这样的传说，说诸葛亮的妻子黄氏曾经创造过木制的磨面机。这可能说明黄氏制造磨面机的工艺技术，对诸葛亮发明木牛流马有影响。

现在说连弩箭。连弩箭，拉弓一次能发射多枚箭的新型弓弩，还有"损益连弩"的话，是陈寿在《诸葛亮传》中说的。"损益"的本意是减少或增加，诸葛亮造"损益连弩"，就是对当时的连弩箭进行了损益改进。据说是诸葛亮依照当时的连弩箭进行改良的，又称之为元戎。曹操善用骑兵，或许诸葛亮就是为了对付曹魏的骑兵而设计了这种连弩机，一弩十矢俱发，号称为摧山弩，威力强大，为当时第一流的兵器。据《中国军事通史》中记载："诸葛亮改进连弩，以铁为矢，矢长八寸，一次十矢齐发，称为元

戎。"（见该通史第七卷《三国军事史》）

战国的墨翟和公输般以发明攻城工具而闻名；汉代的张衡，以发明观测天象的浑天仪、预测地震的地震仪而闻名；诸葛亮发明八阵图、木牛流马、连弩箭，也是一位伟大人物。

现在让我们说说今天。邓小平提出"科学技术是第一生产力"，这是个石破天惊的正确观点，从而为我国开创科技事业发展搭上了天桥。从此，我国的科学技术进入了高速发展的轨道，如我国航天技术的迅猛发展等。

二十四 "委积为备"

标题取自诸葛亮《便宜十六策·治军》中的一句话。原话这么说："**军以粮食为本，兵以奇正为始，器械为用，委积为备**"。"委积"有多义，主要解释，一作储备粮草讲，二作积聚财物讲。这里把它理解成粮草兵器等物资储备的意思。

"委积"是重要的，古代军队作战，首先消耗的是粮草。没有委积作保障，胜利是不可能得到的。有语说："兵马未动，粮草先行。"这说明"委积"问题的重要性。

"**委积**"问题，现在有一个更为宽泛的词去替代它，那就是"后勤"。作战的后勤保障问题，包括粮草的保障，作战器械的保障等。强大的军队，离不开强有力的后勤作保障，离不开国家经济发展作支持，只有富国才能强兵。诸葛亮的治军思想中是十分重视"内修政理"的，政治的开明、社会的稳定、经济的发展，是出兵制胜的基础。平时不忘战时，安不忘危，因此"委积为备"的思想，至今依然有现实意义。

《孙子兵法》在"作战"篇中说："善用兵者，役不再籍，粮不三载，取用于国，因粮于敌，故军食可足也。"此话是说，善用兵的人，兵员不一再征集，粮秣不多次运送，军需从国内获取，粮秣从国外获得，这样，军队的粮秣、给养、辎重等问题就解决了。孙武在上书同篇又说，作战消耗是很大的："千里馈粮"，"日费千金"。善于用兵的将领，就应该尽量解决这个问题，如"因粮于敌"，"务食于敌"。我们所以引用《孙子兵法》中的上述话，是说"委积"问题重要，后勤问题重要，"委积为备"重要。在《孙子兵法·军争》中，孙武还明确地说："军无辎重则亡，无粮食则亡，无委积则亡。"

"委积"问题重要，在《三国演义》中有好多战例可以说明这个问题，最有名的是"战官渡本初（袁绍）败绩，劫乌巢孟德（曹操）烧粮"的故事。官渡之战之初，袁绍的力量远远大于曹操，按理说，袁绍应是胜者，但却被弱者曹操打败了，而且败得很惨，从此袁绍一蹶不振，永远地没有再翻身过来。故事是这样的，曹操自己军粮告竭，情况危急。曹操汲纳了谋臣许攸的建议，亲自带兵去突袭袁绍的存粮重地乌巢，并用大火焚烧之，致使袁绍大军无粮，不战自败。而曹操却从死地转向了活地。（第30回）

关于"委积"的故事，发生在诸葛亮身上的也不少。如赤壁大战前夕，周瑜妒忌诸葛亮的才华，就曾想出一计想杀他。周瑜对孔明说：今天曹操的兵远强于我，胜曹的办法最好是去断曹的粮，如昔日曹操在乌巢断袁绍的粮那样，现在曹操的粮被屯在聚铁山，"先生久居汉上，熟知地理"，烦先生"星夜往聚铁山断操粮道"。诸葛亮是聪明人，当然知道周瑜这样做的用意，无非是想借曹操的手来杀死自己而已，诸葛亮却满口同意，但同时又放风说周瑜无能打陆仗，不敢与曹操作正面战。周瑜听说这话后，赌气不叫诸葛亮去断曹操的聚铁山的粮。（第45回）

"军以粮食为本"。诸葛亮在与曹军交战中，也累累使用劫粮烧粮的办法，去切断敌人取胜之本，如博望坡之战。反过来，敌人也常常利用粮食问题来困扰诸葛亮。诸葛亮的六次出祁山北伐曹魏，除了第三次因速战而取得武都、阴平两地，以及第六次在五丈原与司马懿斗阵外，其他几仗打得最后撤军，几乎都与粮食问题有关：一出祁山，因粮道街亭被劫而退兵；二出陈仓，因粮尽而撤军；四出祁山，因处罚运粮官苟安误期而导致苟安叛蜀降魏，使司马懿用离间计奏效而撤军回汉中；五出祁山，李严因粮运不济谎报军情，促孔明撤军。

粮草重要，辎重重要，军备器械重要，是军队战斗力的一个重要组成部分。拿粮秣这个资源来说，假如军队中没有了粮秣的供给保障，军队吃什么？又如何有战斗力？胜利从何取得？诸葛亮发明木牛流马，诸葛亮令魏地边民与蜀军一起屯田，都是为了解决粮食问题所作的一种努力。

在现代战争中，后勤保障依然是个制胜的重要问题。战士作战是不能不吃饭的，是不能不使用武器弹药的，因此诸葛亮的"委积为备"观点对今人仍有启示价值，让我们做好"委积为备"的工作。

治吏

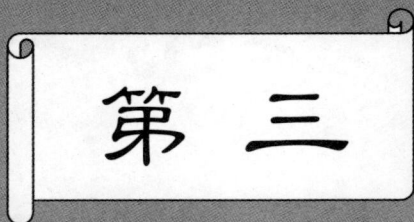

第 三

诸葛大名垂宇宙，宗臣遗像肃清高。

三分割据纡筹策，万古云霄一羽毛。

伯仲之间见伊吕，指挥若定失萧曹。

运移汉祚终难复，志决身歼军务劳。

——杜甫《咏怀古迹》其五

一 要哉，治吏

"治吏"。"吏"，即官吏；"治"，即治理。治吏，治理官吏，说得全面一点，就是对官吏进行选拔、任用、考核、奖罚、管理和控制。

与"治吏"相对应的还有"吏治"一词，是指官吏对国家实行治理。

"国"是通过"吏"来管的，"吏"是通过"治"来提高其政治水平、业务水平的。

治吏就是治贤，就是让吏由不贤转化为贤，少贤转化为多贤、更贤。这说明这样一个道理：治国必须治吏，治吏是治国的一个重要内容。

吏贤国则强。我们务必做好治吏工作。国君、最高统治者的治吏，就是要教导、劝喻、告诫为官的做人要正，业务要精，作风要清廉，学会治国、安民、平天下的施政本领与管理艺术。

我国自夏朝出现国家开始，便有了吏。在封建制度下，明君治国，追求的是国富民安。官吏的职责就是辅佐君王保民安邦。实行"忠君保民之政"的官吏，是国君的"良臣"，是百姓的"好官"。因此，治国关键是选好官，用好官，使贤臣良吏辈出，以达到吏治清明、国家长治久安的目的。

凡是大治之世，吏治就比较清廉；而乱世，首先是从吏治腐败开始的，吏治腐败必是社会动乱的根源。唐朝的贞观时期，李世民治国，认真汲取隋朝灭亡的教训，要求官吏廉洁奉公，防止腐败，任贤除暴，奖优罚劣，平衡利害，防患于未然。李世民执政 23 年（公元 626 年—公元 649 年），官吏作风正派，令行禁止，政通人和，出现了历史上有名的"贞观之治"。但是后来接任的统治者渐渐忘乎所以，唐玄宗沉醉于声色犬马之中，迷恋杨贵妃，"从此君王不早朝"，忽视治吏，结果大权旁落，官吏贪腐成风，终于引发安史之乱，唐王朝也就从兴盛走向衰落。

现在我们回过头来说蜀国，说诸葛亮。诸葛亮身为蜀国的丞相，担负着治国、治军的重任。诸葛亮运用明君贤相的"治吏之道"，对朝中文臣武将任用贤能，赏善罚恶，使西蜀出现了吏治清明的政治局面。

诸葛亮深感治吏的重要，在出师北伐之前，他反复告诫后主刘禅："**亲贤臣，远小人，此先汉所以兴隆也；亲小人，远贤臣，此后汉所以倾颓也。**"（《前出师表》）诸葛亮说得明白，前汉所以兴，后汉所以衰，其经验教训主要是对官吏的识别与任用问题，前汉因为用了贤臣所以兴，后汉因为用了小人所以衰。诸葛亮去世二十多年后，因为刘禅忘了诸葛亮"亲贤臣，远小人"的告诫，也拒绝姜维等人的劝告，起用了奸佞之徒宦官黄皓，而导致西蜀过早地灭亡，这是深刻的教训。

"亲贤臣，远小人"，是治政名言。这句话，对今人仍有十分重要的醒示价值。今天的我们在治吏中也必须用贤人，离小人。毛泽东说过："政治路线确定之后，干部就是决定的因素。"干部的选用、培养和管理，干部的执政能力和施政作风，关系着党和国家的兴亡、人民的祸福，我们务必要做好这方面的工作。

做好治吏工作，要处理好三个关系：君臣关系，臣臣关系，吏民关系。

1. 君臣关系。

诸葛亮《便宜十六策·君臣》说："君以礼使臣，臣以忠事君"；"君谋其政，臣谋其事"。又说："二心不可以事君，疑政不可以授臣。"在这些话里，诸葛亮强调的是，从下臣来说，尽忠是最为主要的。从明君来说，守礼是最为主要的。诸葛亮认为："君劝（勤勉）其政"，"臣劝其事"，国家就会搞好。"上下好礼，则民易使，上下和顺，则君臣之道具矣。"

上面的话，诸葛亮是身体力行的，他忠于刘备，"受任于败军之际，奉命于危难之间"（《前出师表》）；他忠于刘禅，对刘禅扶之教之，辅之助之，竭尽股肱之力。而刘备、刘禅也以礼待诸葛亮，刘禅尊诸葛亮为"相父"。

需要指出，在封建社会中，君，皇上，是至尊至贵的，是说一不二的，所谓"君要臣死，臣就不得不死"，"伴君如伴虎"。诸葛亮文中说，君要以礼待臣，刘备、刘禅基本做到了这一点，特别是刘备。

现实已经没有君臣这个概念了。但我们个人，不管是为官的，或是普通老百姓，仍有一个个人与祖国的关系问题，个人要忠于祖国，假如现实的国家领导人，是全身心地服务于人民的，他们就是国家和人民的代表。那么，对他们，我们也必须示之以忠，忠心地执行他们提出的正确路线，自觉维护他们的领导权威。

2. 臣臣关系。

讲三个互相：互相尊重，互相帮助，互相理解宽容。

互相尊重，上下级之间，同级之间，都要互相尊重，尊重彼此的职权，尊重各自的人格。

互相帮助，工作上互相支持，互相搭台，取长补短，合作地做好工作。

互相理解宽容，工作有问题了，要实事求是地分析问题，彼此要善于找自己的毛病，体谅对方，敢于承担属于自己的责任。

但是人与人是有差别的，各人的目标不同，志趣不同，爱好不同，性格不同，能力不同，习惯不同，办事的态度与方法不同，如此不同的人走到一起，合作共事并非易事。特别是在地位长高了、权力增大了的情况下，处理好与同僚之间的关系，更需要真诚、智慧、修养才行。

诸葛亮在刘禅年代是丞相，他与其他文武大臣之间的关系就处理得很好，既尊重人又帮助人，既坚持了原则，又适当地给予理解。现在例举若干故事以说明问题。

诸葛亮与法正的关系。法正，年长诸葛亮5岁，对刘备顺利地入西川有功。刘备为汉中王时，封法正为尚书令，诸葛亮为军师将军并总理军国重事。法正与诸葛亮都是刘备的助手。陈寿对法正的评价是："法正著见成败，有奇画策算，然不以德素称也。"诸葛亮与法正是"好尚不同"。法正任蜀郡太守时有公报私怨的事，有人把此事告诉了诸葛亮，要诸葛亮劝说刘备，要刘备约束法正。诸葛亮说：主公在公安时，北有曹操之强，东有孙权之逼，近惧孙夫人生变，进退狼狈，"法孝直（法正的字）为之辅翼，令翻然翱翔，不可复制，如何禁止法正使不得行其意邪"，因此竟不过问。诸葛亮肯定法正功绩，宽容其过错的做法，法正闻之感动不已，从此收敛了自己的不良行为。

诸葛亮与李严的关系。李严是刘备的重臣，刘备临终托孤，托于二人，一是诸葛亮，一是李严。刘禅继位后，封诸葛亮为武乡侯，封李严为都乡侯。两位重臣的志向与目标却不同，诸葛亮执行着安邦定国的责任，李严则过多考虑的是自己的利益。当诸葛亮北出祁山，欲调李严兵以镇守汉中，李严却提出要划出五郡，成立巴州，让他做巴州刺史。诸葛亮对此没有同意。李严最后还是被调到汉中，为补偿李严的私利要求，诸葛亮举荐其子李丰为江州都督。后来李严犯大错，谎报军情，欺骗后主，诸葛亮并没有按律杀李严，只是呈报后主，对李严作了废官为民的处理，诸葛亮继续重用其子李丰，维持了与李严所代表的益州集团的团结。

3. **吏民关系。**

官吏与民众的关系，实质是官吏的作风问题。

国以民为本，没有民，何来国。以民为本，是儒家"仁政"理论的一个基本出发点。孟子说：得人心者得天下，失人心者失天下。春秋时期齐国的管子是法家，但他却说："政之所行，在顺民心；政之所废，在逆民心。"（《管子·牧民》）管子的观点很清楚，认为顺民心则政权立，逆民心则政权废。人心向背，是决定一个政权兴亡的根本问题。秦始皇统一了六国，建立了统一的中央集权制度，是顺应历史、顺应民心的，所以他成功了。但后来他好大喜功，横征暴敛，传不过二世，秦王朝就灭亡了。所以，君王治国，官吏制定法规，实行政策，都要替民众着想，不可忽视民情、民意、民心。

诸葛亮总结了前汉兴后汉衰的教训，发扬了管仲、孟子重视民心的思想，主张治国要"务人之本"，要"唯劝农业，无夺其时，唯薄赋敛，无尽民财"，实行"安民政策"，主张严格管理"皂服小吏、小国之臣"，禁止他们刻薄庶民百姓，使蜀国得以治。

今天，"为人民服务"成为我国立国之本。权为民所用，利为民所谋，情为民所系。中国共产党始终把维护最广大人民的根本利益作为从事党和国家一切工作的出发点和落脚点。现在，中共中央提出要坚持科学发展观。这个科学发展观的核心思想就是以人为本，为人民服务。党的十七届四中全会，把推进反腐倡廉制度建设，健全权力运行制约和监督机制，大兴密切联系群众之风、求真务实之风、艰苦奋斗之风、批评与自我批评之风，作为加强和改进新形势下党的建设的重大问题来抓，这是非常正确的。

三 "择人"

择，选择、挑选。择人，就是选择合适的人，让他去做所能胜任的工作。

有两种"择人"：君择人，或说领导人择人；人择君，或说人择领导人。

诸葛亮的老师鄷玖在孔明学业已成时，对孔明谈了自己的体会：自己一生业无所成，在于毕生未得其主，未得其时。提示诸葛亮学业已成，要成就一番事业，首先要慎择明主。鄷玖说的就是人择君问题。

那时时处乱世，各方诸侯为争霸业都在争夺人才，得人才者得天下，这说的是君择人的问题。

乱世英雄们在择人，如刘备在择人，他在遍觅人才。那些有抱负的人也在择主，如鄷玖要诸葛亮慎重择主。

刘备三顾茅庐诚请诸葛亮出山，这是"君择人"；诸葛亮择明主为刘备尽忠，这是"人择君"。

1. 择人重要。

择人是造就自己事业必须要做的一项工作。关于这，《孙子兵法·势》说："择人而任势。任势者，其战人（统帅士卒）也，如转木石。"语意是，要选择合适的人去造势，造一个如同把圆石从高山上往下滚那样的势，去战胜敌人。孙子的话，说明了择人的重要性。

司马迁是位史学家，他为了写《史记》，收集了浩瀚的史料，经研究，他得出看法："尧虽贤，兴事业不成，得禹而九州宁。且欲兴圣统，唯在择任将相哉！"（《史记·匈奴列传》）

让我们用史料说明问题。齐桓公因为用了管仲而成了春秋五霸之首，周文王因为用了吕尚而兴了周，汉刘邦因为用了张良、韩信等人而兴了汉，唐李世民因为有魏征做明镜而兴了唐，朱元璋因为有刘基等人辅佐而兴了明。

有一个争论长期存在：是时势造英雄，还是英雄造时势？我们认为既是时势造英雄，也是英雄造时势。请看事实，东汉末期的乱世造就了曹操、刘备、孙权等人，曹、刘、孙三人造就了魏、蜀、吴的历史。刘备出道初期困境丛生，促使刘备遍地访贤，于是有了诸葛亮出山相助的故事。是诸葛亮的努力使刘备的事业得以兴，蜀汉得以立。

中国有几千年的文明，在众多学科文明成就中，最为丰满、最为成熟、最为光彩夺目的要数择人任势方面的内容。这是因为这种择人任势之学是同伐师、兴邦、治国联系在一起的。一代代王朝的创建史、中兴史、成长史、发展史都与择人任势有密切关系，同正确运用人才有关系。就拿三国来说，是曹操善于运用人才，是刘备善于运用人才，是孙权善于运用人才，致使有三国之立。

诸葛亮善择人，调兵遣将他择人，治国安民他择人，事在人为，无贤人难以成事。如他择过马谡、魏延、姜维、蒋琬等人。

2.“择人”原则。

诸葛亮重视“择人任势”。在他写的兵书《将苑》中，就专门写了一篇“择材”的文字。“择材”就是择人的才能、才华。诸葛亮提出，“择材”就是“各因其能而用之也”。“各因其能而用之”，是择人、用人的原则。

诸葛亮在《便宜十六策》中，还提出了其他许多择人原则。如关于“知人”的原则，诸葛亮在该书“察疑”策中就说：“明君之治，不患人之不己知，患不知人也。”“惟患上不知下”，“惟患贵不知贱”，提出要像孔子所说的那样，“视其所以，观其所由，察其所安”，掌握知人的方法。又如关于“择人择其长”的原则，诸葛亮在该书“阴察”策中说：“马不必麒麟，要之疾足；贤不必圣人，要之智通。”人无完人，各有长短，容其所短，用其所长等。

治国、治军需要择人，治商也需要择人。战国时期有一个叫范蠡的，是位大商人、大富豪，称陶朱公。他说：“吾治生产，能择人而任时。”范蠡的观点“择人而任时”与孙武的观点“择人而任势”何等相似。其实，这不奇怪，范蠡本来就是越国的大军事家，是后来弃戎从商的，他把熟识的军事谋略思想移用到商业经营上来，发了大财。现在，让我们举一个例来说明在商业经营中也要重视“择人任势”问题。美国曾经有过一位大名鼎鼎的钢铁巨人叫卡内基，他说过这样的话：“将我所有的工厂、设备、市场、资金全部夺去，但只要保留我的组织人员，我仍将是一个钢铁大王。”他死后，在他的墓碑上篆刻着这样的字：“这里躺着的是一个善于使用比自己更能干的人来为他服务的人。”

四 举才

上题讨论"择人",本题讨论"举才",择人为了举才。

治国是通过官吏来治的。吏是好的、贤的,国就好、就强。所以,举才十分重要。诸葛亮说了这样的话:"治国之道,务在举贤。"(《便宜十六策·举措》)

"治国之道,务在求贤",在第一篇"治国"第十四题中已有专门论述。

举才重要,让我们举若干实例来说明问题。

春秋有五霸:齐桓公、晋文公、楚庄王、吴王阖闾、越王勾践。战国有七雄:齐、楚、燕、韩、赵、魏、秦。这五霸也好,这七雄也好,有哪个霸、哪个雄,他们的君主,不是因为有了贤才的帮助才使他们霸起来、雄起来的。拿诸葛亮崇拜的管仲、乐毅两人来说,管仲就是齐桓公所以成为一霸的一位辅佐贤才,乐毅就是燕所以成为七雄之一的一位辅佐贤才。

拿汉朝的历史来说。汉朝的开国皇帝汉高祖刘邦,他之所以能打败项羽而得天下,就是因为他用了贤才,有谋臣张良,有文相萧何,有武帅韩信,这三位都是当时的顶尖人才,是他们三位成就了刘邦的事业。

拿三国来说,曹操因为有了荀彧、郭嘉等贤才,才有了魏的国;孙权有了张昭、周瑜、鲁肃、陆逊等贤才,才有了吴的国;刘备有了诸葛亮、关羽等贤才,才有了蜀的国。魏、蜀、吴得以成为三国。

举贤才,国则治;举佞才、恶才、劣才,国就不治,甚至会亡。也列举一例:春秋时期齐桓公用管仲,使之成为春秋五霸的首霸,但后来他用了一个叫竖刁的佞臣,他造了反,最后齐桓公被活活地饿死。

我们说蜀国。蜀国是得到贤人诸葛亮的辅佐而有国的。诸葛亮死后,后主刘禅忘了诸葛亮死前关于"远小人"的叮嘱,最后,他用了恶人、佞人黄皓,蜀遂灭亡。

诸葛亮在《便宜十六策·举措》中说:"柱以直木为坚,辅以直士为贤","举直措诸枉,其国乃安"。诸葛亮认为,"直人"是贤人。"直",正直。道德高尚者是直士，作风正派者是直臣。用人要"举直"，要"措诸枉"。

关于**何谓"贤"**的问题，说得最到位，最正确、最全面的要数宋人司马光，他在《资治通鉴》一书中说**"惟才德皆备皆贤士也"**，就是说具备才的人、德的人，德才兼备的人是贤人。光一个德好，或一个才好，独挑的好，就不配称为贤人。而且还说：**"才者，德之资也"，"德者，才之帅也"**，其意思是，德是才的统帅，才是德的依据。司马光讲得很明白，德才全有的人才配得上称贤士，而且，德才相较，德是帅，是素质中的主要素质，才是资，也很重要，但是它是德赖以成立的依据。

"才"是一种资源，**是一种特殊又十分重要的资源**。特殊，它是区别于无生命体的诸如有色金属、黑色金属等那样的资源。它属有生命体的资源，是能创造其他资源的资源，是能利用他资源为人类服务的资源。才，是人，活生生的人，但又不是一般的人，是人中之才，是有高尚道德、智慧才华的人。这样的资源太重要了，他能创造财富，能治国安邦平天下。举个例来说，在我国，如钱学森，我国导弹事业的奠基人，他一人之力，美国人说，能顶几个师之力；再如，袁隆平，杂交稻专家，他研究成功的杂交稻品种，其产量是惊人的。

现在我们回过头来说诸葛亮，诸葛亮就重视举贤，他一生举了好多贤，所举的著名的有武将姜维、文臣蒋琬等。

毛泽东说过"任人唯贤"的话。他是这样说的："共产党的干部政策，应是以能否坚决地执行党的路线，服从党的纪律，和群众有密切的联系，有独立的工作能力，积极肯干，不谋私利为标准，这就是'任人唯贤'的路线。"（《毛泽东选集》（第二卷），527页，北京，人民出版社，1991）中国共产党就这样"任人唯贤"地使用干部，把我们国家的革命、建设事业搞好。

五 知人募才之试

要做好治吏、吏治工作，首先要知人、募才。

知人是募才的基础，是用好人的基础。这样，才能把真正的贤人发掘出来、招募上来，并把他们用到应该用的岗位上去，使之做到大材大用，小材小用，无材不用，大材不小用，小材不大用。

全部问题在于如何做到知人。关于这，诸葛亮在其兵书《将苑》中写了一节文字叫《知人性》。他说："夫知人之性，莫难察焉。美恶既殊，情貌不一，有温良而为诈者，有外恭而内欺者，有外勇而内怯者，有尽力而不忠者。"这话什么意思呢？是说，了解人的本性很难。人的美恶不一样，情貌不一样。有的表面温良而内心伪诈；有的外表恭厚而内心却虚伪奸诈；有的外象勇敢而内心懦怯；有的表象很努力实际却不忠诚。这说明人心难测，知人不容易。俗话说，画龙画虎难画骨，知人知面不知心。知人之心是比较难的。

然而，诸葛亮又说，即使如此，人是可知的。他说，"**然知人之道有七焉**"："一曰，间（秘密地、悄悄地观察）之以是非而观其志；二曰，穷之以辞辩而观其变；三曰，咨之以计谋而观其识；四曰，告之以祸难而观其勇；五曰，醉之以酒而观其性；六曰，临之以利而观其廉；七曰，期之以事而观其信。"

这七个"知人之道"，用现代语言来说，其意思是：一让他区别是非，从而观察其志向立场；二通过辩论，追根问底，以观察其气度和应变能力；三咨询计谋而观察其谋略见识；四告诉他祸患危难以考察其胆识和勇气；五让其醉酒以考察其品行与修养；六给厚利以观察其是否廉洁；七给任务以观察其做事是否恪守信用。

吕尚在《六韬·龙韬·选将》中也讲了一段关于"知人"的话："太公曰：**知之有八征**：一曰问之以言，以观其辞。二曰穷之以辞，以观其变。三曰与之间谍，以观其诚。四曰明白显问，以观其德。五曰使之以财，以观其廉。六曰试之以色，以观其贞。七曰告之以难，以观其勇。八曰醉之以酒，以观其志。八征皆备，则贤不肖别矣。"

诸葛亮的七个"知人之道"，吕尚的识人的"八征"，其内容讲的大体一样。诸葛亮、吕尚不仅指出了观察与考核人的德与才的方法，同时也提出了考核人的素质的德才标准。德，包括志向、勇气、胆识、诚信、廉洁；才，包括知识、才能，如应变的才能等。

上述诸葛亮的"知人之道"问题，主要是通过"问"的方法予以获取的，用现代语言来说，叫做"**口试**"，用"口试"的方法来了解被用人的德才情况。"口试"，只要向被用人提问的问题中肯、现实，有针对性，口试的效果是很好的。

知人，除了口试的办法外，现代人还有用书面测验的方式来测验被录用人情况，这叫"**笔试**"。这种方法，在应考者众多的情况下，用此法测、考最实用，最有现实意义，现在被广泛、普遍采用。

我们认为，知人，最好的办法，**是笔试、口试兼用**。先用笔试的方法海选，然后对中选的若干人，即入围的人进行口试。

笔试的试有普遍性，是一般的试，而口试的试，其出题有特殊性、针对性，针对被试人的情况，据需要而问。

知人、募才，诸葛亮提出，除了通过问知等方式以达到知、募的目的外，还提出了通过其他种种方式进行知与募，如自荐、他荐、招贤、观察、争胜等方式，关于这些，我们将在下文逐个作讨论。

关于知人，我们认为，**最为重要的是考核其实践之知**，看被选用人的真实本领。诸葛亮在他的"知人之道"中提出的"给予任务以观察其做事是否恪守信用"，这个方法好。这是考核其实践之知（不只是考察是否恪守信用）的一种方法，这叫"试用"，让被选用人短期地在某个岗位上干一干，看其德的情况、才的情况，是好马还是劣马，在"赛场"上"赛"一"赛"就见分晓了。

◇六 知人募才之荐

继续就知人募才问题作讨论。本题讨论知人募才的荐：自荐与他荐。

1. 自荐法。

自荐。是人才，向有关部门作自我推荐，以展现其才华。

关于这种推荐方法，历史上甚多，最负盛名的要数毛遂自荐的故事。公元前257年，秦昭襄王伐赵，赵孝成王命平原君赵胜率团出使各国，游说联合抗秦。赵胜拟组二十人为团，从三千门客中选得十九人，缺一。此刻，门客毛遂自荐来了。赵胜不屑地对毛遂说："夫贤士之处世也，譬若锥之处囊中，其末（锥尖端）立见。今先生处（赵）胜之门下三年矣，左右未之所称颂，胜未有所闻，是先生未之所有也，先生不能，先生留。"毛遂面对这个逐客令，毫不自卑地说："臣乃今日请处囊中耳！使遂蚤（通'早'）得处囊中，脱颖而出，非特其末未见而已。"平原君赵胜被毛遂的话折服，毛遂入选。使团到楚国，楚君不同意合纵抗秦。此刻，毛遂"脱颖而出"了。据《史记》说："毛遂入，按剑迫楚王，说以利害，致楚王立定合纵之约。"毛遂的成功令使团中其他十九人羞愧不已，令赵胜感慨地说自己"不善识士"，说"毛先生以三寸之舌，强于百万之师"。

在三国故事中也有这方面的故事，且很多。最著名的要数曹操献刀刺董卓的故事。故事是这样的，东汉末，董卓弄权，挟帝妄图篡政，满朝大臣无计可施，此刻，年轻的曹操自荐，向王允要来七宝刀，把自己装扮成一位献刀者，向董卓献刀，准备刺杀董卓，但未成。再举一例，与上例有关，董卓有大将华雄与孙坚、袁绍兵作战，华接连杀了孙、袁几员大将，孙、袁手下众将震惊，此刻关羽自荐，愿与华雄战，曹操敬以热酒，结果，热酒未凉，华雄的首级已被关羽取得，这就是著名的"关公温酒斩华雄"的故事。

我们招募人才就应该欢迎有才能的人自荐应聘入围。现在，采用这种方法求职的甚多，如高校毕业生写求职信引荐自己。自荐是否成功，最最关键的是要看求职者的真才实学、真实本领。

2. 他荐法。

他荐，是人才，经他人推荐展现之。

关于这种推荐方法，历史上出现的也甚多，最负盛名的是"伯乐一顾"的故事。《战国策·燕策》说：某上市卖骏马，上市三天，无人过问，某无奈求助伯乐。伯乐遂去马市在某的马前看了一眼，这马就很快地被卖了出去，而且售价也比原来定的价高出不少。

伯乐，春秋秦穆公时人，姓孙名阳，善相马。他人认识不了的千里马，他能认识出来，所以有这样的话："世有伯乐，然后有千里马。千里马常有，而伯乐不常有。"伯乐也可视做一个词，喻有眼力，比喻善于发现、提挈、选用、使用出色人才的人。

现在我们说说诸葛亮及三国方面的事。诸葛亮是大人才，是通过他荐的方式被刘备认识的，推荐诸葛亮的伯乐是司马徽和徐庶。在三国故事中通过伯乐式的办法发现人才，著名的还有：在孙权那里，是周瑜做伯乐向孙权推荐了鲁肃等；在曹操方面，荀彧做伯乐推荐了程昱，程昱又做伯乐推荐了郭嘉等。

诸葛亮是兵家，让我们列举兵家中被伯乐引荐使之成名的人。兵家最负盛名的要数"二孙一吴"，即孙武、吴起、孙膑了，分别是由伍员、李悝、田忌分别做引荐人，做伯乐，引荐给吴王阖闾、魏文侯、齐威王而扬名四海的。

今人，好多名家被社会承认，也是由伯乐推荐给了社会而出了名的。我们这里列举一人：华罗庚。华罗庚出身贫寒，文化程度不高，但有出色的数学禀赋，他写了一篇数学论文在《科学》杂志上发表了，引起当时清华大学数学系主任熊庆来的青睐，熊不计华的出身、学历、身份等，力举华当了清华大学数学系的助教，从此华的事业大展。

他荐是发现人才的重要一法，让我们善加使用之。

知人募才，可通过招贤、观察与争胜实现之。

1. **招贤法**。

招贤，就是招募贤人，使贤人得以施展才华。

假如说，自荐、他荐是个别招募人才的方式，那么招贤这种方式就是面向大众了，是一种广招人才的方式。

曹操、诸葛亮都是提倡发招贤令招人的人。据《三国演义》说，曹操"发矫诏，驰骋报各道，然后招集义兵，竖起白旗一面，书'忠义'二字，应募之士，如雨骈集"。乐进、李典等人就是这样投奔进来的。诸葛亮也用发招贤令那样的办法招人。

战国时期燕国燕昭王曾经搭了一个黄金台，置千金纳士，结果出现了"士争凑燕"的盛况局面。贤才乐毅、阴阳家邹衍等人来了，燕国在这些人的辅佐下，很快地强盛起来，成为战国七雄之一。那乐毅是诸葛亮十分敬佩的人，诸葛亮曾多次表示要学习乐毅的为德与为才。

用招贤法招人，今人采用得更多了，如在报纸上、杂志上、网上发招聘广告，或召开人才招聘会，或举办人才交流会等。

人才就在招聘中涌现，人才就在招聘中竞胜。

2. **观察法**。

观察，就是看，仔细地看。观察、了解被观察者的德、才的真实情况，通过此法发现人才，使用好人才。

观察是考察被使用者真实水平的最好办法，是鉴定该人是否是人才最有效的测量器。只要你观察的标准是对头的，你观察的眼光是客观的、公正的，通过观、看所得到的信息，就可以得出一个对被观察人的较为正确的评价来。

诸葛亮善用此法知人，如知姜维。当姜维还在敌军的阵营中效力时，姜维曾两次识破诸葛亮在与魏作战中所用之计，姜维则采取将计就计的办法，打败了诸葛亮。诸葛亮把这些看在眼里，深感姜是人才，就想方设法用计谋把姜收服到自己手里。

观察是发现人才最好的办法之一，现在，有些领导在用人中采用试用的方法，来了解该被用人的真实情况，其道理就在此。

3. **争胜法**。

争胜是识人最基本、最有效之法之一。争胜就是通过竞争了解被选用人的真实水平情况。

在刘备方有这样的事，刘备策动袁绍伐曹操，曹操反派王忠、刘岱伐刘备，关羽、张飞彼此争胜，争着与王忠、刘岱作战。关羽、张飞死后，刘备拟伐孙权，关羽的儿子关兴，张飞的儿子张苞，争着当伐吴大军的先锋，刘备就采用争胜的办法以决定这个人选，让他们比试射箭，看谁箭射得准，就让谁当先锋。

关于争胜的故事，在《三国演义》中最为出色的出现在曹操方。曹操借落成铜雀台的机会，让众武将比试武艺，把武将分成两队，曹氏体系的将领为一队，其他姓氏的将领为另一队，比试射箭，以观察谁队的武艺高强，谁人的武艺高强，还组织众文臣比试写诗，看谁的诗写得好。

关于争胜，现在采用得十分普遍。在人生成长中，几乎处处会遇到争胜的考验。在小学读书有争胜，上中学有争胜，上大学有争胜，找工作有争胜，工作中有争胜，人的一辈子几乎都是在争胜中度过。

确实，作为领导人，如何去发现人才，最好的办法之一就是招募众人来参加某个内容的比试，看在这方面谁最有才华、能耐，谁最适合做这方面的工作就选用谁。

争胜是认识人才的一个有效方法，但要防止出现争胜目标单一化、绝对化的现象，只看分数，不看其他。让壮牛向骏马看齐，要求壮牛如骏马般跑得快，使壮牛的力得不到张扬与认识，结果弄得牛不像牛、马不像马。要紧的是要尊重马的特性、牛的特性，各取其长而用之。

　　诸葛亮在《将苑》中写了一篇叫"智用"的文字，是说为将者要善用智慧。为将者用人谋事，用兵作战，不逆天，不逆时，也不逆人，"必顺天、因时、依人以立胜也"，这样用人就是大智慧用人。

　　诸葛亮说得很有道理，诸葛亮在用人中也是以"顺天、因时、依人"为原则实践的。

　　1. "顺天"。按照用人规律而用人。比如按照德才兼备的原则用人，按照职务需要而选人、用人。

　　2. "因时"。按照时势需要而用人。如战时需要贤将，和平时期需要良相，危急时刻需要挺身而出的忠臣。

　　3. "依人"。依人的学问太多了。依人，就是依据被使用者的情况而用。按照现代管理学的观点来说，这是事关人力资源管理方面的事，事关领导学方面的事，事关组织学方面的事，就是据被用者的德与才的情况而用。

　　依人，在符合一定的德的条件下，**首先要依据被使用者的才、能来用**。是什么样的才，就把他放到该才合适的工作岗位上去。是鸡，就叫它打鸣报晓；是猫，就让它守夜抓耗子。不能用高射炮去打蚊子，若是这样，那叫大材小用；也不能叫玩具枪去打飞机，若如此，那叫小材大用。诸葛亮用人是量才而用的，如诸葛亮指挥打新野的仗、打博望坡的仗，使唤关羽、张飞是有讲究的。

　　依人，**不能求全责备**，关于这个问题，我们设下题"用人不能求全责备"作专门讨论。

　　依人，**要用其长**。是关羽就叫他耍青龙刀，是张飞就叫他使丈八矛。是张顺就叫他在水里打斗，是李逵就让他在陆地上发威。这叫各尽其才，各展其用。诸葛亮起用赵云，让他跟着刘备去东吴孙权那里参加刘备的招亲活动，赵云机智勇敢、武艺高强，用得恰到好处，赵云很好地完成了去东吴的任务。

　　依人，用人用其长。"长"是相对的。有些人有些优点微不足道，但在一定条件下却管大用。战国时期的齐孟尝君有食客三千，各类人才皆有。当孟尝君被秦昭王扣押并欲杀孟时，孟尝君手下有食客善狗盗的，装狗先偷出来了本已献给秦昭王的狐白裘，转献给秦昭王的姬，幸姬为孟尝君说情，孟尝君获释。孟尝君逃亡，当逃到函谷关时，城门关着，要等鸡鸣时才能开。孟的又一门客善鸡鸣，则学鸡叫，引得群鸡鸣叫，骗得守关者开了门，使孟尝君获生。

依人之"长"，有些人的"长"实际是缺陷，但在特定条件下，却成了优点，成了"长"，可以利用。例如盲人，让他去相片厂暗室工作，经过一定的培训，其工作效果可能会比让眼力正常的人进暗室还高。

依人，**要用年轻人**。年轻人风华正茂，有敢于挑战艰险的精神，有善于学习的品德，是早晨的太阳，是刚出土的笋尖，未来的天与地是他们的。在三国的历史中出现了好多有作为的年轻人，诸葛亮就是其中之一，他刚出茅庐时年仅27岁。在赤壁大战中，与诸葛亮搭档的周瑜，只比诸葛亮大6岁，也是一位年轻人。在三国历史中，几位主要人物出山时都很年轻：曹操20岁；孙权15岁（接孙策的班时18岁）；刘备稍大，28岁。诸葛亮用计收姜维，姜维成为诸葛亮的爱将，后接了诸葛亮的班，那时姜维27岁。当然，我们说用年轻人重要，不是说老年人可以疏忽，老年人有老年人的长处，如黄忠，也必须使用好，但毕竟他们已进入夕阳年纪，今后的天下必然是后生辈的，是年轻人的。

最后，引用一首清代诗人顾嗣协写的诗《杂兴》，结束本题文字。本诗是说用人要用其"长"这个理的：

> 骏马能历险，犁田不如牛；
>
> 坚车能载重，渡河不如舟。
>
> 舍长以就短，智者难为谋；
>
> 生才贵适用，慎勿多苛求。

九 用人不能求全责备

世界上完美无缺的人是没有的。用人不能求全。诸葛亮在《便宜十六策·阴察》中说："洗不必江河，要之却垢；马不必麒麟，要之疾足；贤不必圣人，要之智通。"就是说，清洗的要害是用水去掉污垢，而不必非用完江河之水；骏马的特长是有好脚力，跑得快，而不必非是麒麟走兽；贤才不必非是圣贤之人不可，关键是要有智慧，懂通达。

诸葛亮的话讲得甚对。金无赤金，人无完人。尺有所短，寸有所长。所谓的圣人也是有缺点的，尧就没有缺点？舜就没有缺点？孔圣人无缺点？就拿诸葛亮来说，被世人公认是位了不起的人，但他也有缺点。

世界上有"绝对"这个词，却没有"绝对"这样的事，"绝对"只是一个形容词而已。天是绝对的大？宇宙是绝对的无边？世界上的绝对真理也是相对的，它是相对真理的总和。做人要做通达的人，不做至察的人。水至清则无鱼，人至察则无徒。以至察的方式待人，那会变成孤家寡人的。

关于诸葛亮，有这样的一则故事。一次，诸葛亮问益州学士秦宓：益州耆旧任安的所长是什么？秦宓说："记人之善，忘人之过。"问董扶的所长是什么？秦宓说："董扶褒秋毫之善，贬纤芥之恶。"东吴派张温出使蜀国。虞俊曾对张温的个性发表感慨说："张惠恕（张温的字）才多智少，华而不实，怨之所逢，有覆家之祸，吾既见其兆矣。"诸葛亮对虞俊的这种忧虑还一时未信。后来张温被孙权贬黜，乃叹虞俊有先见之明。对张温失败的原因，诸葛亮思考数日，说："吾已得知矣！其人于清浊太分，善恶太明。"诸葛亮的用人原则就是"记人之善，忘人之过"，而不是"清浊太分，善恶太明"。（《诸葛亮集·故事》卷二·遗事篇）

用人不能"清浊太分，善恶太明"。诸葛亮与法正的关系，就是本着这样的思想相处的。法正是人才，但有很多缺点，诸葛亮却能容忍他的缺点。又如对庞统。庞统到荆州后，被拜为副军师中郎将，与孔明共谋方略。刘备攻打雒城前，孔明专派马良送信，提醒刘备与庞统用兵"切宜谨慎"。庞统

读史 第三 139

见了孔明的信，却认为"孔明怕我占了西川，成了功，故意将此书相阻耳"，错怪了孔明好意。庞统轻率进兵，不慎于落凤坡中箭身亡。孔明得知庞统死讯痛哭不已。（第63回）

特别说说诸葛亮宽容关羽之过的事。在赤壁大战中，诸葛亮从东吴赶回江夏布置拦截败军曹操的事，对赵云、张飞等战将一一作了安排，唯独就不给关羽安排任务。云长不服，问："关某自随兄长征战，许多年来，未尝落后。今日逢大敌，军师却不委用，此是何意？"孔明说："昔日曹操待足下甚厚……今日操兵败，必走华容道。若令足下去时，必然放他过去。"关羽说："当日曹操果是重待某，某已斩颜良，诛文丑，解白马之围，报过他了。今日撞见，岂肯轻放！"孔明说："倘若放了时，却如何？"关羽说："愿依军法。"为此，诸葛亮、关羽双方立了军令状。事情的发展果如诸葛亮所料，曹操败走华容道，关羽义释曹操。诸葛亮依法要追究关羽的责任，在刘备等人的请求下，诸葛亮容关羽之过，令关羽戴罪立功。（第50回）

用人不要求全责备。 作为领导人应该具备这样的品德与素质：学会大度，学会宽容。"宰相肚里好撑船"，学当"大肚"宰相，学会必要的糊涂，忌犯"近视病"，忌拿"放大镜"，忌用"显微镜"。若不然，下面的人是会谨小慎微的，是会无所适从的，是会唯唯诺诺的。

十 用人不疑

魏延是继蜀国"五虎上将"之后的一员名将，也是诸葛亮善于使用又非常警惕其异常的爱将。

据《三国志·魏延传》记载：魏延在建安二十四年（219年）因战功被刘备从牙门将破格提拔为督汉中镇远将军，领汉中太守；建兴元年（223年），封都亭侯；建兴五年（227年）诸葛亮驻汉中后，封魏延为督前部，领丞相司马、凉州刺史；建兴八年（230年），诸葛亮派魏延率军西入羌中，入南安界，大破魏后将军费瑶、雍州刺史郭淮；建兴九年（231年）五月，司马懿和大将张郃分路进攻诸葛亮，诸葛亮遣魏延等人分别拒敌，魏延大破司马懿军，魏延被迁升为前军师、征西大将军，假节，进封南郑侯。

魏延是诸葛亮一手提拔起来的。对魏延的使用体现了诸葛亮如下的用人原则：

1. **用人用其长**。唐太宗李世民说过："人之行能，不能兼备，朕常弃其所短，取其所长。"魏延的长，一是杀敌有本事；二是勇，如冒死劫法场救黄忠。诸葛亮是知道魏延素有"反相"的，但因为魏延有长，诸葛亮还是对其长尽情地使用了。关于"用人用其长"的问题，上题已说了不少，这里略。

2. **用人不疑**。魏延这个人是可疑的，主要是"脑后有反骨"，如好争胜，好高傲，但魏对作战是坚决的。诸葛亮本着"用人不疑"的原则，量能地把大将的任务交给他。孔明出师北伐，魏被提拔为前督部镇北将军领丞相司马、凉州刺史。在北伐中，依诸葛亮的密计，魏延斩北魏大将王双；孔明在剑阁木门道设伏，令魏延连输数阵诱敌，将北魏名将张郃并百余部将诱入木门道中，为乱箭射死。孙权对魏延有评议："此人勇有余，而心不正，若一朝无孔明，彼必为祸——孔明岂未知耶？"孔明叹曰："吾非不知其人，为惜其勇，故用之耳。"

对魏延的缺点，诸葛亮时有教育。公开场合诸葛亮就指出魏延的个性"脑后有反骨"，教育魏延为将要重德（第53回）；出祁山魏延赞同陈式违背孔明之令而与曹军战，结果兵败，陈式依军法被斩，诸葛亮杀鸡儆猴，意思是令魏延警惕"反相"（第100回）；在私下诸葛亮派费祎做工作，调解魏延与杨仪之间的势如水火的关系；直到自己生命的最后一刻，诸葛亮仍然给予"素有反相"的魏延以等待，盼其能改正。诸葛亮是这么认识魏延的，魏延武艺超群，敢作敢为，不被传统观念所束缚，如同一匹桀骜不驯的烈马，只要对他善加驾驭，是可用的。但是，诸葛亮也料定，自己死后，魏延会反，所以他授密计给杨仪、马岱，防范魏延。

魏延的反相后来是这样表现的。诸葛亮病逝，魏延不满意让杨仪总兵权，更不服从诸葛亮原定的撤兵命令，说："我自率大兵攻司马懿，务要成功。岂可因丞相一人而废国家大事耶？"又说："吾今官任前将军、征西大将军南郑侯，安肯与长史（杨仪）断后！"公然抢掌兵权。为杀杨仪，烧断粮道，引兵拦路，并表奏天子说杨仪背反。魏延的反相彻底暴露，结果中诸葛亮事先设定的由杨仪、马岱执行的密计被斩。（第105回）史学家陈寿评魏延说："魏延以勇略任"，"览其举措，迹其规矩，招祸取咎，无不自己也"。（《三国志·魏延传》）

"用人不疑"是重要的用人原则。用人是要考察的，考察其德，考察其才。还有一词叫"疑人不用"，你对某人不信任，你可不用。但是一旦你使用了该人，就要本着"用人不疑"的原则，放手地用，如诸葛亮之用魏延，让其聪明才智充分地发挥出来，让其积极性发挥出来，把工作做好。

《孙子兵法·谋攻》上有这样的话："将能而君不御者胜。"是说，将有才能，做君主的就不要牵制他，放手让他自己去施展本事，这样打仗就能取得胜利。《孙子兵法·九变》上还说过这样的话："君命有所不受。"是说，在军事上，将在前线作战，要鼓励将帅依情用权，灵活机变。做君主的不要远离战场而胡乱地给将发命令，将军在有利于战争的情况下，有权不执行你君主的命令。这两个思想与"用人不疑"思想在某些方面是相通的，都是说，要充分地发挥将的才、将的能，杀敌立功。

十一 用人忌看长相、忌迷信学历、忌看出身门第

上题说用人要用其长。用人还要注意若干的忌，如用人看长相的忌，迷信学历的忌，看出身门第的忌，计前隙的忌，拘资的忌，看一事一时表象的忌等。本题讨论上述的几个忌中的前三个忌，即关于用人看长相的忌，关于迷信学历的忌，关于看出身门第的忌。另三个忌留待下题去讨论。

1. **用人忌凭长相。**人不可貌相，海水不可斗量。是否是人才，与人的长相无关，以貌取人是不对的。

在三国中与蜀有关的有这样两则故事。一是关于庞统的，此人是大才，有"凤雏"雅号，与"卧龙"齐名。此人其貌不扬，丑陋，"浓眉掀鼻，黑面短髯，形容古怪"。东吴鲁肃识才，推荐庞统给孙权，孙嫌庞丑不用。诸葛亮在吴见到庞统后，请庞到刘备那里来。庞统来到刘备那里后，刘备见庞统丑，对庞也并不器重，后来庞用自己的才华征服了刘备，受到了刘备的重用。（第 57 回）

还有一位是西川的张松，张松有过目不忘之才，但长相极丑，"额钁头尖，鼻偃齿露，身短不过五尺"，张松先去投奔曹操，欲向曹进献益州地图，曹见张"人物猥琐，五分不悦"，张松对曹操的表现十分不满而离去。路经刘备处，得到刘备的热情接待，张松感动，劝刘备进川，愿自为内应，刘备轻易地获取了益州地图，为进军益州提供了重要情报。（第 60 回）

再举一则更为典型的故事，故事出自《韩非子·内储说上七术》。卫灵公宠弥子瑕，弥在卫实行独裁专政。有一侏儒，很聪明，跑到卫灵公那儿说，我昨晚做了一个梦，梦见了灶。卫灵公怒说，人见君主做梦应梦见太阳，你怎么梦见灶呢？侏儒答：太阳是普照天下的，其阳光任何东西都挡不住。作为人主是为一国之人办事的，一人不能单独拥有。现在有人却单独地在灶前烤火，在他后面的人就享受不到火的温暖。现在我们这里是不是也有这样的情况呢？我做这样的梦难道没有道理吗？请看那长相不美的侏儒多机

智，多聪明，说得多好，通过这样的办法，批评了卫灵公，贬斥了弥子瑕。

2. 用人忌迷信学历。现实社会，在评论人才时，有人说这是大专生，这是大学生，说他是得了学士学位的，是得了硕士学位的，是得了博士学位的等等。其实，这只是一种学历识别而已，虽然重要，但不能据此得出结论——此人一定是人才，因为有绣花枕头草肚皮那样的人。反之也一样，该人文化学历虽然不是很高，但不能由此断定此人一定不是人才，因为他们中有内秀的人。例如，齐白石没有学历，却是画画的佼佼者；又如王洛宾，他没有任何职称，但却是西部歌王；再如华罗庚，他没有很高的学历，但却是大数学家。举西方人的例，戴尔、盖茨，都是世界级的实业家，亿万富翁，但他们的学历都不高。要重能力不唯学历，要重水平不唯文凭。

在西蜀有这样一位人物，叫王平，此人是大老粗，斗大的字不识几个，据《三国志·王平传》说："平生长戎旅，手不能书，其所识不过十字。"他协助马谡守街亭。马谡有知识，是知识分子，相比之下王平太大老粗了。但在守街亭中，马谡却死啃兵法教条在高山上扎营，王平认为这里是"绝地"，坚决反对，事实证明马谡错了，王平对了。王平虽然没有如马谡那样读那么多的书，但他跟着诸葛亮在实践中学。王平这么说："吾累随丞相经阵，每到之处，丞相尽意指教。今观此山，乃绝地也。"（第95回）

3. 用人忌看出身门第。用人是用人才，不是用门第。出身门第高的人会出人才，因为这样的人受高等教育的机会多，出身门第低的人也会出人才，因为他们懂得自爱自学。将门能出虎子，寒门能出秀才。寒门出了人才的也很多，如刘备、关羽、张飞、诸葛亮等人。刘备，家贫穷，与母靠"贩履织席"为生；关羽，仗义犯了杀人罪，是逃亡者，五年不敢回家；张飞，屠夫。诸葛亮，本书的主人公，也只是一位躬耕隆中的山野村夫而已。古人说得好："古来忠烈士，多出贫贱门。"

续上题讨论，讨论上题说的用人几个忌中的后三个忌，即用人忌计前隙、忌拘资、忌看表象。

1. **用人忌计前隙**。人生在世总会有些恩恩怨怨的事，在恩怨的人群中，有些人是人才。你假如是位领导者，你在用人时，绝不能丢弃在你的怨人中的人才，要不计前隙地用他们，如同当年齐桓公小白不计管仲一箭之仇重用管仲为相那样地用。

在三国历史中，无论是魏、蜀、吴，都有这方面不少的例证。

说曹操方，举一个例，曹操与张绣作战于宛城，张杀死了曹的长子曹昂、侄子曹安民和大将典韦，曹操本人的右臂也被乱箭射中。但当张绣决定去投靠曹操的时候，曹居然能忘却他与张的这个不共戴天之仇，重用了张并与张结成儿女亲家，张在以后协助曹操作战中十分卖力，在曹操统一北方的征战中累立大功。

说刘备、诸葛亮方，如用对立面刘璋手下的人，如法正、许靖、董和、黄权、李严、吴懿、费观、彭羕、刘巴等人；还用其他敌营中的人，如黄忠、马超、颜严、王平、姜维等。

说孙权方，孙权用了原黄祖部下的大将甘宁，该人还曾斩杀过孙权部属的人呢。

2. **用人忌拘资**。资，资格、资历、地位、权势，乃指年资长者，资格老者，地位显赫者，权势重者等。据资用人，这是庸人的授权原则。这样做了，必然压抑有真才实学的人。而平庸的人，他年资虽长，地位虽高，权势虽重，但本事甚少，却官运亨通，甚不正常。

在刘备的蜀国那里，是不讲用人唯资那一套的。刘备本人就没有什么资，只是一个贩席小儿而已，诸葛亮是村夫，关羽是杀了人的，张飞是杀猪的。让我们举一个典型的人以说明问题。此人姓单名福，真名叫徐庶，也是个犯了杀人罪的人，但他却是位大才子。请看他在《三国演义》中的出场方式，是唱着歌出场的："山谷有贤兮，欲投明主；明主求贤兮，却不如吾。"后被刘备相中，不拘资，封他当军师。果然徐庶才华非凡，帮刘备在与曹操作战中打了几个胜仗。当曹操知道刘备取樊城是靠了徐庶的谋略而取胜时，便想尽办法要把徐庶弄到自己手里来，曹利用徐的品德，利用徐的极端孝母的特点，用冒充徐庶母亲笔迹的办法，给徐庶写信，骗得徐庶进了曹营，结果出现了"徐庶进曹营一言不发"这样的局面。

3. 用人忌看表象。用人是要细细观察的，不能看被用者的一时一事，要看多时多事，看其长期现象、全面现象，看其本质所在。刘备、刘禅用了原刘璋名下若干大臣，如法正、李严等人，这些人都是诸葛亮对他们善加观察而使用的。如对法正，法正对刘备进益州有功，但法正也有缺点，如有私心，他在任蜀郡太守时擅杀毁伤己者。诸葛亮对法正作了全面评价，肯定其才能和贡献，并不太多去计较其缺点与过失，说"如何禁止法正使不得行其意邪"，使法正闻之感动不已。

十三 关于择人、择官问题

诸葛亮在他的著作《便宜十六策·举措》中说："**为人择官者乱，为官择人者治。**"

此说在唐朝李世民的一份诏书中也出现过，是这样说的："**为官择人者治，为人择官者乱。**"

比较诸葛亮与李世民的话，两者略有一点出入，只是把这个话的前后两部分的顺序颠倒了一下。诸葛亮说的前句是"为人择官"，后句是"为官择人"。李世民说的则相反。两者所讲的意思完全一样。两句话都是有名的话，应该说，此话的首先使用者是三国的诸葛亮，唐李世民可能是借而用之的。

"为人择官者乱，为官择人者治"，其意思是，为了某个人，故意地设置一个官职让他去做，这是会乱了天下的；因为事业（官职）的需要，找个合适的人去担任，若是这样了，天下就会治，就会安定。

李世民讲这句话的原因是这样的。唐朝有一位开国大臣叫窦涎，该人曾以元帅府司马的身份跟随着秦王李世民（即后来的唐王李世民）东征西伐，功勋卓著。李世民成唐王后，李为了照顾窦的资历、身份，为了答谢窦的功绩，特地设立一个官位，叫"宗正卿"，请他去担任，其任务是管理皇族的内务方面的事。但是窦上了岁数，在君臣众人面前，在讨论国务时，总是"昏谬失对"，举止反常。对此，李世民感慨无限，承认自己在使用人时犯了错，认为错误在于用人不当，只凭着老关系、老相识、老印象去做，导致用窦误事。对此，李世民专门写了一份诏书，昭谕公众，表示今后必须注意不能再犯这样的错误。上述的"为官择人者治，为人择官者乱"的话，就出现在这份诏书里。

"为人择官者乱，为官择人者治"，这话的观点**反映的是两种对立的治吏观、吏治观、用人观的差异。前一种观点是错误的，后一种观点是正确的。**

前一种观点考虑问题的出发点是人，是人的私，是为了满足某人的当官欲望而设立官位，在这里为工作的出发点没有了，为事业的出发点没有了，用人的德才标准模糊了。此举要说有标准的话，那标准就是私，用人唯私；是亲，用人唯亲；是顺，用人唯顺；是个人好恶，用人唯个人好恶。这样做了，贤人不举，庸人掌事，坏人弄权。果然这样了，天地是会变色的。

后一种观点考虑问题的出发点是工作，是事业，是国家利益。因为工作需要、事业需要、国家利益需要去设置工作岗位，然后去找一位合适的人去充任职务。对这个人的选择，其德一定是要好的，其才一定是要合适的，是德才兼备者。这就是"任人唯贤"。

今天，为人择官这样的事不该发生了。但是，我们对过去在革命、建设过程中曾经做出过突出贡献的人，类似窦涎那样有过功的人，是要表示敬意的，是要给予精神上一定报答的，常规编制的官是不能让他当了，却可以设置顾问委员会那样的机构，让这样的人去当顾问委员会的顾问，这一来表示尊重，一来也可以发挥他们有经验之长，发挥他们的余热，让他们用这种方式来顾一顾、问一问国事，有建议之权，无决定之权。当然，最后做决定的、执行任务的仍然是实际工作者。这种做法是正确的，是适合时势需要的，是适合实际情况的。

十四 "考黜"

诸葛亮在《便宜十六策·考黜》中说："**考黜之政，谓迁善黜恶。**"又说："**进用贤良，退去贪懦。**"诸葛亮认为考黜重要，是"进用贤良，退去贪懦"的手段。

考黜。考，考核，考察；黜，处置，贬黜。考黜什么？考黜官吏的品德优劣情况，才能高下情况，善者"迁"，恶者"黜"。

诸葛亮说："**考黜之政，务知人之所苦。**""务知人之所苦"什么意思？是说要知人民之所苦。

"**务知人之所苦**"，就是以民情作为考察官吏的标准。诸葛亮提出，民"其苦有五"：（1）小吏因公为私，乘权作奸，内侵害国家，外榨取民众；（2）过重罚轻，法令不均，或无罪被宰，或重罪得宽；（3）纵罪恶之吏，害告发之人，断绝语辞，蔽藏其情；（4）偏袒亲信，陷害打击所嫉恨的人，不承法制，趁收赋税之机，巧立名目，从中渔利，借口送旧迎新，侵吞公共财产；（5）贪私立功，借赏罚之机，凭人情世故获取利益，参与商业交易，利用职权垄断价格，使人人不得安于职守。诸葛亮认为："有如此（五害）者，不可不黜，无此五事，不可不迁。"

关于对官吏的考黜，诸葛亮在他的著作中，还讲了不少，如在《便宜十六策·阴察》中提出官吏的"五德"问题："一曰禁暴止兵，二曰赏贤罚罪，三曰安仁和众，四曰保大定功，五曰丰饶拒谗。"这是从官吏的执政绩效而言的。在《将苑·逐恶》中提出"恶有五害"："一曰，结党相连，毁潜（zèn，诬陷）贤良；二曰，侈其衣服，异其冠带；三曰，虚夸妖术，诡言神道；四曰，专察是非，私以动众；五曰，伺侯得失，阴结敌人。"这是从官吏的行事作风而言的。

诸葛亮"务知人之所苦"的考黜，用现代人的观点来说，就是用"以民为本"、"执政为民"的思想进行考黜。今天，这个思想我们仍然大力提倡，如在"中共中央关于加强党的执政能力建设的决定"中，就体现有这方面思想。

考黜是重要的。考黜了，就可知道这位官吏为政为民情况怎样，品德怎样，才能怎样，为政的业绩情况怎样。迁善黜恶，才能保证官吏一心为民，兢兢业业，清正廉洁，施展才华。

考黜应该有考黜部门来做这件事，定期地做，经常地做，比如让检查部门做，监察部门做。考黜，还要利用民众的力量来做，利用信息媒体的力量来做。所谓群众监督，舆论监督，应该形成一个监督体系和机制，把这个工作做好。

考黜后，要妥善处理被考核免黜了的官吏。经考黜，若该官吏德是好的，才是好的，为政是称职的，是个"清官"，就用精神办法、物质办法等赏之、迁（提升）之。若该官德是胡七八糟的，是劣才，又无才，没有政绩，那就要作妥善处理。是赃官，就要罢其官，并查究其赃、其丑；是胡作非为的，要绳之以法；是平庸的，免去其官职。

"阴察"是诸葛亮《便宜十六策》中的最后一策，即第十六策的名。策的内容讲的是关于阴察方面的事与理。

如何定义**"阴察"**？诸葛亮说："阴察之政，譬喻物类，以觉悟其意也。"此话是说，阴察这个方法是以物理来喻事理，以悟出事物的本意。关于如何"阴察"，在诸葛亮的这篇文字中只讲了"喻理"的思虑方法，如"山小无兽，水浅无鱼"，"赏罚者省功，不诚者失信，唇亡齿寒，毛落皮单"，"麒麟易乘，驽马难习"等，具体的方法没有说。

我们把"阴察"理解为"阴"的"察"，属考黜之理问题。考黜有两类：阳的考黜，即明的考黜，实实在在的考黜，明明白白的考黜，见之于人的常规的考黜；阴的考黜，即无形的考黜，暗地的考黜，私下的考黜，不让当事人知觉的考黜，以探明或理清事物成因之理，达到见微知著，防患于未然。

阳的考黜，明的考黜，比如监督、检查、监察等，关于这一点，本篇上题"考黜"中已经有较多的讨论，这里不再细说。

关于"阴察"问题，现在就按照我们的理解说些观点。对一个官吏作考黜，有些事情，有时确实需要阴察。比如审查干部的经济行为，看其是否廉洁；品德行为，看其是否诚信，就需要避开本人，从侧面作调查，作审查，作观察，这就属于阴察之列。

关于"阴察"，不能不说韩非子。韩非子是法家，他的法治思想有三个部分组成："法"、"术"、"势"。其中讲到"术"的问题时，就讲了"阴察"问题。不过韩非子所讲的阴察问题，他的理解与所举的例证有点特殊。他这么说："术者，藏之于胸中以潜御群臣者也。"（《韩非子·难三》）意思是说，"术"，是权术，是藏之于君主胸中的一个东西，用来暗中监督、控制群臣，目的是做好工作。在《韩非子》一书里，关于这，他举了两则例证，其中一则说：子之是燕国的相，一次，他端坐着，煞有介事地对下属说："什么东西跑出大门去了，是白马吗？"左右的人都说没有看见。但其中却有一人装模作样地跑出去看，说我看见了，是，是白马。子之就用这个办法考察下属是否诚信。（《韩非子·内储说上七术》）另一个例子是：卫嗣公为了考察守关的官吏是否清廉，派人乔装成客商过关，守关的官吏刁难客商，那乔装客商用钱贿赂后，总算过了关。（故事来源同上）这两则例证所用的考察方法都属"阴察"的方法。

对子之的这种阴察做法，我们认为欠妥。考察下面的人是不是忠诚是可以的，但不能用做假的办法去考察。你本人就不诚信，却叫他人诚信，岂不笑话，这样的考察能有多少价值？对卫嗣公的做法，派人乔装成过关客商，考察守关官吏的廉洁度，其做法似乎也不够光明正大。这两种"阴察"，是"钓鱼式"的考察，不光明，不值得提倡。

关于上述的事，想到一则故事。唐初，某人上书唐太宗李世民，请他清除佞臣。李世民问："我身边都是贤臣，你说的佞臣指谁？"某答："我不能确定知道谁是佞臣，请陛下假装发怒模样试验群臣。有人不畏你的怒敢直言相告，此是忠臣；有人迎合你的意见去说去做就是佞臣。"李世民没有同意这个"以不法手段去解决不法问题"的观点，说："流水的清与浊，关键在于源头。帝王好比是政治源头，老百姓好比流水。如果帝王自己先用诈术骗人，再想要下臣正确行事，这犹如让被污染了的水的源头，去指导流水的清澈，这怎么可能？"又说："我想以信义立天下，不想用诈术引导民意。你的主意虽有一定道理，但我不能干。"

诸葛亮用人是重考察的，用姜维、蒋琬等都是经过诸葛亮考察过的，其中包括用了阳的考核方法，即明的考察、监督、检查等，也用了阴的考察方法，即暗中注意被考核者的行为，但并不见用类似子之、卫嗣公那种权术的方法，"钓鱼式"的方法。诸葛亮对关键岗位人选的考核，主要是让被考察人做工作，在他们的实践中作考察，看他们的德才情况，实际绩效情况，对百姓的负责程度，对国家尽忠情况等。

十六 赏罚务严、务公

诸葛亮在《便宜十六策·赏罚》中说："赏罚之政，谓赏善罚恶也。"接着又说："赏以兴功，罚以禁奸。"诸葛亮说得很明白，赏罚的目的是赏善罚恶。赏，使功臣得以兴盛；罚，使奸者得以禁止。

诸葛亮还在《将苑》的"重刑"一篇文字中，说了治军务严的事。他说："鼓鼙金铎，所以威耳，旌帜，所以威目，禁令刑罚，所以威心。耳威以声，不可不清；目威以容，不可不明；心威以刑，不可不严。三者不立，士可怠也。"

赏罚是治吏的利器之一。国君操之以制臣，臣吏用之以兴业。君主也好，臣吏也好，不能丢却这个利器。

赏罚问题，实际是个法治问题。 韩非子说过，法治有两柄，一是赏，另一是罚，而且这两个权柄，必须同时据有，缺其中任何一个都不行。

赏罚是要讲原则的。其原则，诸葛亮在《便宜十六策·赏罚》中说："赏不可不平，罚不可不均。"又说："赏不可虚施，罚不可妄加，赏虚施则劳臣怨，罚妄加则直士恨。"还说："赏赐不避怨仇，则齐桓得管仲之力；诛罚不避亲戚，则周公有杀弟之名。"

在上述最后说的那段话中，诸葛亮讲的是历史上关于赏罚公正问题的两则十分有名的故事。一则故事是关于**"赏赐不避怨仇"**方面的，"齐桓得管仲之力"，说的是春秋齐国的齐襄公被杀，次子小白先赶回都城临淄，继承了王位，即后来的齐桓公。管仲是公子纠的老师，为帮助在鲁国的公子纠先赶回临淄争夺王位，在路上曾用箭射了次子小白。鲍叔牙是次子小白的老师，也是管仲的朋友。小白即齐桓公继位后，鲍叔牙向齐桓公极力举荐管仲，齐桓公不计前嫌，任用管仲为相，实施政治改革，使齐国迅速强盛而成了春秋时期的首霸。另一则故事是关于**"诛罚不避亲戚"**方面的，"周公有杀弟之名"，说的是西周初年，周武王死，其子成王年幼，周公旦摄政。周公的弟弟管叔、蔡叔、霍叔等制造谣言，并与武庚勾结，串通东方的徐、奄、淮等国叛乱。周公亲自出兵东征，历时三年平定了叛乱，诛杀了亲兄弟管叔和武庚，并将蔡叔、霍叔流放外地。

诸葛亮用这两个典故，教育群臣，执掌赏罚要出以公心，做到如《尚书》所说的那样："无偏无党，王道荡荡；无党无偏，王道平平。"

赏罚属法治问题。赏罚的主要性质有二：一曰严；二曰公。

1. **"赏罚务严"**。"严"，严格，严肃，严厉，如山般庄严，如钢刀般锋利。赏罚有据，谁工作做得好，有突出成绩，就受奖赏。谁触犯了法，谁就必须受到处罚，罪过严重者斩断之。

诸葛亮执法中做到了四个"有"：（1）**"有功必赏"**。建安24年（219年），黄忠斩魏军主将夏侯渊于定军山，刘备和诸葛亮奖励他，任命他为后将军，封关内侯；同年，曹操兵退斜谷，魏延大破魏军，并将曹操射中落马，刘备与诸葛亮也重赏魏延，破格提拔魏延当镇远将军、汉中太守。（2）**"有过必罚"**。诸葛亮爱将马谡，"才器过人，好论军计，丞相诸葛亮深加器异"，但他"拒谏"失了街亭，诸葛亮毫不徇情，挥泪斩了马谡，做到了"诛罚不避亲戚"，并实行自贬。（3）**"有才必用"**。姜维是人才，诸葛亮想尽办法把他从魏军阵营中挖了过来，委以重任，当了征西将军。（4）**"有危必除"**。刘封是刘备的养子，守上庸，当关羽被围樊城时，呼刘封相助，刘封不救。后关羽兵败，被吴兵包围在麦城之中，关羽亲自手书求刘封救援，刘封又找借口拒绝出兵，诸葛亮为此建议刘备赐刘封以死。诸葛亮、刘备又一次做到了"诛罚不避亲戚"。

2. **"赏罚务公"**。"公"，公平，公正，公开。公平，公平如秤、如斗，法律面前人人平等，王子犯法与庶民同罪。公正，公正合理，是就是是，非就是非，不掺假，不徇私。公开，不藏藏匿匿，不遮遮掩掩，点灯一盏，照亮一片，惩治一人，受益天下，并接受人们的评论与检验。

"赏罚务公"的公有两个内涵：一是正确合理，唯有正确才有公正；二是公平，公开。诸葛亮执行赏罚做到了上述两个内容。请看他执行赏罚政策的一个例证。廖立是刘备重臣，刘备执政期间任巴郡太守，刘禅执政期间任长水校尉。廖立自以为"才名宜为诸葛亮之贰"，但现时却在李严之下，不满，诋毁群臣。诸葛亮造表弹劾廖立，说廖立"坐自贵大，臧否群士"，"诽谤先帝，疵毁众臣"。后主诏答，废廖立为庶民。诸葛亮对廖立的处理是正确的，他确实犯了"坐自贵大，臧否群士"的罪，"诽谤先帝，疵毁众臣"的罪，公平、公正地，又合乎人情地，只给废为庶民的处理，体现了罚与爱的统一。后诸葛亮离世，廖立知道后哭着说："吾终为左衽矣（我恐怕要当亡国奴了）！"（《三国志·廖立传》）

十七 爵财厉士

"厉士"是诸葛亮《将苑》中的一个篇的篇名。"厉"通"励"，奖励，激励。本篇文字的主题讲的是，用兵之道，必须奖励、激励士卒。

"厉士"是治吏的题中之义，也是吏治的题中之义。

"厉士"，从奖励角度，诸葛亮讲了五个"矣"。

1.**"尊之以爵，瞻之以财，则士无不至矣。"** 意思是说，对作战立功者尊以爵，瞻以财，这样做士卒在作战中就会勇往直前。

尊以爵，给一定官职。瞻以财，给一定的金钱、物质奖励。

尊以爵。"爵"，是一种特殊的奖。它既是一种精神的奖励，因为当了官，或提升了官，这些都是荣誉；也是一种物质的奖励，因为有了官位，必然会有一定的薪俸跟上。"爵"的奖是高级形态的奖，其奖的效果最为显著，我们要使用好这种奖项。

瞻以财。财的奖，金钱的奖，物质的奖，是一种现实的奖，是最见之于形的。让我们利用好这个奖项，使其产生好的奖励效果。

2.**"接之以礼，厉之以信，则士无不死矣。"** 是说，在战争中，对待士卒以礼待之，以信励之，那么士卒就会拼命杀敌不怕死。

3.**"畜（同蓄）恩不倦，法若画一，则士无不服矣。"**是说，对待士卒要蓄恩，执行法规要统一，若这样做了，士卒没有不服从命令的。

诸葛亮在这条训令中讲了两个内容：一是蓄恩问题，仁爱士卒，给士卒以恩惠；二是执法要公平划一，不徇私。关于这两点，诸葛亮在斩马谡问题上，做得非常到位与突出。马谡失了战略要地街亭，尽管马谡是诸葛亮的爱将，尽管有众多人为马谡求情，但诸葛亮还是按法处斩了，做到了"法若画一"，同时对马谡施以爱，让马谡全尸而死，对马谡的家小以重大抚恤，做到了"畜恩不倦"。诸葛亮这样做，既扬了蜀军的军威，又极大地调动了蜀军士卒的士气。

4.**"先之以身，后之以人，则士无不勇矣。"**意思是，做将帅的，在带兵作战过程中，若冲锋先于他人，享受后于他人，士卒就没有不勇敢的了。

这种以身作则的思想，诸葛亮在《将苑·哀死》篇中也说到了，他这么说："有难，则以身先之，有功，则以身后之。"

黄石公在《三略·上略》中也写有这样的话："以身先人，故其兵为天下雄。""天下雄"，就是无敌于天下的意思。

关于上述思想，诸葛亮做得最突出的要数在赤壁之战中，他不顾生命危险，只身一人亲去东吴做说客，与孙权、周瑜等人周旋，舌战群儒。在北伐作战中，诸葛亮亲自带兵布阵作战，走在前面。

先之以身，后之以人。当领导的要冲锋在前，享受在后；要以身作则，要他人做到的自己要率先做到，要他人不去做的自己要率先不做。

5.**"小善必录，小功必赏，则士无不劝矣。"**本句话的意思是，当将帅的，在带领队伍时要做到：队伍中有人做了好事，哪怕是细微好事，也必须记录在案，有人立了功，哪怕是个不起眼的功，也必须注意奖赏。若如此做了，则将士没有不服从你领导的，队伍就会有凝聚力。

本句话实际说的是赏罚问题。它告诉我们，当领导的要善事善录，功事善录。善事善录，功事善录，从心理上肯定将士，从精神上鼓舞将士，激励队伍不断地打胜仗。

爵、财这些有形的东西可以用作激励手段来激励人。**用"气"，这种无形的东西、精神的东西，也可以用来激励人。**

"气"，勇气、怒气、情绪、欲望、需求等各种的"气"。

"气"，首先是**"英雄之气"**，用"英雄之气"激励下属求战的勇气，鼓舞求胜的斗志。

诸葛亮善用这种"英雄之气"来激励人，例举两例。

1. **激猛将张飞**。人都有好胜心，张飞也不例外。诸葛亮利用张飞这个好胜之气，在进兵西川时，激励张飞领兵，"先到者为头功"。果然，张飞一路杀敌斩将，还粗中有细地用计生擒了巴郡太守老将严颜，并义释严颜，得其相助，顺利到达雒城前线。（第63回）马超是当世名将，来攻葭萌关。诸葛亮利用猛张飞好胜之气，智激张飞去战马超，对张飞说："今马超侵犯关隘，无人可敌，除非往荆州取关云长来。"张飞说自己曾独挡曹军百万之众。诸葛亮说："今马超之勇，天下皆知。渭桥六战，杀得曹操割须弃袍，几乎丧命，非等闲之比。云长且未必可胜。"张飞说："我只今便去，如胜不得马超，甘当军令。"诸葛亮就这样把张飞的作战勇气调动了起来，命张飞为先锋出战，结果引出葭萌关前张飞和马超无日无夜恶战的效果。（第65回）

2. **激老将黄忠**。《三国演义》第70回说：葭萌关守将孟达出战魏将张郃大败，因此孟向成都求援。玄德与孔明、法正等人商议。孔明聚众将于堂上时说："今葭萌关紧急，必须从阆中调回翼德，方可退张郃也。"法正说："今翼德镇守阆中，也是紧要之处，不可取回。帐中诸将内选一人去破张郃。"孔明笑曰："张郃乃魏之名将，非等闲可及。除非翼德，无人可挡。"这时黄忠冲了出来说："军师何轻视众人也？吾虽不才，愿斩张郃首级，献于麾下。"孔明说："汉升（黄忠的字）虽勇，怎奈年老恐非张郃对手。"黄忠听了，白须倒竖："某虽老，两臂尚开三石之弓，浑身还有千斤之力；岂不足敌张郃匹夫耶？"孔明说："将军年近七旬，如何不老？"黄忠趋步下堂，取架上大刀轮动如飞；壁上硬弓，连曳折两张。就这样，在诸葛亮的激将之下，黄忠携带老将严颜出阵，一举大败张郃，并进而夺下重地定军山。

诸葛亮善于用英雄之气激励众人。他懂得这样的道理："请将不如激将"。诸葛亮对不同的任务、不同的大将个性，运用不同的激励方式以激将。如对赵云，赵云忠诚，骁勇守信，通观大局，所以用的是"信任"激励，让他带三个锦囊妙计护送刘备去东吴成亲。如对马超，马超曾是一方诸侯，勇谋兼备，能力出众，所以交给马超的都是独当一面的任务，只说方向，不交对策，如镇守西平关，抵御藩王轲比能，用的是"信任"与"充分授权"的激励。

激励，是管理学中的一个重要内容。现代管理学理论认为，人有多种需求，多种需求产生相应的多种欲望，这是激励人发挥作用的内在动因。诸葛亮励士的高明在于：根据被激励对象的心理性格特点、长处与短处，结合面临的任务、环境，以适宜的理由，激起被激励者挑战成功的欲望与动力，并引导其注意克服自己的弱点，使这个"激将"转化为成功的催化剂，促使其完成任务。乃至骄如关羽这样的人，躁如张飞这样的人，悍如马超这样的人，傲如魏延这样的人，老如黄忠这样的人，没有一个不服从诸葛亮指挥调度的。

在现代管理学中还有一个叫"救灾式管理"（"危机管理"）的，是说人在一定的灾难（危机）情况下，自我会产生一种力去抗衡、战胜这个灾难（危机），而这种力在常态情况下是不会产生的。这里就有一种"气"在起作用。我们就要善于制造这种"灾难（危机）"，利用这种"人为灾难（危机）"去调动人的这种"气"，使之产生"重担压快步"的激励效果。当然，制造"灾难（危机）"、"担子"要"造"得科学合理，"灾难（危机）"、"担子"不能造、压得过重了，不然，人是真的会被"灾难（危机）"、"担子"压垮的。

"教令"是诸葛亮《便宜十六策》中的第十三策的策名。

"教令"中说："**教令之政，谓上为下教也。**"是说，实行教令，就是要求做领导的对下属要进行教育。又说："**为君之道，以教令为先，诛罚为后。**"是说，作为君主，管理下属，首先要做到教令明确，其次才是对违令者实行诛罚。

这里所说的"教令"，一是指教育，明确要做什么，该怎么做，有令必行；二是对违背教令的，造成不良后果的，要进行诛或罚。这是"教"的一种特殊手段，不得已而行之，反对"不教而诛"，或"只罚不教"。"教"与"罚"意义相对，"教"在先，"罚"在后。"教"与"罚"是有联系的，实行"教"了，"诛罚"就可减少。

治吏需要教育。经过"教"，使无德之吏转化为有德之吏，使无才之吏转化为有才之吏。

《司马法》说："士不先教，不可用也。"人都是通过教育得以成长的。不经过"教"的人不能用。智慧非凡的诸葛亮也是经过教育得以聪明起来的。他受老师教；受朋友教，有司马徽、徐元直、崔州平、石广元、孟公威等人与他一起切磋学问；亲人教，如受岳父黄承彦、哥哥诸葛瑾、弟弟诸葛均等人的帮助；他自学，躬耕垄亩，半耕半读。由于此，他上知天文，下知地理，中知天下大事。

诸葛亮还在《将苑》中写了一篇"习练"的文字，是说士卒需要习练。他说："军无习练，百不当一；习而用之，一可当百。""教之以礼义，诲之以忠信，诫之以典刑，威之以赏罚，故人知劝，然后习之。""一人可教十人，十人可教百人，百人可教千人，千人可教万人，可教三军，然后教练而敌可胜矣。"

诸葛亮在蜀执政时，十分重视教育，重用有学问的人来执政，如用秦宓。据《三国演义》第86回记载，诸葛亮派出蜀学士秦宓接待吴国来使张温。在这个外事活动中，张与秦有一个关于"天"问题的答问。张问，秦答。张问了如下问题："天有头乎？""天有耳乎？""天有足乎？""天有姓乎？"前三问，秦据《诗经》上的话一一作答。答第四问，对天之姓，秦说姓刘，因为当今天子姓刘，所以天姓刘，说得张温无言以对。秦在答问中，当张问及秦是否有学问时，秦还说了这样的话："蜀中三尺小童，尚皆就学，何况于我？"

"教令先行"的教，教什么？诸葛亮在《便宜十六策·教令》中讲了"先习士卒用兵之道"，**包括五个方面的教**：目习旌旗指麾之变；耳习闻金鼓之声；心习刑罚之严；手习五兵（器）之便；足习周旋走趋之列。这些内容大都讲的是关于兵战训练方面的事，实际就是习武。习武艺重要不重要呢？重要，《孙子兵法》不是也说了"士卒孰练"是决定胜负的一个因素的话嘛！但我们认为，**讲习武还不够，还要习德、习文化**。《将苑·习练》中就讲了"教之以礼义，诲之以忠信"等。

习德，若是军人，要讲军纪，讲团结，讲服从命令听从指挥，讲勇敢杀敌，讲善待俘虏等政策。

习文化，不断地提高文化水平。

古人还有**军人"三练"的说法：练心、练胆，练艺**。练心，强化军人作战的心理训练，学得打胜仗时应有的正确心态，在打败仗时应有的心理状态；练胆，培养勇敢精神，讲究武德；练艺，训练作战技艺、阵法，提高作战本领。

诸葛亮十分注意这些"三练"教育。诸葛亮在出山后，初到刘备那里，见刘备手下士兵不多，他就建议募兵，并亲自教导、训练这些士兵学会作战。诸葛亮搞八阵图与敌人战，就训练自己的将士懂八阵图的理论与战法。又如，诸葛亮发明木牛流马，就教育匠人会造木牛流马，教士兵会使用木牛流马。

最后，让我们说一下在"教令"中所说的一句十分有名的话："**故人君先正其身，然后乃行其令。身不正则令不从，令不从则生变乱。**"此话的重要性是告诉我们，我们做领导的务必自正其身，正己教人，不做其身不正的人，这是实行"教令"使之有威有效的一个前提条件，不然什么"教令"云云都属空谈之举。

　　"斩断"是诸葛亮著作《便宜十六策》中的第十四策的策名。

　　何谓"斩断"？诸葛亮说："斩断之政，谓不从教令之法也。"从这话可以看到，**"斩断"与"教令"是相对的概念，一个是"教"，一个是"斩"。**所谓"斩"就是"罚"。诸葛亮在这里用了一个严厉的词——"斩断"。两句话拼合起来，其意思就是，对下属要教，在教不起作用的情况下就罚，重的就斩断。就是说要两手抓，一手抓教，一手抓罚。

　　"斩断"紧挨"教令"而写。"教令"为《便宜十六策》的第十三策，"斩断"为《便宜十六策》的第十四策，是"教令"的后续讨论。实行"斩断"是为了使"教令"得以贯彻执行，给以纪律保证、法律保证。

　　"斩断之政，谓不从教令之法也。""斩断"是罚，是一种极为严厉的罚，严厉到"斩断"的程度。这样，使"罚"的权威性强化了，使严产生威、产生力，在作战中产生胜。

　　关于罚要严，刑要峻，韩非就大力提倡这种思想。他在《韩非子·内储说上七术》中写了一则故事——"立法如涧谷"。韩非提倡，立法要如同临高山峻岭掉下即死那样的严峻，如同临百丈深渊坠落即亡那样的可畏，使人不敢冒犯，肃然而止。

　　想到了一句成语"令行禁止"。语意是，命令一下立即执行，禁令一到立即制止。此话是管仲说的，他在《明法解》中说："故明主操必胜之路，以治必用之民；处必尊之势，以治必服之臣，故令行禁止。"管子认为，明君为了操必胜之路，必尊之势，就要治民，就要服臣，就要做到令行禁止。《荀子·王制》也说："令行禁止，王者之事毕矣。"荀子认为，事情做到了令行禁止的程度，王者的事业就能获得成功。"令行禁止"，说明有令就要执行，有禁就必须制止。教令有了，就要按教令去做，禁令有了，就要坚决按禁令去执行，不得马虎，不得含糊，不得打折扣，不得偷工减料。

　　现在，我们回过头来说说诸葛亮讲的"教令"、"斩断"这两个问题。

"教"是一种"令"，是公之于众的令，要大家实行，对不很好实行"令"的人，就执行法，执行罚，执行"斩"。如此有"教"有"斩"，把工作做好。

诸葛亮在讲"斩断"问题时，讲了一句很有名的话，在执行军法时，实行斩断之令时，应该坚定果断，要防止出现**"当断不断，必受其乱"**那样的事。该决断的事必须坚决果断，不得拖泥带水，不得出现怜悯情绪。这是军队任务的特殊性决定的，是战场环境的特殊性决定的，军令如山。

最后，让我们举两个现实事例来说明"教令"、"斩断"问题的重要性。我国有"教令"说，当官的必须清廉，不得违法乱纪，不得贪污。新中国成立初期，有两个位居高官的，叫刘青山、张子善，却违背这个"教令"，犯贪污受贿罪而被"斩断"处死，教育了全党。改革开放以来，我国人民代表大会副委员长成克杰也因为违反清廉"教令"，犯了贪赃枉法罪，被"斩断"正法，处以死刑，镇住了贪赃枉法者的邪恶气焰。

二十一 "纳言"、"察疑"与"思虑"

本题题名中的三个词"纳言"、"察疑"与"思虑"，均出自诸葛亮的《便宜十六策》，分别是该文第四、第五、第十五策的策名。

先说**"纳言"**。"纳言"中说："纳言之政，谓为谏净，所以采众下之谋也。"纳言是吏治中的一个重要问题。君要管理吏，君也要善于纳臣吏之言；吏要管理民，也应听取百姓之言。诸葛亮在这里所说的"纳言"一词，主要是对明君说的。

"纳言"的重要性，诸葛亮在这篇文字中有较好的论述。他说："夫人君拒谏，则忠臣不敢进其谋，而邪臣专行其政，此为国之害也。"又说："故有道之国，危言危行；无道之国，危行言孙（同逊），上无所闻，下无所说。"诸葛亮还形象地以屋喻国说："是以屋漏在下，止之在上，上漏不止，下不可居矣。"是说，屋漏漏在下，要止漏，必须在屋顶上面做努力；屋顶漏了，屋里的人就没法再住了。比喻治国要减少差错，就要先帮助国君做到正确决策，提倡"纳谏"，听察采纳众下之言，可以使人君（领导者）"多见为智，多闻为神"，减少失误。

要治理好国家，君主必须纳谏。关于这个道理，诸葛亮在本篇文字中还这样讲："君有诤臣，父有诤子，当其不义则诤之，将顺其美，匡救其恶。恶不可顺，美不可逆，顺恶逆美，其国必危。"

诤言是诤，是谏，是规劝的话。对君来说，这些诤、谏、规劝，一般来说，都是不顺耳的，甚至是刺耳之言。若臣的这些话，是当着众人的面说的，就更会伤君王的面子。但其言却是真的、善的、美的，对国家是大有益的。此刻的君，若从国家利益出发，必须舍个人小面子，顾全国家大面子，采纳诤言。

李世民是位以善于纳谏而兴国的人。贞观十三年（639年），大臣魏征见唐太宗的思想行为不如过去那样严谨周到，上了一道有名的"十渐疏（建议文字）"，要唐太宗励精图治，这就是著名的《贞观政要》中的"十思"，其内容主要有"居安思危，戒奢以俭"，"怨不在大，可畏惟人"等，如请"见可欲则**思知足**以自戒，将有作则思知止以安人"等十个思。李世民看到了这个"疏"后十分感动，立即给魏征写了一份诏书，要魏征不要怕冒犯我，请直言我的是与非，表示要虚怀若谷地采纳他的意见并改正之。魏征死后，李世民悲痛不已，下令停止上朝五天，还说："夫以铜为镜，可以正衣冠；以古为镜，可以知兴替；以人为镜，可以知得失。朕常保此三镜，以防己过，今魏征殂逝，遂亡一镜矣！"（《旧唐书·魏征传》）

治吏要管吏的言与行，君的言与行也必须请吏来监督。若果然如此，君王能有如李世民那样的气度，服从臣的监督，纳诤言，纳谏言，兼听则明，其国必大治。

现在说**"察疑"**。"察疑"何意？诸葛亮说："察疑之政，谓察朱紫之色，别宫商之音。"察疑，以防止"红紫乱朱色，淫声疑正乐"。关于这，治吏也好，吏治也罢，都必须注意。治吏，君考察臣的言行是否有"红紫乱朱色"现象，吏治，吏考察下面的人有无"淫声疑正乐"现象。诸葛亮借用孔子的话说："视其所以，观其所由，察其所安，人焉（怎么）廋（sōu 搜，藏匿）哉！人焉廋哉！"

最后说"思虑"。"思虑"，诸葛亮这么解释："思虑之政，谓思近虑远也。"诸葛亮在这里所说的吏治、治吏，讲的是辩证思维问题，就是说吏治、治吏要思近虑远。诸葛亮在这篇文字里还说："人无远虑，必有近忧。"（这是孔子在《论语·卫灵公》中说的话）诸葛亮还说："大事起于难，小事起于易。故欲思其利，必虑其害，欲思其成，必虑其败。"诸葛亮还说："危生于安，亡生于存，乱生于治。"这些话是诸葛亮套用老子的讲话方式讲的。《老子·六十三章》说过这样的话："图难于其易，为大于其细。天下难事，必作于易；天下大事，必作于细。"是说思虑的重要性。诸葛亮在本篇文字中最后说："君子视微知著，见始知终，祸无从起，此思虑之政也。"领导者的责任在于有预见，在于"思虑"今后，见微知著，防患于未然。

二十三 使用地方官吏

诸葛亮的一个重要业绩就是治理好了我国西南少数民族地区，这在我国历史上的贡献是非凡的、辉煌的。诸葛亮在这个问题上何以做得如此出色，原因很多，如重视少数民族工作，所采用的政策正确等。其中使用了本地区的干部，使用了少数民族的干部是一个重要原因。

诸葛亮在平定南中地区过程中涌现出了多位元老功臣，如李恢、马忠等人。他们大都是地方民族官吏，或是善于处理民族关系的汉族官吏。我们试举三例：

1. **李恢**。据陈寿《三国志·李恢传》说，建兴三年（225年），诸葛亮南征，其南征大军兵分三路：东路军由李恢率领，中路军由马忠率领，诸葛亮自提主力从成都出发向当时的叛乱中心昆明挺进。东路军李恢从他的治所平夷县出发，向西挺进到建宁，直奔云南昆明一带叛军的大本营。不料各路叛军纠合在一起，将李恢的东路军困在昆明。李恢是建宁人，见叛军兵力超过自己数倍，于是派人送信给叛军说：官军粮尽已想退军，我离乡已久，今不想北归，想和你们一起干一番事业。因李恢的籍贯在建宁，南人信以为真，便放松了警惕。李恢抓住机会，突然出兵，杀叛军一个措手不及，叛军大败。李恢很快与诸葛亮的主力声势相连。关于这，陈寿在该传中说："南土平定，（李）恢军功居多，封汉兴亭侯，加安汉将军。"

2. **马忠**。据陈寿《三国志·马忠传》说，诸葛亮南征，拜马忠为牂牁太守。马忠率中路军，迅速平息了朱褒的叛乱，对投降的官军和少数民族附和者，马忠进行了抚育恤理，先战后抚，对少数民族并未严察，恩威并施，因此甚有威望，政绩卓著，深得民心。建兴八年（230年），马忠被调到丞相府为参军，与副长史蒋琬处理留府事宜。诸葛亮出祁山，马忠被调到诸葛亮身边。建兴十一年（233年），南夷豪帅刘胄反叛，扰乱诸郡，马忠被命为来降都督，率军杀了刘胄，平定南土。马忠被提升为监军、奋威将军，封博阳亭侯。马忠率将太守张嶷收复了久失的越西郡，被升为安南将军。陈寿在该传中说："（马）忠为人宽济有度量，但诙啁（zhāo 昭，声音杂乱）大笑，愤怒不形于色。然处事能断，威恩并立，是以蛮夷畏而爱之。及卒（死），莫不自致丧庭，流涕尽哀，为之立庙祀，迄今犹在。"

3. **张嶷**。张嶷是巴郡南充人。当时蜀地区有人叛乱。张嶷后被派到已有叛军作乱的越西任太守。他对叛军，先礼后兵，诱以恩信，"蛮夷皆服，颇来降附"。有顽固豪横的，张嶷率兵讨伐，一战生擒收服首领魏狼，让他去招降余部，并把这一部落三千余户都就地安排，任命魏狼为部落的长官，管理部落。其他部落的人知道了这个情况后，也纷纷前来投降。张嶷因此功封关内侯。张嶷在取得军事胜利后，注意解决经济问题，定作等三个县盛产盐铁胶漆，但被地方豪强霸占。张嶷到定作县后，就把豪绅首领狼岑从老窝中抓到官府后打死，勒令那里的人"无得妄动，动既殄（tiǎn 舔，消灭）矣"。同时给部落中奉法的夷民以赏赐，使这个部落服。张嶷于是杀牛设宴"重申恩信，遂获盐铁，器用周赡"。张嶷在越西郡连任十五年，邦域安穆。张嶷后来被征调到成都，越西郡民众，扶车而泣；路经旄牛邑时，部落首领狼路亲自送到蜀郡境界。张嶷入朝后官拜荡寇将军。（见陈寿《三国志张嶷传》）

少数民族地区与汉族地区的人文条件等不同，治理少数民族就与治理汉族的治法也就不同。治理少数民族最好的办法就是利用少数民族干部进行治理。这样做了，使少数民族人文和谐，使汉族与少数民族关系和谐，做到国家全面繁荣。

毛泽东读史时，赞赏诸葛亮会处理民族关系，说诸葛亮的民族政策比较好，获得了少数民族的拥护，并说"这是诸葛亮的高明之处"。新中国成立后，毛泽东在《关于正确处理人民内部矛盾的问题》一文中，专门论述了"少数民族问题"，指出"汉族与少数民族的关系一定要搞好"。在他写的另一篇著名文章《论十大关系》中又说：各个少数民族对中国历史都做过贡献，汉族人口多，也是长时期内许多民族混血形成的。"我们要诚心诚意地积极帮助少数民族发展经济建设和文化建设"。改革开放以来，中央及时实施"西部大开发战略"，这实际也是为解决、发展民族地区的经济所作的一种努力。

诸葛亮重用和培养民族干部的思想与做法至今仍有现实意义，我们国家现在仍在积极实践着。

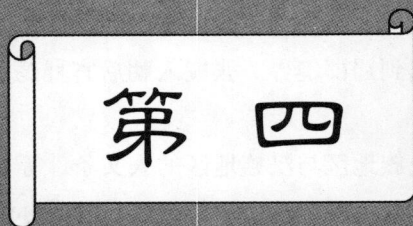

先生晦迹卧山林，三顾那逢贤主寻。

鱼到南阳方得水，龙飞天外便为霖。

托孤既尽殷勤礼，报国还倾忠义心。

前后出师遗表在，令人一览泪沾襟。

—— [唐] 白居易

一 读《诫子书》说"修身"

诸葛亮重修身。

《诫子书》是诸葛亮为教育自己孩子所写的一封信，也是诸葛亮一生关于修身问题的自我经验总结。

《诫子书》全文如下：

> 夫君子之行，静以修身，俭以养德，非澹泊无以明志，非宁静无以致远。夫学须静也，才须学也，非学无以广才，非志无以成学。淫慢则不能励精，险躁则不能治性。年与时驰，意与日去，遂成枯落，多不接世，悲守穷庐，将复何及！（《诸葛亮集》）

诸葛亮是一位信奉儒学的人，在他的著作里，如《便宜十六策》中就大量地引用了有关儒学方面的经典语言，如关于"仁"等观点。

儒学典籍《大学》说了不少有关修身方面的话。例如："**古之欲明明德于天下者，先治其国。欲治其国者，先齐其家。欲齐其家者，先修其身。欲修其身者，先正其心。欲正其心者，先诚其意。欲诚其意者，先致其知。致**

知在格（接触认识）物。格物而后知至。知至而后意诚。意诚而后心正。心正而后身修。身修而后家齐。家齐而后国治。国治而后天下平。"这是儒学中的一段十分有名的话，该话讲了八件事：格物，致知，诚意，正心，修身，齐家，治国，平天下，叫"治平八目"。这"治平八目"中最关键的一个目就是"修身"。"格物"、"致知"、"诚意"、"正心"，这些都是为"修身"服务的。"修"好了身才能更好地"齐家"、"治国"、"平天下"。

在《大学》中强调了下述思想："自天子以至于庶人，壹是皆以修身为本。""身修而后家齐，家齐而后国治，国治而后天下平。"

修身要修成什么样的人？诸葛亮在《诫子书》中有所阐述，重要的有以下三点：

1. 要修成一位能"明志"、懂"致远"的人。

我们理解，诸葛亮说的"君子"，就是要做儒家所谓的君子这样的人，主要要做到三点：

（1）**不忧不惑不惧**。这是从君子的内心修养而言的。孔子说："君子道者三，我无能焉：仁者不忧，知者不惑，勇者不惧。"（《论语·宪问》）君子是仁者，胸怀仁义，心地坦然而无忧；君子是智者，明白取舍，不被名利所迷惑；君子是勇者，以天下为己任，因此无所畏惧。君子就是具有"智"、"仁"、"勇"品德的人。

（2）**"仁以为己任"**。这是从君子的社会责任而言的。这话是曾参说的："仁以为己任，不亦重乎？死而后已，不亦远乎？"（《论语·泰伯》）曾参主张君子以"仁道"为己任。关于这，孟子也讲过类似的话：君子"穷则独善其身，达则兼善天下"（《孟子·尽心上》）。是说人在困窘的情况下，不要忘记自己的志向而修炼自己；在显达的情况下，不要忘记自己的责任，安百姓，济天下，力争做一个如宋人范仲淹所说的"先天下之忧而忧，后天下之乐而乐"那样的人。

（3）**"士志于道"**（《论语·里仁》）。这是就君子的自身追求而言的。君子立志追求圣人之道，执政做到"为政以德"（《论语·为政》），做人做到"言必信，行必果"（《论语·子路》），做一个知行合一的人。

上述三点，归结之，就是君子要做到能明志，懂致远，善修身，行仁政，理论与实践相统一，言论与行动相一致。用现在的话来说，就是努力去做"一个高尚的人，一个纯粹的人，一个有道德的人，一个脱离了低级趣味的人，一个有益于人民的人"（毛泽东《纪念白求恩》）。

2. 坚持君子的道德操行。

诸葛亮说："静以修身，俭以养德，非澹泊无以明志，非宁静无以致远。"《大学》说："修其身者先正其心。"修身要有好的情绪心态，宁静平和，澹泊名利，作风俭朴。孟子对君子的成长历程有过这样的精彩论述："天将降大任于斯人也，必先苦其心志，劳其筋骨，饿其体肤，空乏其身，行拂乱其所为，所以动心忍性，曾（同增）益其所不能。"（《孟子·告子下》）是说，一个有作为的人，必须经历艰难困苦的磨炼，使心灵受到震撼，性情得到陶冶，才干得到磨砺，从而达到思想、意志和能力的成熟与升华。诸葛亮所以成为一个伟人，就是如上所说的经过那样的锤炼而成的。

3. 善于学习。

诸葛亮说："学须静也，才须学也，非学无以广才，非志无以成学。""学须静"，而不是浮躁地学；"才须学"，而不是不学，也不是浅尝辄止地学。"非学无以广才"，不学不能成为学识渊博的人；"非志无以成学"，没有坚定的志向抱负就不会学而成才。让我们做一个善于学习的人，终身学习的人，学以致用的人。

二 读《诫外生（甥）书》说 "立志"

诸葛亮重"立志"。

诸葛亮主张人应该立志，要做一个有道德的人，有抱负的人，对国家有贡献的人，不做恶人、坏人，也不做混混噩噩、没有上进心的人，对国家无用的人。

诸葛亮青年时代就有志向、有抱负。陈寿在《诸葛亮传》中说："玄（诸葛玄，诸葛亮的叔叔）卒，亮躬耕陇亩，好为《梁父吟》。身长八尺，每自比于管仲、乐毅。"《梁父吟》是东汉时期流传于齐鲁一带的民谣，记录着诸葛亮故乡齐鲁地区所发生的一些故事。诸葛亮不仅喜欢吟唱《梁父吟》，而且还为这种曲调填词，其中一首为《步出齐城门》，其词就是诸葛亮填的，主要讲述了春秋时期齐国相晏婴为政英明的事。陈寿这段话是说，诸葛亮年青时期就以齐国贤相晏子、管仲，燕国名将乐毅为榜样要求自己。在隆中至今还保留有"梁父岩"的古迹，"梁父岩"，据说这是因诸葛亮常在一个石岩上引吭高歌"梁父吟"而得的名。据《隆中志》记载，隆中还有一个叫"抱膝亭"的古迹，位于刘备"三顾茅庐"时草堂前面百余步处，相传是诸葛亮当年常常在此地抱膝吟诗以明志的地方，是抒发他自己的远大理想及怀乡之情的地方。

诸葛亮还写了一封给他的外甥的信，叫《诫外生（甥）书》，其主要内容就是讲关于"立志"方面的事。信的全文是这样的：

> "夫志当存高远，慕先贤，绝情欲，弃凝滞，使庶几之志，揭然有所存，恻然有所感；忍屈伸，去细碎，广咨问，除嫌吝，虽有淹留，何损于美趣，何患于不济。若志不强毅，意不慷慨，徒碌碌滞于俗，默默束于情，永窜伏于凡庸，不免于下流矣！"（《诸葛亮集·文集卷一》）

诸葛亮在这封信中说，人必须有"高远"的志向。这个"志"是

"（仰）慕先贤"的，为此他"绝情欲"而专心致志修身，"弃凝滞"而果敢厉行。坚持这样的"志"，就能够"忍屈伸，去细碎，广咨问，除嫌吝"，是"强毅"不拔的，是"慷慨"无私的，是超凡脱俗的，而不"碌碌滞于俗，默默束于情"。

人总是要有点精神的。志向，是人生的奋斗目标，是立足于世的精神支柱，是心中的明灯。人生的价值和精神的境界全被这个志向所鼓舞、所映照，人应该立高远的志。

少年、青年是人生立志的最佳时期。人的最终之志是在后天艰苦磨砺中确立的。每个人所立的志向不同，他所走的人生道路也不同；每个人志向的大小不同，其后天的成就大小也就不同。

古人历来重视立志。孔子就说："**士志于道。**"（《论语·里仁》）是说，"志"要以"道"为核心而建立。以"道"为核心所建立的"志"，就是大志，远志，高尚之志，终生之志。这种"道"是"圣贤之道"、"济世之道"。孔子在《论语·述而》中还说过这样的话："**志于道，据于德，依于仁。**"这是说：立志行道，做事以德为依据，以仁为依归。这是对"圣贤之道"、"济世之道"的内涵的解释，以德为据，以仁为归，遵循的是做对国家、对百姓有益之事之大道。

"志当存高远"，诸葛亮的立志就是从青年时期开始的。前面已说，诸葛亮在隆中耕读时就有自比于管仲、乐毅、晏婴的抱负，就树立了要成为国家栋梁之材的志向。

诸葛亮童年的经历为其树立远大志向打下了扎实基础。诸葛亮出生在一个官僚家庭，远祖曾任汉元帝的司隶校尉，父亲担任过梁父县尉、泰山郡丞，叔叔在左中郎将府担任侍郎，属于坚持儒家正统意识的人，因讨厌当时的政争而辞职回乡。诸葛亮从小就受到这样良好家庭的教育，得到儒家传统的熏陶。

诸葛亮也亲眼见到了东汉末年社会兵荒马乱、百姓背井离乡的惨景。孔明的家乡琅琊郡当时归属徐州管辖。初平四年（193年）后，曹操先后两次兴兵攻打徐州，一连屠杀百姓上万人，"投之于泗水，使水为之不流"，战火一直烧到诸葛亮的家乡琅琊和东海诸县。此后，十五岁的诸葛亮，跟随叔父诸葛玄，不得不离开家乡，走入了离乡逃难的大军之中。诸葛亮的忧民忧国、为民为国的情怀，救民于水火之中的大志，就是在这样的背景下树立起来的。诸葛亮在隆中耕读时，在劳作之余，博览群书，广交士林，与学友议论国事，潜心致学，这一切，对其修性励志，决心济世救民，产生了重要影响。

说到诸葛亮青年立志的事，不禁使我们联想起毛泽东和周恩来青年立志的故事。

毛泽东17岁离开韶山外出求学，曾留给他父亲一首诗："孩儿立志出乡关，学不成名誓不还。埋骨何须桑梓地，人生无处不青山。"（陈晋：《文人毛泽东》，8页，上海，上海人民出版社，2005）表明了他立志闯荡天下的志向。

周恩来17岁在天津南开中学求学时，曾写过《尚志论》的作文，提出立志高远者，必有经纶时务之心，标新立异之概，叱咤风云之气，就像立功异域的班超，忠心汉事的孔明。19岁南开中学毕业，周恩来为同学题写了"愿相会于中华腾飞世界时"的赠言。周恩来赴日本行前写下了抒发救国抱负的诗篇："大江歌罢掉头东，邃密群科济世穷，面壁十年图破壁，难酬蹈海亦英雄。"（胡长明：《大智周恩来》，5页，北京，中共党史出版社，2008）

诸葛亮立志，领袖们立志，我们也要立志，立远大理想之志，立为国家做贡献之志。

三 "静以修身"

《诫子书》中有"静以修身，俭以养德，非澹泊无以明志，非宁静无以致远"的话，让我们把"静以修身"、"非宁静无以致远"单独抽出来说说。

三顾茅庐时，刘备在诸葛亮住处卧龙冈草庐的中门上看到一副对联，上联写着"淡泊以明志"，下联写着"宁静以致远"。这个事实说明，这"淡泊以明志"，"宁静以致远"句，是诸葛亮一生的座右铭，他出山前说这句话，在生命的后期给儿子写信时又重说了这句话。

"静以修身，俭以养德"，诸葛亮把"静"、"俭"视作修身的内容。关于"俭"的问题我们将在下题作专题讨论，本题专门讨论"静"。

哲人老子李聃在他的《道德经》著作里不下十次地讲了"静"字及其观点，主要有："致虚极，守静笃"（《老子·十六章》），是说只有坚持"致虚、守静"，才能发现事物变化的真实规律；"不欲以静，天下将自定"（《老子·三十七章》），主张"静"的内涵是"无欲"、"寡欲"，少刻薄百姓，天下就会安定。老子极力主张人要"虚极"，要"静笃"，要善于处静，安于处下，要力求"无欲"、"寡欲"，以减少百姓负担。

"宁静"有好多好处。如静可宁心，可健身，可以出智慧，可以发力量，"清静为天下正"（《老子·第四十五章》）等。《老子·二十六章》上说："（稳）重为轻根，静为躁君。"就是说，稳重是克服轻浮的根本，清静是避免躁动的主宰。养心，养性，养身，养生，必须要做到"宁静"，宁神静气，思近虑远。

诸葛亮在隆中卧龙冈躬耕隐居，在他出山以前，是一条静静地安居于田陇的"卧龙"，静静地学习修身，静静地审视天下形势。诸葛亮大器晚成，是不鸣的大鸟，一鸣惊人；是待飞的潜龙，一飞冲天。诸葛亮出山以前，当刘备三访孔明到茅庐时，他在草堂静静地睡足春觉，醒来曾念了一首诗："大梦谁先觉？平生我自知。草堂春睡足，窗外日迟迟。"他是位大梦先觉的人。

诸葛亮说"宁静"可以"致远"。这个"致远",从字面讲,就是实现深谋远虑,起码表现在三个方面:**思想致远**,心神安静才能深谋远虑,远见卓识;**身体致远**,情绪安定,才能实现养神、养心、养身、养性,实现健康无忧;**事业致远**,沉着冷静,居安思危,把握事业发展趋势,才能成就大业。

诸葛亮遇事冷静,深思熟虑地想问题,有这么一个事例。《三国演义》第85回说:刘备去世后不久,曹魏调五路大兵,共五十万人,从东南西北各方杀奔西川。后主刘禅急召诸葛亮商议,几次相请,诸葛亮却因身体有染而不出。刘禅只好驾车亲赴相府,只见诸葛亮正独倚竹杖,在小池边观鱼。刘禅问:"今曹丕分兵五路,犯境甚急,相父缘何不肯出府视事?"诸葛亮说,"五路兵至,臣安得不知?臣非观鱼,有所思也。"诸葛亮向刘禅一一交代了如何退五路兵之策。诸葛亮的"独倚竹杖,在小池边观鱼"是一种"静",是"静思",是为蜀汉政权的存亡而"远虑","臣非观鱼,有所思也",是为"致远"而思,静思出智慧、出办法,为胜利支招。

孙武说:**"将军之事,静以幽,正以治。"**(《孙子兵法·九地》)意思是统帅部队,要沉着冷静才能思虑深邃,要处事公正才能严整不乱。诸葛亮就是有"静以幽、正以治"的胸怀气度的人,他在指挥作战中,常常静思,"每临大事,必有静气",眉头一皱,计上心来。最典型的例子莫过于"武侯弹琴退仲达"的"空城计"了:在首次北伐中,马谡丢失了战略要地街亭,导致诸葛亮所守的西城吃紧,司马懿十五万大军逼近,此刻的诸葛亮却表现得异常冷静,令军士大开城门,自己却在城门敌楼上操琴迎敌,结果却吓退了有谋略头脑的司马仲达。

"静以修身",这是真理。古人照脸无铜镜时,常用水面为镜照之。但这时的**水必须是静水**,静水的水面才能照人。流动的水,是照不清人的面容的。以此比喻人事,圣人的心神也平静如水,这样才可明察万物的奥妙。庄子就引用孔子的话说:"人莫鉴于流水,而鉴于止水。"(《庄子·内篇·德充符》)进而他得出看法:"夫虚静恬淡寂漠无为者,天地之本,而道德之至。"(《庄子·外篇·天道》)庄子主张虚静恬淡,主张清静无为。清静无为用于自我修养,这样做了,从养心修身而言是知"天地之本",从执政为民而言是像尧舜那样达到"道德之至"。

是的，那就让我们学会掌控自己的情绪，凡事先安下心来，以宽大的胸怀，平静的心神，清醒冷静地做事做人。宁心寡欲，才能强人强心，"清静，为天下正"。人"静"了，修了身，人就"正"了，人"正"了，天下也就"正"了。让我们坚持清静修身，顺其自然，使天下万物各得其所。

四 "俭以养德"

上题讨论了诸葛亮《诫子书》中的"静以修身"问题，"非宁静无以致远"问题，本题讨论"俭以养德"问题，"非澹泊无以明志"问题。

中华民族历来崇尚"一勤二俭"。诸葛亮是崇尚"勤"的，崇尚"俭"的。诸葛亮认为"俭朴"是一种"美德"，认为坚持"朴素节俭"，反对奢侈浪费，人的品德就可以高尚起来。

诸葛亮的"俭"，体现在工作上，坚持"省官并职，去文就质"（《便宜十六策·治乱》），"治实而不治名"（袁准《诸葛公论》），蜀汉的政权机构是比较精简的，工作上，不奢华，不浪费；体现在生活上，俭朴，俭约，简单，朴实。

诸葛亮在工作、生活上的"俭"，有这么一则事例：当李严给诸葛亮写信，劝亮宜受九锡，晋爵称王。因为曹操为丞相，就是受九锡，称魏王。诸葛亮认为，这是个原则问题，不能缄默，当即写信正面予以回绝，说："吾本东方下士，误用于先帝，位极人臣，禄赐百亿。""今讨贼未效，知己未答，而方宠齐、晋，坐自贵大，非其义也。"（见《诸葛亮集·答李严书》）

诸葛亮在《又与李严书》中说："吾受赐八十万斛（古量器，十斗为一斛），今蓄财无余，妾无副服。"作为一国丞相，诸葛亮的家中生活是"今蓄财无余，妾无副服"，这也足可见其自律与节俭的程度。

还有一事值得一说。在诸葛亮临终前给后主写了一封《自表后主》的信，表中说："臣初奉先帝，资仰于官，不自治生。今成都有桑八百株，薄田十五顷，子弟衣食，自有余饶。""至于臣在外任，无别调度，随身衣食，悉仰于官，不别治生，以长尺寸。"当时，东汉末期，卿大夫阶层在外一般都占有土地和工商业，诸葛亮独无，一心扑在工作上，以官禄为生，并不富裕。信中接着又说："若臣死之日，不使内有余帛，外有赢财，以负陛下。"诸葛亮写这个表，是请后主监督其私财的。《三国志·诸葛亮传》记载："及（亮）卒，如其所言。"由此，诸葛亮的高风亮节可见一斑（这个《自表后主》，在《诸葛亮集》中有，《三国志·诸葛亮传》中也有）。

诸葛亮在"诫外生书"中还写有这样的话：**"慕先贤，绝情欲"**，"志当存高远"。所谓"绝情欲"，就是绝私欲，就是要"俭"，就是要"澹泊明志"，把心与身用到"志存高远"上去。

诸葛亮的为政、为人，称得上是一身正气，两袖清风。他不求高官厚禄，不图富贵腾达，"不别治生，以长尺寸"，他死后，留下的私产极其微薄。他的优良品德极大地影响了他的后来人、继承者，如费祎（yī 医，美好，多用于人名）、姜维，还有蒋琬、邓芝等人，这些人也都是生活俭朴者。如费祎，据《（费）祎别传》说："祎雅性谦素，家不积财。儿子皆令布衣素食，出入不从车骑，无异凡人。"如姜维，据《三国志·姜维传》说：姜维"据上将之重，处群臣之右，宅舍弊薄，资财无余，侧室无妾媵（yìng 硬，与妾同义）之亵，后庭无声乐之娱，衣服取供，舆马取备，饮食节制，不奢不约，官给费用，随手消尽……清素节约，自一时之仪表也"。

诸葛亮崇"俭"做得对。"俭"是通往廉洁的道。注意"俭"的人，为官必廉，必然是清官，是一个勤勤恳恳做事者，是一个堂堂正正的人。贪官呢，必不正，成无耻之徒。

上面主要说"俭"，现在我们说说与之相关的"勤"。

"勤"、"俭"是中国的传统美德。"勤"与"俭"是一对姊妹花，"勤"与"俭"常常被一起说成"勤俭"，如说"勤俭建国"、"勤俭持家"。讲

"俭"必然要讲"勤"。注意"俭"的人，必然懂"勤"；懂"勤"的人，也必然注意"俭"。有一句著名治家格言说："一粥一饭，当思来处不易。"来之不易，是说它是勤劳得来的；来之不易，为此就必须俭省、爱惜。

《左传》中有这样的话："民生在勤，勤则不匮（缺乏）。"《老子·二十九章》中有这样的话："圣人去甚（极端），去奢（奢侈），去泰（过分）。"诸葛亮主张"智者则古"（《将苑·自勉》）。诸葛亮"则古"，勤俭是古圣人的美德，诸葛亮也必然提倡勤与俭，也必然会同意像圣人那样去做"不匮"的事，去做"去甚，去奢，去泰"的事。

下面让我们简单地说说"非澹泊无以明志"。诸葛亮讲这句话是对应"俭以养德"而说的。"澹泊"，这里指的是不追求名利。"非澹泊无以明志"，从字面来说，是说如果不疏远名利，就无法表明自己的志向。志向是"德"的灵魂。"俭"在这里与"淡泊名利"，与《诚外生书》中的"绝情欲，弃疑滞"是相通的。因此诸葛亮崇尚的"俭"，带有泛指不受各种利欲的诱惑的意思。

应将"俭"作为"养德"、"明志"的必要条件。在现代社会条件下，若能够自觉抵制各种利欲诱惑，坚持高尚品德，坚持有远大的理想情操，实在是一件不容易的事情。因为，在今天，有钱财、有官位等种种诱惑，但你却能"澹泊"钱，"澹泊"官，"澹泊"繁华，"澹泊"虚荣，"澹泊"鲜花掌声，"澹泊"出镜出名等，做到"去甚"，"去奢"，"去泰"，能够坚持"节俭"原则，何等可贵。

让我们做一个有高尚的"志"的人，做一个讲"勤"、讲"俭"的人。是人，我就干干净净；是官，我就清清白白。

由"静以修身，俭以养德，非澹泊无以明志，非宁静无以致远"句，想到了谦谨问题。

诸葛亮是位讲谦谨的人。

谦谨。谦，谦虚；谨，谨慎。

诸葛亮的"**谦**"，典型地体现在他的《前出师表》、《后出师表》中，如在《前出师表》中说："臣本布衣……先帝不以臣卑鄙，猥自枉屈……受任于败军之际，奉命于危难之间。"在《后出师表》中说："臣受命之日，寝不安席，食不甘味。"等等。

这里不重点说诸葛亮的"谦"，我们着重说说诸葛亮的"**谨**"。谨，谨慎。诸葛亮在他的《前出师表》中就写有有关"**谨慎**"的话："**先帝知臣谨慎，故临崩寄臣以大事也。**"诸葛亮具有出名的"谨慎"品德。

谨慎，谨言慎行。没有想妥的话不说，没有想妥的事不做，没有成功把握的事不干。这个谨慎，不是指谨小慎微那样的谨慎，不是指畏首畏尾那样的谨慎。

诸葛亮的谨言慎行风范十分突出。在《三国演义》中记叙了许多关于诸葛亮谨言慎行的故事，让我们列举几例。

1. **对刘备立养子刘封事**。汉中王刘备登位后欲立刘封为后嗣，问于孔明，孔明对汉中王谨守臣道，对此守口如瓶，说："此家事也，问关、张可矣。"汉中王遂遣人至荆州问关羽。关羽以将军（刘封）乃螟蛉之子（喻义子），不可僭（jiàn 渐，超越本分）立为由，持反对态度。关羽的直言得罪了刘封，导致后来关羽兵败被困，派廖化去上庸求救于刘封时，刘封报复拒救。

2. **对刘琦求助事**。荆州刘表之子刘琦为继母所不容，命有旦夕之灾，求救于刘备。刘备让他去求孔明。第一次求，孔明说："此家事，亮不敢与闻。"第二次求，孔明说："亮客寄于此，岂敢与人骨肉之事：倘有漏泄，为害不浅。"第三次求，刘琦要孔明去楼上看一古书，骗着孔明上了楼，刘琦使"上楼去梯"之计，命人撤梯，刘琦泣拜，并说，先生再不肯教，琦请死于先生面前。孔明因楼梯已撤，处于上不着天下不着地的境地之中，四周无他人，在这样的情况下，孔明曰："已有良计：申生在内而亡，重耳在外而安。今黄祖新亡，江夏乏人守御，公子何不上言，乞屯兵守江夏，则可以避祸矣。"孔明赐计，要刘琦学重耳，不仅救了刘琦，也为刘备的事业准备了一个立足之地。

3. **出山放火持谨慎**。诸葛亮出山后放过两把火：火烧博望坡，火烧新野，烧得曹军焦头烂额。诸葛亮放每把火时，都是谨慎从事，细细谋划，仔细计算了曹军的进兵路线，用骄兵之计，将敌诱入预定的战场，调兵遣将，依山设伏，然后依风用火等，取得了以少胜多的效果。

4. **二气周公瑾时持谨慎**。孙权、周瑜为索取荆州，设计骗刘备去东吴招亲，诸葛亮谨慎地审度形势作出决策，将计就计，命赵云与刘备同行，并交付赵云三条锦囊妙计，让赵云在不同时间，在遇到困境、危境时逐一打开，以化解矛盾，终于使"周郎妙计安天下，赔了夫人又折兵"。

诸葛亮为人是谨慎的，一辈子谨慎。但不是谨小慎微，当形势需要他大胆的时候，他也绝不吝啬大胆，如在马谡失街亭后，司马懿大兵来攻西城，孔明在寡不敌众情况下，就大胆地摆起了空城计，硬是用心理战，吓退了进犯之敌。

诸葛亮的谨慎更体现在他的居安思危、远见卓识上。人无远虑，必有近忧。诸葛亮的《隆中对》就是一个完整的兴刘、建蜀、强蜀规划；《前出师表》、《后出师表》，又是两个完整的谨慎思考之作。在《后出师表》中，诸葛亮就提出，要学高祖的"危然后安"思想，积极进攻，使敌人不敢轻视蜀国。后主年幼，诸葛亮学周公辅佐成王的做法，为后主配备了得力的辅佐班子，而自己则承担了抗魏北伐的重任。正由于诸葛亮的尽心努力，使蜀国在诸葛亮死后还坚持了三十多年。

我国有句名言，谦虚谨慎，戒骄戒躁。让我们学习诸葛亮一生谨慎的风范，谦虚些，谨慎些。

本篇以上几题的讨论，是根据诸葛亮《诫子书》等两篇文字的思想，引发若干问题作讨论，主要讨论的是诸葛亮有关修身方面的问题。本题以下将按修身、齐家为思路设题作讨论。

本题讨论诸葛亮的"治学"问题。

治学是立志所需要的，是立志的组成部分。诸葛亮在《诫子书》中就阐明了立志与成才的关系："**才须学也，非学无以广才，非志无以成学。**"一个人道德品行的提高，才能知识的积累，都离不开治学。

治学中的治与学。治，就是做，是研究，治学就是研究学问，做学问；学，就是学习，获取知识，运用知识，从书本上学，从实践中学。把治与学这两个概念统合起来说，就是研究学问，学习知识。治学也是一种学习思考的过程和方法。通过治学，去获得符合客观规律的真知，获取学问。

后人辑录的孔子语录《论语》一书，从首篇《学而》，首句"学而时习之"开始，到末篇《尧曰》，末句"不知命，无以为君子也；不知礼，无以立也；不知言，无以知人也"，以"三知"（"知命、知礼、知言"）句，作为全书的终结止，通书主要讲的就是教育人们如何解决"学而知之"问题，解决"知命、知礼、知言"问题。"三知"的"知命"，了解天命（历史使命）以立志；"知礼"，了解礼仪、规律以成就事业；"知言"，了解自己，了解别人，正确对待自己与他人，做一个完美的人。所有这一切，都离不开治学。人非生而知之，闻道解惑，离不开拜师求学。治学是人生的阳光、雨露与空气，是须臾也不能离开的。

诸葛亮是这样治学的：

1. **刻苦地学。**汉末，天下大乱，孔明幼年丧母，使其失去了在官学系统求学的条件。孔明主要是靠自学求取学问的，在家乡时跟哥哥一起读书；到襄阳后，在刘表办的"学业堂"学过儒家经典；在隆中的十年中，求师访友，先后师从于荆襄名隐高士庞德公、司马徽和灵山酆玖，如此孜孜以求地学。

2. **博学**。儒家主张"博学而笃志，切问而近思"(《论语·子张》)。古人追求博学、勤问、多思而坚守自己的志向。在这个思想的指导下，中国历史上出现了好多贤能之士，他们多为全才、通才，如吕尚、管仲等人。诸葛亮也是其中一位。诸葛亮博览群书，什么天文地理、人文历史、诸子百家、兵书战策、医卜算计、奇门遁甲等，他都学、都会。

3. **学百家之知为己知**。他学儒家学说，这是主要的，也学道家学说、法家学说、兵家学说、墨家学说等。诸葛亮学习，善于独立思考问题，善于领会精髓，博采众长。他在《论诸子》一文中就说："老子长于养性，不可以临危难。商鞅长于理法，不可以从教化。苏(秦)、张(仪)长于驰辞，不可以结盟誓；白起长于攻取，不可以广众……此任长之术者也。"请看，他写的文章《便宜十六策》中，就渗透有他对上述各家思想的理解与阐述。列举如下："君以施下为仁，臣以事上为义"(《君臣》)，此来自儒学思想；"危生于安，亡生于存，乱生于治"(《思虑》)，此来自道学思想；"赏以兴功，罚以禁奸。赏不可不平，罚不可不均"(《赏罚》)，此来自法家思想；"用兵之道，先定其谋，然后乃施其事"(《治军》)，此乃兵家思想。如此等等。

4. **从众师们学**。诸葛亮向名隐庞德公学安邦治国之道；向水镜先生司马徽学识人之术；向名家酆玖学兵书战策等。诸葛亮还结识了徐庶、崔州平、石广元、孟公威、庞统等有学问的人，与他们交友，向他们学知识，与他们切磋学问，孜孜不倦地学，如饥似渴地学。因其求学精神超过常人，并能将书理与时理融为一体去理解，颇得学问之真髓。由于诸葛亮好学、谦恭，一些年长的老师就成为诸葛亮的忘年交，也更乐于向诸葛亮授以学问的真谛。他的老师庞德公、司马徽、酆玖都夸奖他学得好。

5. **注重思考**。孟子说"尽信《书》(指《尚书》)，则不如无《书》"(《孟子·尽心章句下》)，提倡独立思考。诸葛亮就是这样做的。在荆州与学友一起游学时，诸葛亮常与徐元直、石广元、孟公威等讨论问题。据《三国志·诸葛亮传》所载的《魏略》所云："(徐、石、孟)三人务于精熟，而(诸葛)亮独观其大略。"因而，老师提问时，孔明的回答总有自己的独特见解，其答问常比其他学友高出一筹。

还要指出一点，诸葛亮治学是刻苦的，但也注意劳逸，"每晨夜从容，常抱膝长啸"，早晚到户外漫步，既锻炼身体又思考问题。（《三国志·诸葛亮传》）

就这样，年轻的诸葛亮虽然尚未出仕，却已是一位学识渊博、通晓天下大势、谙熟文武之道的人了。

七 学无常师

本题题名"学无常师"，是从唐韩愈语"圣人无常师"（《师说》）句脱胎而来的。

诸葛亮善学，学有常师，有常师之教，使他得以系统地学到知识，如得酅玖之教。但他更多的是实行**无师之教**，因为这是学之常法。无常师教，择知者学，知者是师；择能者学，能者是师；择长于我者学，长于我者是师。虚心地向一切智人、能人、长于我的人学习。孔子说："三人行，必有我师焉。择其善者而从之，其不善者而改之。"（《论语·述而》）诸葛亮信奉、实践孔子这个观点，因此他更多的是实行了无师之教，学无常师。

诸葛亮学无常师，谁有才华就向谁学。**诸葛亮向荆襄名流庞德公学**。孔明在隆中居住时，便去岘山之南庞德公家，拜伏在庞德公床下，对庞公行至诚的弟子之礼。庞德公允许孔明在他家中看任何书。孔明还向这位老师请教、探讨安邦治国之道，深得庞公的真传，并赢得老师的赞许。庞德公对来访求学的其他荆襄名士夸奖诸葛亮，称孔明是人中卧龙，是荆襄一流人才，久后必成大器，必有大成。

诸葛亮还向著名学者司马徽学。司马徽是庞德公的好友，善于观人识事，被奉为"水镜先生"。孔明是经过庞德公的举荐，去向司马徽学习的。因为庞德公的引荐，再加上司马徽的知人慧眼，他认定孔明的智慧非常人可比，认定孔明必是大器晚成之才，于是，司马徽便尽其心智而授，并对孔明说："以君之才，当访明师，益加学问。"司马徽还特别地安排孔明去拜见汝南宿老酆玖。（见《诸葛亮集·故事卷二》）

诸葛亮还向好友石广元、徐元直、崔州平、孟公威等人学。

诸葛亮的学习还得到了名师之教，这就是灵山的宿老酆玖。

据《诸葛亮集·故事·遗事篇》说，诸葛亮经司马徽引荐去了灵山酆玖处学习。酆玖是位熟谙韬略的隐居人士。诸葛亮在酆玖那里足足居住了一年，开始，酆玖并没有真正地教，只是任孔明自学自识，但诸葛亮却奉事惟谨，认真自学。老师酆玖见孔明虔诚，最后便拿出《三才秘录》、《兵法阵图》、《孤虚相旺》等市面上不见之书，请孔明揣摩自读。未经百日，一次，酆玖询问书中术数、兵学之机等，孔明皆能一一回答，尽知其中奥妙，酆玖大奇。自此以后，酆玖每日在一松石上亲自给孔明讲课授教。没经多久，酆玖毕生所积之学问，已被孔明消解精熟。酆玖见孔明学业有成，令其归家。临行前，诸葛亮尊敬地请教老师："弟子今日下山，当以何计而为之？"酆玖谈了自己的教训："吾生于乱世，虽所学微有所积，但业终无所成，非为不肯用之于世，乃在乎毕生未得其主，未得其时也。""当今之世，至乱已极，必有英主现而治之，汝当好自为之，后必有所用。"

诸葛亮后来被"英主"刘备发现出了山。诸葛亮出仕执政后，坚持"为政多闻"、"以多见为智，多闻为神"（《便宜十六策·视听》）的原则，在实践中向众人学习，例如在同事中向董和、董允父子学，学其笃诚精神；向秦宓学，学其博学学风。街亭战败后，作《劝将士勤攻己阙教》，引咎责躬，从自己的错误中学。

人的一生把整段时间拿出来作学习用，长时间地学，有名师的教，虽然很需要，但这毕竟是个别的事，是有限的事。人的一生更多的是在工作中度过的，为此，更多的要靠自己在工作实践中学，这样"学无常师"的观点就显得十分重要了。

我们要学习诸葛亮刻苦学习的精神，既重视常师之教，拜访名师求教，更要注意"学无常师"，向一切有知之人学，不耻下问地学。此外，还要终身学习，生活一天，学习一天，活到老，学到老。

八 择妇爱妻

关于诸葛亮的律己，还有一则广为人们传颂的佳话——孔明择妇的事。

按照儒学的观点，人应该具有伟大抱负，其路应该这样走：先修好身，再齐好家，然后治国平天下。本题所要讨论的"择妇"问题，即有关"夫妇"问题，是"齐家"的一个重要内容。

在儒学中，有所谓"五伦"说。"五伦"，即君臣、父子、夫妇、兄弟、朋友。夫妇是"五伦"之一。这"五伦"，除"君臣"在第一篇"治国"相关的题目中已有讨论之外，其他的四个伦理关系"父子"、"夫妇"、"兄弟"、"朋友"，在本篇中都会逐个讨论，本题讨论的是关于"夫妇"这个伦理问题。

诸葛亮在注意自己的修身问题的同时，也十分注意把自己的婚姻问题处理好，从而为齐好家、治国平天下打基础。

据成都武侯祠博物馆的资料，诸葛亮十二岁丧父，十七岁照看他成长的叔叔诸葛玄病故，之后诸葛亮定居隆中，此时诸葛亮娶了黄承彦之女为妻，黄女长相不美。

陈寿在《进诸葛亮集表》中说："亮少有逸群之才，英霸之器，身长八尺，容貌甚伟，时人异焉。"诸葛亮出身名门望族，从小受到良好的儒家教育，是一位才貌双全、品学兼优的标准美男子。就婚配而言，他完全可以选择一位美貌佳人为妻。但他却不介意这些，把自己的注意力全部投放到学习上，兴复汉室的事业上。在选择配偶问题上，他重德重才不重貌。他不满意在襄阳的两个姐姐为他找的配偶对象，却选中了其貌不扬、内才非凡的黄承彦之女为妻。

据《襄阳记》记载：黄承彦是沔南名士，一次黄同诸葛亮说："闻君择妇，身有丑女，黄头黑色，而才堪相配。"孔明慨然许诺。对此，时人还有以此事作为笑料而谈呢！乡里还流传着这样的谚语："莫作孔明择妇，止得阿承丑女。"

当时，荆襄地区有六大豪族。庞德公庞族为首族，诸葛亮的姐姐嫁给了庞德公的儿子庞山民为妻。其次是黄族，黄族的领袖人物是荆襄宿老黄承彦，他也是蔡瑁的姐夫，因此与刘表有亲戚关系。黄承彦非常喜欢年轻的诸葛亮，因此他直接找到诸葛亮，在草庐中同诸葛亮说，愿将小女许配给你，问愿意否？诸葛亮在庞德公处求学，得到不少前辈、宿老的器重，自然也会了解到其他荆襄豪族的情况，包括黄族情况，包括黄女情况。黄承彦的提议，孔明欣然接受。这使黄承彦喜出望外，于是诸葛亮就成了黄承彦的乘龙快婿。

婚后的诸葛亮与妻子彼此相敬如宾，夫敬妻爱。拿诸葛亮来说，日后他贵为丞相，但他对妻子依然十分亲爱。而黄氏对诸葛亮的照顾更是体贴入微，照管丈夫，料理家务，教育子女。妻子的辛劳使丈夫专心致志地做学问，做事业，并做出了卓越的成绩。黄氏之女成为诸葛亮成功的得力内助。《三国演义》第117回说："武侯之子诸葛瞻，其母黄氏，即黄承彦之女也。母貌甚丑，而有奇才：上通天文，下察地理；凡韬略遁甲诸书，无所不晓。武侯之学，夫人多所赞助焉。及武侯死，夫人寻逝，临终遗教，惟以忠孝勉其子瞻。"

相传孔明家居隆中时，家里常来大量客人，一次，孔明嘱咐妻子准备面食宴请。不一会，客人饭食全部准备齐全。孔明对夫人这样快地备好饭菜感到惊奇，便"潜窥之"，"见数木人斫（zhuó 浊，砍削）麦，运磨如飞"。原来黄氏自己制造了一部木制磨面机，诸葛亮十分惊异。诸葛亮"遂拜其

妻，求传是术，后变其制为木牛流马"。（《诸葛亮集·故事·制作篇》）

在《隆中志》中还记有"鹅毛扇"的传说。其中说到诸葛亮妻子黄女，与一般说的不一样，却说黄承彦的千金小姐黄月英（也有称为黄婉贞的）并非丑陋，而是一个聪明美丽、才华出众的姑娘。黄承彦怕有为的青年有眼不识荆山玉，故称千金为"阿丑"。阿丑黄月英，曾就学于名师。艺成时，师傅赠送她鹅毛扇一把，上书"明""亮"二字。二字中间还密密麻麻地写着攻城略地、治国安邦的计策等内容的文字。后来孔明成了黄承彦的乘龙快婿，结婚时，黄月英便将这把鹅毛扇作为信物赠送给诸葛亮。孔明对鹅毛扇爱如掌上明珠，形影不离，不管春夏秋冬，总是手不离扇。清朝康熙年间，襄阳观察使赵宏恩在《诸葛草庐诗》中写道"扇摇战月三分鼎，石黯阴云八阵图"，说明了鹅毛扇的功用。

诸葛亮与妻子黄氏的关系可谓是夫敬妇爱的关系。这是十分重要的，是齐家所必需的。阴阳和而后雨泽成，夫妇和而后家道成。有夫妻的和，才有可能有父子和，母子和，兄弟和，子女和，家道成。家庭是社会、国家的细胞，家庭中的夫妻间和了，家的主体就和了。如果家家都这样和了，才有可能使社会和，进而促进国家和。家和万事兴，国和事业成。

诸葛亮与其妻子黄氏的关系是可贵的，让我们学习他们夫敬妇爱的忠贞情谊。

九　育子

"父子"是儒学"五伦"中的一伦。在这个"伦"的关系中，儒学主张父对子要教，要爱；子对父要孝，要敬。

有语说："养不教，父之过。"对孩子，养之教之，是做父母亲的天然责任。

无论从家庭关系上说，还是从事业上说，诸葛亮对自己孩子的教育，都是十分重视的、称职的。尽管他常年在军营，无暇顾及家事，但他还是忙里偷闲，给孩子们写信，关注孩子们的进步与成长。留传下来的诸葛亮的三篇书信——《诫子书》、《又诫子书》、《诫外生书》，据说都是他在五丈原与魏司马懿对峙期间写的。每封信文字虽然不长，但思想内涵却很深，其爱切切，其情长长，凝聚了诸葛亮对子女的深切期望和自己修身治学的人生体验。

诸葛亮身边有五个孩子。诸葛亮早年无子。五个孩子中，其中一个是诸葛瑾的次子诸葛乔，是过继给诸葛亮的，是诸葛亮的养子、继子、长子。诸葛亮自己生的长子诸葛瞻，生于公元227年，正是诸葛亮出成都屯汉中那一年生的，这时诸葛亮已四十七岁。后又得一次子和一女，次子为诸葛怀，女为诸葛果。还有一个是随其母（诸葛亮的姐姐）从新城来到成都，在诸葛亮家生活的姓蒯的外甥，上面说及的诸葛亮给外甥写的信，即《诫外生书》，就是写给这个外甥的。

诸葛亮教子很严格。据《蜀志》记载：诸葛亮至汉中时，诸葛乔年二十五岁，被拜为驸马都尉。诸葛亮在《与兄瑾言子乔书》中说："乔本当还成都，今诸将子弟皆得传运思惟，宜同荣辱。今使乔督五六百兵，与诸子弟传于谷中。""传运"即运输粮草之意。可见诸葛亮对待自己的孩子要求是严格的，与诸将子弟"宜同荣辱"。不幸的是，养子诸葛乔于街亭阵亡。这对刚刚晚年才得子的诸葛亮来说，是一个沉重的打击。

诸葛亮出武功时（234年），诸葛瞻才八岁。诸葛亮在《与兄瑾言子瞻书》中说:"瞻今已八岁,聪慧可爱,嫌其早成,恐不为重器耳。"据《三国志·诸葛亮传》记载:"(瞻)年十七,尚(娶)公主,拜骑都尉。其明年为羽林中郎将,屡迁射声校尉、侍中、尚书仆射,加军师将军……景耀四年(261年)为行都护,卫将军,与辅国大将军南乡侯董厥并平尚书事。六年(263年)冬,魏征西将军邓艾伐蜀,自阴平由景谷道旁入。瞻督诸军至涪,停住,前锋破退。还住绵竹。艾遣书诱瞻,曰:'若降者,必表为琅琊王。'瞻怒,斩艾使,遂战,大败,临阵死,时年三十七岁。众皆星散,艾长驱至成都。瞻长子尚与瞻俱没。"蜀汉随后也就灭亡了。这是诸葛亮去世后29年的事。诸葛亮祖孙三代,诸葛亮、诸葛瞻、诸葛尚,还有诸葛乔为蜀汉尽了忠。

诸葛亮教育孩子的爱,最典型地反映在他写给孩子们的三封信上,即上面说及的《诫子书》等。特别是《诫子书》那封信,其内容写得极好!该信教育儿子要注意"静","静以养身";要注意"俭","俭以养德"。要"澹泊","澹泊明志";要"宁静","宁静致远"。要学,学以成才;要有志,志存高远。关于这些内容的话,都是光照万代的话,影响极为深远。

诸葛亮教子育子,其精神,对后世启示很大,愿我们好好学习之。

十 兄弟之悌

"兄弟"也是儒学"五伦"中的一伦。在这一"伦"的关系中,儒学主张兄弟间要"悌"。

什么叫"悌"？"悌"是一种道德，规范着兄弟间的关系。**"悌"，弟尊敬兄长，兄长关爱弟弟。**《左传·昭公二十六年》说："兄爱而友，弟敬而顺。"这话说的就是"悌"的问题，即关于兄弟间的道德关系问题。"悌"，就是"兄爱而友，弟敬而顺"。

诸葛亮律己，他与其哥哥、姐姐、弟弟有很好的悌友关系。

诸葛亮有一位哥哥叫诸葛瑾，有两位姐姐，一位嫁给庞德公之子庞山民，一位嫁给蒯祺，有一位弟弟叫诸葛均。

诸葛亮为刘备做事，诸葛亮的哥哥诸葛瑾在孙权处做官，诸葛亮的姐夫蒯祺被曹魏任命为房陵太守。人各有志，走的路不同，可以理解。但这些情况，为诸葛亮处理好兄弟关系增加了许多复杂因素、困难因素。

诸葛亮在处理兄弟关系时有这么几点值得称道：

1. 重义。

诸葛亮出使东吴时，周瑜见孔明有王佐之才，就请诸葛瑾劝说弟弟弃刘备而事东吴，孙权也有此意。诸葛瑾到驿亭来见孔明。兄弟哭拜，各诉阔别之情。诸葛瑾以伯夷、叔齐兄弟二人宁可饿死亦要相处在一处的故事，劝说其弟孔明归顺孙权："我今与你同胞共乳，乃各事其主，不能旦暮相聚，能无愧乎？"孔明作答说："兄所言者，情也；弟所守者，义也。弟与兄皆汉人，今刘皇叔乃汉室之胄，兄若能去东吴，而与弟同事刘皇叔，则上不愧为汉臣，而骨肉又得团聚，此情义两全之策也。不识兄意以为如何？"诸葛瑾反被孔明劝说，无言回答。诸葛瑾回到孙权处时说："弟亮义无二心。弟之不留，犹瑾之不往也。"（第44回）后诸葛亮在蜀任丞相，其兄在东吴为左将军。兄弟俩各事其主，以大义为先，但兄弟之情依然浓浓。

2. 重礼。

刘备进川后，孙权为索还荆州用计。张昭献上一计，将诸葛瑾老小执下，使诸葛瑾入川，令其弟诸葛亮规劝刘备交割荆州，如刘备不还，必会累及诸葛瑾老小性命。孙权从这个计：一面执下诸葛瑾老小，一面派诸葛瑾出使西川。

诸葛瑾既入西川，孔明以礼接待。瑾见弟放声大哭："吾一家老小休矣！"亮曰："因弟之故，执下兄长老小，弟心何安？兄休忧虑，弟自有计还荆州便了。"瑾大喜，即同孔明入见玄德，呈上孙权书。刘备说：孙权竟将其妹子潜地取去，情理难容。我正要大起川兵，杀向江南，报我之恨，却还想来索荆州？孔明哭拜说："吴侯执下亮兄长老小，倘若不还，吾兄将全家被戮。兄死，亮岂能独生？望主公看亮之面，将荆州还了东吴，全亮兄弟之情！"再三哭求。刘备说："看军师面，分荆州一半还之：将长沙、零陵、桂阳三郡与他。"亮说："既蒙见允，便可写书与云长令交割三郡。"诸葛瑾得书来到荆州找关羽。关羽见了刘备的信变色说："'将在外，君命有所不受。'虽吾兄有书来，我却只不还。"（第66回）

3. 重公。

诸葛亮与刘备议定对曹兵占领的房陵、上庸、西城一线发起攻击，以夺取北伐的旱路通道，令新任宜都太守的孟达担此重任。房陵的太守正是诸葛亮的姐夫蒯祺。蒯祺不畅晓军事，被曹操委任为太守，对魏效忠，困守孤城。孟达想以诸葛亮的名义说动蒯祺献城，蒯祺则固执拒不买账。孟达下令攻城。蒯祺见援军无望，晚上弃城突围，死于乱军之中。孟达闻讯，一面进城严加保护蒯祺家属，一面派信使飞驰成都。诸葛亮在成都闻讯自是悲伤不已，但诸葛亮一向不因私害公，马上复信孟达，令其驻守房陵，将蒯祺就地埋葬，并嘱孟达将其姊及外甥送归成都，以便亲为奉养。从此蒯氏母子一直在成都的诸葛亮家中生活。诸葛亮写有《诫外生书》的信，此信据说就是写给蒯氏之子的。

我们从《诸葛亮集》一书中，能读到诸葛亮写给他哥哥的若干封信。从这些信中看到，兄弟二人在事业上相互尊重，相互爱护。（1）当诸葛亮为准备北伐，将镇守永安的重任交给年轻的将军陈到时，诸葛瑾曾提醒孔明："白帝兵非精练"是否妥当？诸葛亮为此作书给诸葛瑾，说"嫌其少也，当复部分江州兵以广益之"。（2）当诸葛亮第一次北伐退兵时，赵云因兵弱敌强，将赤崖以北阁道被迫烧坏，诸葛瑾给诸葛亮来信说及此事，诸葛亮两次回信作了说明。（3）当东吴孙权称帝，蜀国派卫尉陈震入吴祝贺时，诸葛亮给兄瑾致书，言陈震"忠纯之性，老而益笃"，此时诸葛瑾被孙权拜为大将军、左都护，使陈震圆满完成了使命，此后吴与蜀的同盟巩固，彼此相安无事，可能与诸葛瑾的工作有关系。（4）对于家中子诸葛乔（诸葛瑾之子，后过继给诸葛亮）、子诸葛瞻（诸葛亮之子）的成长等，诸葛亮给哥哥去信通报情况，商量有关教育事宜。

"朋友"是儒学"五伦"中又一伦。这一伦的伦理关系是说朋友间要讲互信、互帮、互亲。孔子的学生子夏就说："与朋友交，言而有信。"（《论语·学而》）

诸葛亮写有《论交》一文，说："势利之交，难以经远。士之相知，温不增华（通'花'），寒不改叶（叶子的颜色），能四时而不衰，历夷险而益固。"诸葛亮上述交友议论对我们是有启示价值的。

1. 第一个启示是人需要有友。

一个篱笆三个桩，一个好汉三个帮。篱笆需要桩，好汉需要帮。人需要有朋友。什么叫朋友？朋友，志同道合者，交谊深厚者，是外人，不是亲人，但感情却是笃者。

人都会有朋友。人不见得全都会有兄弟，但却不曾听说哪个人没有朋友。就是说，无兄弟的事常有，无朋友的事人间少有，只不过朋友关系、感情有深浅不同而已。有时，朋友的帮助胜于兄弟的帮助，比如知心朋友对你的帮助。《诗·小雅·常棣》中就有这样的话："虽有兄弟，不如友生（朋友）。"

人需要朋友，是因为朋友能起到这样的作用：帮你切磋学问，帮你分忧解难，帮你分享快乐，帮你出谋划策，帮你纠正错误，帮你的事业获得成功。

诸葛亮有朋友，有好多好朋友。如他在青少年时期，就有石广元、徐元直、孟公威等人。石广元等人与诸葛亮一起切磋学问，帮助诸葛亮长学问、长知识。其实，那时帮助诸葛亮学习知识的还有司马徽，他是诸葛亮的老师，又是一位忘年交的朋友。

诸葛亮出山后，在刘备的阵营里，也不乏与他关系处得很不错的人，刘备就是其中之一。刘备对诸葛亮来说，是主，是君，也是相伴事业的朋友。刘备不是说过这样的话吗？他得孔明如鱼之得水，鱼水关系就是朋友关系。

孙权阵营里的鲁肃也是诸葛亮的一位好朋友，他们俩对曹操都属于主战派，都善于使用谋略。在赤壁大战前夕与大战之时，诸葛亮就得到了鲁肃的诸多帮助。如赤壁大战前夕，诸葛亮只身去东吴做说客，鲁肃对诸葛亮会见东吴众儒，会见孙权、周瑜等人就起到了穿针引线的作用。在大战中，周瑜刁难诸葛亮造箭，诸葛亮使用草船借箭的办法得箭，此刻的鲁肃就给诸葛亮准备船只、兵员、稻草等，还与诸葛亮一起在草船里品尝得箭的险与乐！

诸葛亮的朋友还有马良、马谡。马谡在诸葛亮出师南征时，曾向诸葛亮提出用兵建议："攻心为上，攻城为下；心战为上，兵战为下。"诸葛亮写有一篇叫《南征教》的文，是讲用兵之道的，其中讲到"攻心为上"问题时，所讲的与马谡说的一模一样。马谡失街亭后，按律当斩，马谡对诸葛亮说："丞相视某如子，某以丞相为父……"诸葛亮挥泪说："吾与汝义同兄弟……""父子"、"兄弟"，他们俩是忘年交。

诸葛亮还有好多朋友，如法正、姜维等人，因限于篇幅这里不细说了。

2. 第二个启示是慎重择友。

诸葛亮说得对，势利之交，难以经远。就是说，交友要交道德高尚者，不能交道德缺失者，如势利之人，势利的朋友关系是处不长的。关于这，孔子有很好的观点，说"毋友不如己者"（《论语·子罕》），是说不要和志趣不同的人结交。孔子还有这样的观点，"益者三友"即"友直、友谅（信）、友多闻，益矣"（《论语·季氏》），主张交友要交正直的人为友，交诚实的人为友，交多闻的人为友。诸葛亮是认同这些观点的，他反对与势利之人交友。诸葛亮说的势利人，现代也有，且不少，值得鞭笞，如有人在他没有发迹时，拼命巴结有权势的人，低三下四，溜须拍马，但一旦发了，就把朋友踢到一边。

3. 第三个启示是要选"相知之士"为友。

"士之相知"，心息相通如同花木。"温不增华"，天气温暖时也不会多开花朵而另增华藻，"寒不改叶"，天气寒冷时也不会改变叶子的颜色而依然坚贞如故。友谊之花"能四时而不衰，历夷险而益固"。这样的朋友是长寿之友，是得益之友，是守信之友，是志同道合之友。这样的朋友关系，言忠信，行笃敬，开诚心，布公道，是人生之幸事。

诸葛亮总结他与益州耆旧名士结交的经验教训，得出看法：君子相处，要"记人之善，忘人之过"，而不应"清浊太分，善恶太明"，做到敬重与宽谅结合，真诚与友善结合，并且蓄水不断，持之以恒。（《诸葛亮集·故事·卷二》）

记得马克思说过这样的话：**真诚的、理智的友谊是人生的无价之宝。**又说：**人的生活离不开友谊，但要得到真正的友谊是不容易的。**友谊需要用忠诚的土壤去播种，用热情的甘泉去灌溉，用友情的温暖去培养，用谅解的真诚去护理。马克思的话讲得很好，我们用马克思的这段话作为本题文字的结语。

十二 践忠

诸葛亮律己，他最大的一个优良品德是"践忠"。

关于"忠"，孔子讲过这样一段话，是在谈君臣关系时说的："君使臣以礼，臣事君以忠。"（《论语·八佾》）诸葛亮在《便宜十六策·君臣》中也讲了一段类似孔子所说的那样的话：**"君以礼使臣，臣以忠事君。"**

在封建社会中，"忠君"是道德修养的核心问题，所谓"天地君亲师"。"忠君"与"爱国"常常被认为是相统一的东西。其实，在封建时代里，爱国与忠君不完全统一。比如，这个君是昏的、浑的，这时，爱国与忠君就统一不起来。举两个例子：商纣王的叔父比干，多次劝纣王为国要行善，这是忠国，因为纣王残暴，乱杀无辜，比干的忠言不被纣王认同，认为他不忠君，结果被商纣王破腹杀之；北宋的岳飞，他英勇抗金，精忠报国，但并不为企图偏安的南宋皇帝所认同，结果却被昏君依"莫须有"的罪名而杀害。这两个例子说明，在封建社会里，忠国与忠君只有在明君当政时才可能是相统一的。悠悠万事，国家为大，**忠国是主要的**，比干爱国好，岳飞精忠报国好，但他们对帝王的愚忠则不足取。

诸葛亮坚持"君以礼使臣，臣以忠事君"的观点。在《三国演义》中，刘备"三顾茅庐"是"君以礼待臣"的一个典型事例。刘备为了争取诸葛亮出山相助，效仿周文王拜谒姜子牙的做法，礼贤下士，"三顾茅庐"，自称自己是"汉室末胄，涿郡愚夫"，"愿先生以天下苍生为念，开备愚鲁而赐教"。诸葛亮为刘备的诚意所感动，为刘备献上了有名的"隆中决策"，提出了三分天下的战略构想。诸葛亮这个做法是"臣以忠事君"的典范。

细究之，诸葛亮的"忠"有如下特点：（1）体现在他为臣生涯的全部历史中。他出山后，前期对刘备示忠，后期，刘备死后，对刘禅示忠。（2）他的忠，对国家是忠的，对事业是忠的，对人民是忠的，是忠君与爱国的统一，是全面的忠。诸葛亮的忠，最终凝聚在他的这样一句话中："鞠躬尽力，死而后已。"

诸葛亮对刘备示忠，反映在他为刘备献上的《草庐对》上，反映在他辅佐刘备立业建国上；对后主刘禅示忠，反映在他为刘禅呈上的前、后《出师表》上，反映在教育刘禅做善人、行善事、治好国，辅佐刘禅强大蜀国的事业上。

请看这个事实，刘备临死，刘备把鲁王刘永、梁王刘理叫到身边（后主刘禅在成都），把照管好这三个孩子的任务托付给诸葛亮，叫后主刘禅等三人对诸葛亮"以父事之"；刘备还对诸葛亮说："君才十倍曹丕，必能安邦定国，终成大事。若嗣子可辅，则辅之；如其不才，君可自为成都之主。"诸葛亮泣拜说："臣安敢不竭股肱之力，尽忠贞之节，继之以死乎！"（第85回）。后来，刘禅就称诸葛亮为"相父"。

诸葛亮具有忠的道德是一贯的，请看这样的事例：刘备去世后，建兴元年，北魏司徒华歆、司空王朗、尚书令陈群等，各有书与诸葛亮，鼓噪天命人事，欲使诸葛亮举国称藩。诸葛亮专作《正议》一文回驳他们，申明天下"神器不可妄获"，曹魏篡逆是没有前途的。六年后，诸葛亮北伐祁山，曹魏派大将曹真应战，派司徒王朗为军师。诸葛亮与王朗在阵前相会。王朗又说孔明要顺应天数，归纳于魏。孔明在两军阵前，揭露王朗身为汉朝老臣，却不能匡君辅国，安汉兴刘，反助逆贼，同谋篡位的罪行。孔明的一席话，说得白发王朗气满胸膛，大叫一声，撞死于马下。（第93回）

诸葛亮对蜀国忠心耿耿，还可以列举以下两个事例。

第一个事例。诸葛亮敢于对刘备进谏，献忠言，"匡救其恶"做诤臣。一次在新野，那时刘备还是个很不起眼的人，孔明见刘备在用牦牛尾结帽，问刘备："明公还有更远大的志向吗？"玄德投帽于地说："吾姑且借此以淡忘忧愁而已。"孔明说："明公之众，不过数千，万一曹兵至，何以迎之？"刘备说："吾正愁此事，未得良策。"孔明则提出："可速招募民兵，亮自教之，可以待敌。"刘备遂招募新野之民，得三千人，经孔明教练，有了"博望坡军师用火破曹兵"的胜利。（第39回）

第二个事例。诸葛亮敢于临危受命，帮助刘备危中求存。赤壁之战前，曹操亲率大军南下，刘琮降曹，刘备兵败当阳，退守江夏，情势紧急。诸葛亮在危难中建议刘备联合孙权，并决计"亲赴东吴，凭三寸不烂之舌，说南北两军互相吞并"，刘备赞同。于是诸葛亮只身去东吴，舌战主张降曹的群儒，才有了"火烧赤壁，孙刘联合破曹兵"的历史转折，从而，开始了三分天下的历史进程。

诸葛亮践忠，诸葛亮死后30年，其子诸葛瞻，其孙诸葛瞻之子诸葛尚，不愿降魏，在绵竹之战中以身殉国，也践了忠，被后人称为"三代忠贞"。

诸葛亮履仁，以仁作为治国、处世、为人的一条基本原则。

"仁"是儒学道德"五常"即"仁、义、礼、智、信"五个道德规范的第一个"常"，是被儒家视为至关重要的问题。在《论语》一书中，孔子讲"仁"达106次之多，他对"仁"有十分精辟的说明。

什么是"仁"？按儒学宗师孔子的解释有很多答案，主要有："仁者，爱人"（《论语·颜渊》），"克己复礼为仁"（同上），"夫仁者，己欲立而立人，己欲达而达人"（《论语·雍也》），"己所不欲，勿施于人"（《论语·颜渊》）等。最为主要的，人们较为普遍公认的是上述第一个认识，即"仁者，爱人"的认识。

"仁者，爱人"，这个观点对。请看"仁"字的组字结构，其字素是"人"与"二"，说明人与人之间，二人及以上之间就必须有爱。

这里就按照上面这个解释来讨论"仁"的问题，来讨论诸葛亮的"以仁待人"的主张，以及"以仁为政"的主张。

1. 先说"以仁待人"。

刘备实行仁政，在曹兵追赶面前，他撤离樊城携民渡（汉）江，不舍百姓，说："举大事者必以人为本。"（第41回）诸葛亮认同刘备这个认识，协同刘备这样做。

诸葛亮在南征中，对南人所实行的和抚政策，就是典型的仁政政策。尽管南人部落尚未开化，但诸葛亮决心"欲服其心，而不欲灭其族"。在取得南征成功后，诸葛亮坚定地实行"不留兵，不运粮，而纲纪初定，夷、汉粗安"的政策。（《诸葛亮集·谕谏》）

在南征中还发生了这样的事，那是在诸葛亮第七次与孟获交战时，诸葛亮设计用火烧孟获搬来的刀剑不入的藤甲军，烧得三万藤甲军"互相拥抱，伸拳舒腿，皆死于谷中，臭不可闻"。对此诸葛亮垂泪了，说："吾虽有功于社稷，必损寿矣。"还说："（此）吾之大罪也！"（第90回）

2. 再说"以仁为政"。

诸葛亮在西川执政中，实行民安为本、施政为仁的政策。"唯劝农业，无夺其时，唯薄赋敛，无尽民财"，达到"秋有余粮，以给不足，天下通财，路不拾遗，民无去就"。以此，"富国安家"（《便宜十六策·治人》），政策仁了，国家就富有了。

诸葛亮注重发展经济：修复南中至成都的驿站，改善交通；经营盐铁、蜀锦；减轻税负；发展贸易；兴修水利工程；扶植农业生产等。

诸葛亮发展农业，不误农时，同时兼顾北伐大业，实行了兵员百日轮换制。为解决军粮，实行了蜀军与魏民边地屯田，军得其一，民得其二，军民相安。

诸葛亮为了减轻人民负担，在官吏机构设置问题上，提倡精兵简政，"省官并职，去文就质"（《便宜十六策·治乱》）；反对官吏奢华，倡导俭朴；对后备人才实行考核政策，重在考核该人的"勤善黜恶"的业绩（《便宜十六策·考黜》）。他这样赞扬蒋琬："其为政以安民为本，不以修饰为先。"（《三国志·蒋琬传》）他这样赞扬董和任益州太守期间的表现："清约简从，移风变善"，因而"南土爱而信之"（《三国志·董和传》）。诸葛亮提倡为民俭约，并以身作则，使整个蜀国的干部层形成了勤俭爱民的风气。

诸葛亮如此以"仁"的思想治国、处世、为人，值得今人学习。

"义"是儒学道德"五常"——"仁"、"义"、"礼"、"智"、"信"中的第二个"常"。

孔子讲过这样的话:"君子义以为质。"(《论语·卫灵公》)是说,君子行事要以"义"作为根本。春秋著名政治家管仲说:"礼义廉耻,国之四维。四维不张,国乃灭亡。"这是一句十分有名的话,其意思是说"义"是国家四个维度中的一个维度,做不好"义"这个"维"的工作,国家就会灭亡。

什么是"义"?"义"是一个多义字。据《汉语大词典》,它的第一义项是,"符合正义或道德规范"。与这个字缀在一起的词,有忠义、仁义、信义、道义、正义等,基本都是与道德相关联的一些词。我们这里讨论"义",就是倡导具有道德意义的"义",诸如忠义、仁义、信义、道义、正义等。

在《三国演义》一书中,讲"义"最负盛名的要数关羽,起码有两处:一是关羽被曹操骗获,在关羽去许昌路上,曹操故意让关羽同他的嫂嫂住同屋,企图让关羽乱伦,但关羽不为所动,在嫂嫂屋外通宵秉烛夜读《春秋》等书。既到许昌,曹操用上马金,下马银,三日一小宴,五日一大宴等办法,收买关羽,企图让关羽归顺曹操,但关羽就是"仗忠义"而不从,死死地认定要跟随刘备走到底。当关羽得知刘备的下落之后,立即挂印、封金,坚定地离开了曹操去找刘备,于是出现了美髯公千里走单骑,汉寿亭侯过五关斩六将的故事,出现了斩蔡阳,兄弟释疑,会古城,主臣聚议的故事。关羽忠义节烈,曹操惊叹"真义士也"。二是在赤壁大战中,曹操溃逃到华容道,被关羽截住,曹操狼狈不堪,求情于关羽释放他,关羽冒着违约的风险,置杀头之灾于不顾,看在曹操往昔曾善待自己的份上,将曹操一行放了过去。关羽的忠义世人颂扬,后世还出现了关羽崇拜,封称他为"武圣"、"财神"、"关帝圣君"等,建庙供拜他。

现在说诸葛亮。在《三国演义》中，关于诸葛亮讲义的故事，其表现没有关羽那样突出，但也可举出若干个例子来，这里举两例。

1. 拥汉中王称帝。

公元220年正月，曹操病逝，十月曹丕篡位，废汉献帝，自立为大魏皇帝，东汉亡。消息报到成都，汉中王刘备痛哭终日。诸葛亮等人认为，为继汉统，欲尊汉中王为帝。可是刘备坚持不同意，说这是"做不忠不义之人"。孔明再三劝释，刘备就是不从。孔明于是设计，称自己病重，不能上朝。刘备亲到诸葛亮处看望，诸葛亮借机说：今曹丕篡位，汉祀将斩，文武官僚欲奉大王为帝，灭魏兴刘，不想大王坚执不肯，众官皆有怨心，不久必散，如此吴、魏来攻，两川难保。经过诸葛亮苦心劝说，刘备终于同意称帝。这是关系举起"灭魏兴刘"旗帜的大事。诸葛亮做了一件合乎道义、正义的事。（第80回）

2. 宽释李严。

李严支持刘备进川有功，是刘备临终的托孤重臣之一。但李严随着地位的提升，个人私欲日胀，以致在诸葛亮北伐中，李严为掩盖自己军粮供应不继之责，谎报吴、魏联合欲取蜀兴兵犯境，"伏望丞相，早作良图"。诸葛亮只好在伐魏胜利在望的情况下急速退兵。诸葛亮退军回汉中之后，李严又妄奏后主："军粮饶足，何以便归？"将退兵罪责推给诸葛亮。李严犯了严重的欺君误军之罪，按律当斩。但诸葛亮念其前功，与众大臣一起表奏后主，请给予贬为庶民的处罚，但并不株连其族，其子李丰依旧留在丞相府担任中郎参军。（第101回。关于李严的事，在本书"治吏"篇第二题"善处三个关系"中也有说及，请对照读）在这则事件中，关于诸葛亮的义有两处值得称道：（1）诸葛亮这次北伐处于胜态，他完全可以不撤兵，但顾及后主和国家的安全，依然速回，放弃了一次取胜曹魏的机会，这是一种大义。（2）惩罚李严，但不株连其族，有气度，维护了同僚间的团结。

诸葛亮律己，还表现在他的"重礼"品德上。

"礼"是儒学"五常"（仁、义、礼、智、信）中的第三个"常"。

"仁"、"义"、"礼"、"智"、"信"是个统一体。对这"五常"可以作这样的解释：施政上，爱人以心，谓之"仁"；做事上，利于他人，谓之"义"；用谋上，知人之心，谓之"智"；处世上，表里如一，谓之"信"。在行为举止上，与人为善，讲求道德礼仪，就是"礼"。"礼"，常常是"仁、义、智、信"内心世界的一种外在表现。**"礼"，是一种道德规范，是关于关爱他人、谦逊待人方面的道德规范。**比如礼让待人，讲礼仪；对人尊敬，讲礼节；对人谦和，讲礼貌；举止合乎规矩，讲礼态。从动机到效果来分析"礼"，就是在行为中通过礼让谦和的举止去达到上下团结、左右和睦、和谐向上这样的人际境界。

关于"礼"，诸葛亮在讲到**君臣关系**问题时说"君臣上下，以礼为本"（《便宜十六策·君臣》），并解释说："君以施下为仁，臣以事上为义。二心不可以事君，疑政不可以授臣。上下好礼，则民易使，上下和顺，则君臣之道具矣。"（同上）又说："君谋其政，臣谋其事"；"上不可以不正，下不可以不端"；"君惟其政，臣惟其事，是以明君之修政，则忠臣之事举"（同上）。这些话，都说明一个道理，君臣关系，必须坚持"以礼为本"原则。

试以刘备与诸葛亮之间的关系说明问题。刘备与诸葛亮首次相见，刘三顾茅庐，礼贤下士，刘备见诸葛亮之为是信守"礼"，诸葛亮以诚相待，提出"隆中决策"是忠，也是礼。刘备病危，诸葛亮奉命前去相见，刘备托孤是诚，是礼，诸葛亮拜泣承诺，愿竭股肱之力，尽忠贞之节，是礼，也是忠。

需要强调，**"礼"的内容是多方面的，**岂止只有一个君臣之礼，还有其他种种之礼，如上下之礼、同事之礼、朋友之礼、家人之礼、国与国之礼，甚至与敌人之间还有礼，如对待来使、俘虏。关于这些，诸葛亮也信守礼仪规矩。

诸葛亮对待同事讲礼。如对待蒋琬，在诸葛亮北伐曹魏期间，蒋琬能为军队提供足食足兵的后勤保障，诸葛亮对他敬之以礼，赞扬蒋琬说："公琰托志忠雅，当与吾共赞王业者也。"（《三国志·蒋琬传》）诸葛亮还曾密表后主刘禅："臣若不幸，后事宜以托蒋琬。"

对朋友讲礼。闻庞统死，诸葛亮为之痛哭，对庞统讲礼。

对兄弟讲礼。一次，诸葛亮的哥哥诸葛瑾奉孙权之命，去成都找刘备索要荆州。荆州是刘备的一个至为重要的地盘，当然不能给。但诸葛亮还是礼待了哥哥，同情哥哥处境，在刘备面前跟着哥哥一起哭，说不还荆州，诸葛瑾一家就要遭孙权的害。在诸葛亮的请求下，刘备答应拿出荆州的一半地区归还孙权（但在关羽反对下未给）。

对待下属讲礼。如诸葛亮对关羽。赤壁之战尾声，在华容道，关羽在截击曹操时，义释了曹操，诸葛亮执法，但顾及了礼，在刘备的恳求下，赦免了关的死，让关戴罪立功。

诸葛亮对友军人物周瑜也讲礼。周瑜在箭伤迸裂情况下死去。对此，诸葛亮施盟友之礼，亲赴柴桑吊丧，读祭文真切，伏地哭真诚，使在场的东吴将领们感动不已。

诸葛亮"以礼为本"来处理人际关系，**是应用了孔子的"三知"的立身处世学说。**孔子说："不知命，无以为君子也；不知礼，无以立也；不知言，无以知人也。"（《论语·尧曰》）说明"知命、知礼、知言"这"三知"是处世、立身、知人的基础。"知命"，即知天命，认识规律，把握机遇，掌握命运。"知礼"，即懂礼仪，懂规矩，待人接物以礼约束自己言行。"知言"，即知人之智，就是能恰当理解对方的是与非。我们要学习诸葛亮关于"礼"的这些见解，在"命、礼、言"这三个支点上去处世、立身、知人，以礼为本，处理好各方面的关系。

"礼"属道德范畴，是维持社会和谐安定所需要的。今天，我们也必须讲礼仪，讲礼节，讲礼貌，讲规矩，讲社会文明之礼。

"智"是儒学道德"五常"（仁、义、礼、智、信）中的第四个"常"。

"智"在儒学中是作为一个道德问题而被提出的。"五常"属道德范畴的内容，这样，这里的"智"也就属于道德范畴的东西了。

关于"智"，孔子在《论语》中两次讲到了这样的话："知（同智）者不惑，仁者不忧，勇者不惧。"一次在《子罕》中说，一次在《宪问》中说，这"知、仁、勇"问题就是一个道德问题。这些说法，都是属于讲做人道德规范方面的理，是人身之学。它告诉我们，做人要做到知智、知仁、知勇、知义、知礼、知信等。

这个观点是对的。但我们在这里准备跳出对"知"作道德理解的这个局限，**一般地说说"知"的问题，即宽泛地说说"知"的问题，也就是作知识理解的"知"，作才华理解的"智"的问题。**

让我们从'知'的角度去认识诸葛亮。不论从"人身之知"去说也好，或是从"才华之智"去说也好，诸葛亮都算得上是一个做得十分出色的智者。

在这里，让我们较多地说说诸葛亮**"才华之智"**问题。

古人"知"、"智"通用。将"知"理解为"知识"；"智慧"，即"知"的据有、获得与运用。

诸葛亮浑身是智。诸葛亮的一生是行智的一生，他自出山以后，不论是治政还是治军，都把自己一身的智贡献出来。治军打仗，他所打的仗，仗仗用智，几乎无仗不胜。他从政也如此，事事用智，几乎无事不成。

关于知，**先请看诸葛亮自己讲的关于"知"方面的一段话。**在赤壁之战中，诸葛亮在实施了"草船借箭"后，回答鲁肃"何以知今日有如此大雾"的提问时说："为将而不通天文，不识地利，不知奇门，不晓阴阳，不看阵图，不明兵势，是庸才也。"（第46回）这通天文，识地利，知奇门，晓阴阳，看阵图，明兵势等云云，就是"才华之智"问题。诸葛亮是一位上知天文，下知地理，近知山水草木，远知人文历史的知识渊博者。

再请看诸葛亮在《隆中对》中才华显现。《隆中对》中说："操遂能克绍，以弱为强……今操……'挟天子而令诸侯'"，诸葛亮了解曹操的历史与现实；"孙权据有江东，已历三世"，诸葛亮了解孙权的历史与现实；"荆州北据汉、沔，利尽南海，东连吴会，西通巴、蜀，此用武之国，而其主不能守"，"益州险塞，沃野千里……刘璋暗弱"等，诸葛亮了解荆州、益州地理，了解刘表、刘璋的人情优劣。须知，当时的诸葛亮只是一个山野村夫而已，但他却能知外界风云变化，知社会人情风景，并提出了十分著名的、十分正确的隆中对策，足见诸葛亮是一个才华横溢的人。

三看诸葛亮去东吴做说客舌战群儒时的才华显现。诸葛亮为说服孙权，实现孙权与刘备联合抗曹的目标，去了东吴，任务艰巨，责任重大。既到彼方，就遭遇到东吴主和派的二十余位博学之人的围攻，于是出现了诸葛亮只身一人与东吴众多儒生舌战的场面。那众儒生几乎个个都是吴的精英，如有东吴第一谋臣张昭等人。众谋士向诸葛亮发难的问题千奇百怪，个个刁钻，有讽刺诸葛亮才华的，有贬低刘备力量的，有夸耀曹操威力的，但诸葛亮一一沉着应对，用他的大智大勇与对方争辩，用大量的历史典据，用现实基本情况，据理辩驳，使对方无言以对。最后诸葛亮说动了周瑜，说动了孙权，走上了孙、刘联合抗曹的阳关大道，为赤壁大胜曹兵打下了坚实的思想基础。在这里，我们试想，假如诸葛亮没有渊博的学识、丰硕的才华、善辩的本领作根基，这舌战群儒的结果又将会怎样？

"智"，人们值得追求，也必须追求。有了"智"，人活得才有价值，做事业才会成功，做生意才会有财源进门，才会有发展，才会有辉煌。特别是现在处于知识经济时代，人们更需获智。人有三件宝，少任何一个都不行，那就是品德、才华、健康，或说是德、智、体。三者之中，品德是立人的基础，人没有品德就如倾倒了的树，倒塌了的墙，一无用处；健康是生命赖以存在的根底，人没有健康，你纵然品德好，才华好，家有娇妻贤子，有万贯财产，统统无用；我们说智慧，智慧才华是丰满人格的填充剂，人的智慧才华越多，人活得就会越充盈，越有价值，越有意义，对国家、对社会贡献越大，如诸葛亮。

我们敬仰诸葛亮，敬慕他的品德好，敬慕他的才华好。就才华而言，诸葛亮的才华是智、仁、勇的统一，让我们好好学习，努力使自己演化成一个被人称为"小诸葛"那样的聪明人。

十七 "大信为本"

"信"，儒学"五常"（仁、义、礼、智、信）中的第五个"常"。

"信"，在儒家的学说中有多种含义：一是作忠信讲，孔子说"主忠信"（《论语·学而》），要亲近忠诚又讲信义的人；二作信义讲，孔子的学生子夏说"与朋友交，言而有信"（《论语·学而》）；三作诚信讲，孔子说"人而无信，不知其可也"（《论语·为政》）等。

标题**"大信为本"**是诸葛亮的话，是他写给杨仪的一封信中说的。

"信"的构字，是有直立的人字与言字组成，它说明直立的人说的话才有信，倒立的人说话没有信，横着的人说话没有信，更不要说畜牲之类的了。

诸葛亮重视信，他在《将苑·厉士》中说："厉之以信。"

诸葛亮自重，律己持信。

1. 诸葛亮持忠节大信。

诸葛亮持大信表现在他对刘备的事业上。自他被刘备三顾茅庐而出山之日起，他一心跟定刘备，他信守自己的言诺，他坚信自己的行诺，生生死死不动摇，直到他寿终于五丈原，从二十七岁到五十四岁，鞠躬尽瘁，死而后已。

2. 诸葛亮行武持信。

有这样一则故事：诸葛亮第五次北伐，与司马懿战，为节省兵力，把二十万的兵力分成两个部分，各十万，每百日轮换一次，与敌人作战。一次，正当与敌人作战犹酣的时候，百日轮换作战的日期到了，怎么办？轮换不轮换？此刻，魏军又有支援大军来攻打蜀军，蜀军情况危急。有人建议，暂时不轮换，让原来作战的队伍继续留下作战。诸葛亮给予了否定，说："吾用兵命将，以信为本，既有令在先，岂可失信？"众军士十分感动，表示愿意继续留下来战，诸葛亮劝说无效，蜀军个个英勇与魏军战，一举胜敌。（第101回）关于这则故事，《诸葛亮集》中有《谕参佐停更》一文，是诸葛亮写给杨仪的信，讲的就是这件事。文题中的"参佐"，指的是杨仪；文题中的"停更"，是说，杨仪因"敌众强盛，非力不制"，他建议暂停更换作战队伍。诸葛亮不同意杨的建议，要"皆催遣令去"，更换制度必须执行，言而有信。文的内容是这样的："吾统武行师，以大信为本"，"去者束装以待期，妻子鹤望而计日，虽临征难，义所不废"。对于这件事情，有一位叫郭冲的作评注说："皆催遣令去。于是去者感悦，愿留一战、住者愤踊，思致死命，相谓曰：'诸葛公之恩，死犹不报也。'临战之日，莫不拔刃争先，以一当十，杀张郃，却宣王，一战大克，此信之由也。"（郭冲的评注见《诸葛亮集·文集·卷二》）

3. 关于借、还荆州问题。

关于这个问题，在本书第一篇"治国"、第二篇"治军"的若干题的讨论中已有说及，本题就"信"为内容再说说。赤壁大战中，曹操败，孙权、刘备联盟胜。与赤壁紧挨的荆州地区就被孙、刘两家作为战利品占有。因为赤壁之战中孙权、周瑜方出的力大，荆州这个战利品理应归孙权方所有。但是，刘备、诸葛亮占有它也不是没有一点道理。第一，荆州地区的南郡等地首先是被刘备军从曹军那里夺取的；第二，孙刘联军胜于赤壁，刘备、诸葛亮也出了大力；第三，荆州原本是属于刘表的，刘备是刘表的弟弟，刘表去世，刘表之子在其叔叔刘备的帮助下管理荆州，合乎情理。但是，刘备、诸葛亮没有死皮赖脸地去占有荆州，反而说是向孙权"借"。这是刘备、诸葛亮的一个策略。对刘备来说，借荆州比得荆州有利：一来既可以维持与孙权修好的局面，使联盟不破裂；二来牵制孙权；三来刘备、诸葛亮方依然控制着荆州这个战略要地。现在的问题是，按"信"的原则，借荆州是要还荆州的。诸葛亮是持信的，他一点没有想赖的意思，但他却总是找种种理由不予归还，形成"刘备借荆州，一借不还"的局面。

关于还荆州中"信"的问题，还应该这么看，"信"是重要的，就人民内部来说，人不能言而无信。但是出现荆州问题的时刻是战争时刻，国家利益是第一位的，"信"等问题必须服从于国家总体利益。在战事中还可以使诡用诈呢！这是兵家的原则，常理。刘备借荆州，又借口条件未具备暂不还荆州，说它这是诡也好，是诈也好，就战事而言，并不是过。

插讲一则故事。公元前638年，春秋时期，宋襄公攻打郑国，郑求助于楚，楚成王发兵攻宋以救郑，宋襄公回师御楚，战于泓水。楚军过河阵列未成，宋兵已列好阵，处于攻击楚兵的有利势态之中，但宋襄公却不让队伍出击，说"不鼓不成列"，认为君子交战，对方未列好阵不能交战。结果等楚军过了河，成了阵列了，宋军的胜利机会由此丢失，楚军一鼓作气，宋军被击败，宋襄公犯了蠢猪式的仁义道德的错误。我们讲这则故事是想说，讲道德是有条件的，讲信义也是有条件的。诸葛亮尚未取得天下，不还荆州也很有道理，况且，诸葛亮从来也没有说过我不还荆州这样的话。

现实中，我们必须讲信，诚信是为人之本，假如把它应用到做生意中去，诚信无价，它是会产生黄金的。

十八 生命终极之歌

建兴十二年（234 年）八月，诸葛亮病倒了，是辛勤劳累而病的，是积劳成疾而病的，病在他出师北伐的军营中，地点在距离长安不过百余里的武功五丈原。在他即将离开人世的时候，他仍然不忘他忠诚了一辈子的蜀的事业，为她唱了最后一曲悲壮的歌。

诸葛亮说："生死有常，难逃定数；死之将至，愿尽愚忠。"在他即将去世的时候，他把姜维、马岱、杨仪等一一叫到他的前面，作了最后的临终安排：

1. **把平生所学所得传授给姜维**。诸葛亮即将去世，姜维入帐问安，孔明曰："吾本欲竭忠尽力，恢复中原，重兴汉室；奈天意如此，吾旦夕将死。吾平生所学已著书二十四篇……独汝可传我书。切勿轻忽！"姜维拜而受之。孔明又曰："吾有连弩之法，皆画成图本。汝可依法造用。"姜维拜受。孔明又嘱："蜀中诸道，皆不必多忧；惟阴平之地，切须仔细。此地虽险峻，久必有失。"（第 104 回）

2. **安排防魏延反**。诸葛亮对姜维交代完毕后，唤马岱入，附耳低言，授以密计曰："我死之后，汝可依计行之。"马岱出，杨仪入。孔明授杨一锦囊，密嘱曰："我死魏延必反；待其反时，汝与临阵，方开此囊。那时自有斩魏延之人也。"孔明之计，分别授予两人：每人只知此计的一部分，其关键将取决于魏延本人的表现，说明孔明对实行此计所持的慎重态度，以及其机密性。（第 104 回）

3. **安排后事**。后主急命尚书李福星夜至军中问安兼询问后事。孔明流涕曰："我死后，公等宜竭忠辅主。国家旧制，不可改易。吾所用之人，亦不可轻废。吾兵法皆授与姜维，他自能继吾之志，为国家出力。""吾命已在旦夕，当即有遗表上奏天子也。"李福问："奉天子命，问丞相百年后，谁可任大事者？"孔明答："吾死之后，可任大事者：蒋公琰（蒋琬）其宜也。"李福又问："公琰之后，谁可继之？"孔明答："费文伟（费祎）可继

之。"（第 104 回）

4. **退兵大事，尽托与杨仪**。孔明强支病体，令左右扶上小车，出寨遍观各营，长叹说："吾不能临阵讨贼矣！悠悠苍天，曷此其极！"回帐后病情转重，唤杨仪吩咐说："我死之后，凡事俱依旧法而行。缓缓退兵，不可急骤。汝深通谋略，不必多嘱。姜伯约（姜维）智勇足备，可以断后。"又说："我死之后，不可发丧……吾军可令后寨先行，然后一营一营缓缓而退。"（第 104 回）

《三国演义》第 104 回还刊出了诸葛亮手写的一个遗表，是写给后主刘禅的，表这么说：

伏闻生死有常，难逃定数；死之将至，愿尽愚忠：臣亮赋性愚拙，遭时艰难；分符拥节，专掌钧衡；兴师北伐，未获成功；何期病入膏肓，命垂旦夕；不及终事陛下，饮恨无穷！伏愿陛下，清心寡欲，约己爱民；达孝道于先皇，布仁恩于宇下；提拔幽隐，以进贤良；屏斥奸佞，以厚风俗。

臣家有桑八百株，田十五顷，子孙衣食，自有余饶。至于臣在外任，别无调度，随身所需，悉仰于官，不别治生产。臣死之日，不使内有余帛，外有余财，以负陛下也。

（此遗表与《诸葛亮集》中所收集的《自后主表》内容基本同，特别是本表的第二部分，与《自后主表》完全一样。查《三国志·诸葛亮传》，也记载有上述表中第二部分内容）

从这个遗表中可以看到，诸葛亮对蜀的忠心何等可贵。表中敦勉后主"清心寡欲，约己爱民；达孝道于先皇，布仁恩于宇下；提拔幽隐，以进贤良；屏斥奸佞，以厚风俗"，还向后主报告了自己家庭的财产情况。

据《三国志·蜀书·诸葛亮传》说，诸葛亮对自己死后的丧事，也作了安排。嘱咐将自己安葬在前线的定军山下，殡仪从简，依山造墓，能容下棺材即可，入殓时穿平常衣物，不留随葬器物。

诸葛亮的忠贞精神可敬，诸葛亮的俭朴风范可嘉。我们应该从诸葛亮的身上学到其忠贞品德、俭朴品德。

十九 "鞠躬尽力，死而后已"

诸葛亮在《后出师表》中说："臣鞠躬尽力，死而后已。"鞠躬，恭敬勤谨。"鞠躬尽力，死而后已"，恭敬勤谨，竭尽全部精力工作，直到死去为止。

"鞠躬尽力，死而后已"，语意同"鞠躬尽瘁，死而后已"。

"臣鞠躬尽力，死而后已。"诸葛亮这么说，也这么做了。

诸葛亮的"鞠躬尽力，死而后已"有如下特点：忠贞可嘉，赤诚感人，秉公无私，为国捐躯。

1. **忠贞可嘉**。诸葛亮，二十七岁出山，辅佐刘备十六年，跟随刘备占荆州，进西川，建立蜀汉政权；自刘备白帝城托孤，辅佐后主刘禅十一年，平定南中七擒孟获，北伐中原，六出祁山。他出将入相，积劳成疾，直到五十四岁，病死在五丈原的军营中。为复兴汉室，诸葛亮贡献了他的毕生精力。他的儿子诸葛瞻、孙子诸葛尚也都是为了蜀的事业战死在沙场上的。

其忠贞，请看诸葛亮在《前出师表》中说的话："（臣）受任于败军之际，奉命于危难之间……受命以来，夙夜忧叹，恐付托不效，以伤先帝之明，故五月渡泸，深入不毛。今南方已定，兵甲已足，当奖率三军，北定中原，庶竭驽钝，攘除奸凶，兴复汉室，还于旧都，此臣所以报先帝，而忠陛下之职分也。"

上述的话，在诸葛亮的《后出师表》中，类似的还有："臣受命之日，寝不安席，食不甘味，思惟北征，宜先入南，故五月渡泸，深入不毛，并日而食。"

2. **赤诚感人**。诸葛亮一生，唯有淡泊名利，没有个人私欲，赤诚地对待蜀汉的事业，对待先帝和后主。即使当他遭受被猜疑的时候，他忠心不减。有这样的事例：在北伐中，李严手下有一人叫苟安的，解送军粮误期十天，被诸葛亮罚杖八十，苟安怀恨逃到司马懿那儿，司马懿命苟安去成都给诸葛亮散布流言，说诸葛亮自恃功高，有篡国图谋。宦官把这个流言报告给了后主，后主下诏，命诸葛亮班师回朝。诸葛亮得诏后长叹说：主上年幼，必有佞臣作怪，吾正欲建功，我不回，是欺主，若回，却丢失了这次大好获胜机会。结果，诸葛亮还是从"忠"的高度考虑问题，服从后主的诏命而从前线撤军。（第100回）

3. **秉公无私。**举两例：（1）马谡失却战略要地街亭。诸葛亮认为自己有用人不当的错误，有指挥失当的责任，有对下属教育乏力的错误，严格要求自己，承担街亭失守而败的责任，主动向后主写了《街亭自贬疏》。自贬书这么说："（臣）不能训章明法，临事而惧，至有街亭违命之阙，箕谷不戒之失，咎皆在臣，授任无方。臣明不知人，恤事多暗，春秋责帅，臣职是当。请自贬三等，以督厥咎。"（2）在北伐中，李严谎报军情，说吴魏联和，吴准备取蜀，欺骗诸葛亮。诸葛亮获此消息，惊疑不已，为防御东吴入侵，诸葛亮服从国家利益，宁可放弃战机，顾国家大局，毅然班师回汉中。（第104回）

4. **死而不朽。**人们说诸葛亮"鞠躬尽力，死而后已"，其实细究，这"死而后已"此说还不能完全地、准确地说明诸葛亮的精神的可贵性。诸葛亮死了以后，他继续以他的躯体和精神为蜀鞠躬尽力。请看诸葛亮临死前的安排，据《三国演义》第104回说，诸葛亮同杨仪说："（我死后）可作一大龛，将吾尸坐于龛中。""司马懿见（我）将星不坠，必然惊疑。"又说："若司马懿来追，汝可布成阵势，回旗返鼓。等他来到，却将我先时所雕木像，安于车上，推出军前，令大小将士，分列左右。懿见之必惊走矣。"诸葛亮死后三十年，魏将钟会进兵汉中，路经定军山，心惊肉颤，梦见武侯显圣，教勿妄杀生灵。钟会打起"保国安民"的大旗，进汉中秋毫无犯。真是"生能决策扶刘氏。死尚遗言保蜀民"。（第116回）

"鞠躬尽力，死而后已"是诸葛亮一生的光辉写照，是诸葛亮的精神品格和人格魅力的基本概括，也是诸葛亮千百年来被人们赞颂的一种精神称谓。诸葛亮的这种精神被人们广泛地传诵着、学习着。

唐代著名诗人杜甫就留有这样的名句：

"三顾频烦天下计，两朝开济老臣心。出师未捷身先死，长使英雄泪满襟。"白乐天（白居易）也有诗歌颂诸葛亮：

"先生晦迹卧山林，三顾那逢贤主寻。鱼到南阳方得水，龙飞天外便为霖。托孤既尽殷勤礼，报国还倾忠义心。前后出师遗表在，令人一览泪沾襟。"

"鞠躬尽力，死而后已"，学习诸葛亮上述精神，使我们想到了我们国家的开国总理周恩来。周恩来一生尽力辅佐毛泽东南征北战，暮年病重还极力扶起了中国改革开放的总设计师邓小平。他勤勤恳恳为人民服务，兢兢业业为国家工作。他生不图名，死不留灰，遗嘱要求把骨灰撒在祖国大地上，归还给江河大地，为祖国贡献了最后的一份心。他没有子女，但养护了无数革命烈士的子女；他没有遗产，仅留下几件补了补丁的衣服。他没有祠，没有墓，没有《出师表》传世。他越是这样地没有，后人就越是感念他。周恩来的人格魅力如江河奔流不息，如日月闪烁金光。

现在我们说说学诸葛亮的问题。诸葛亮值得学，因为，他虽伟大，但不是神，是一个实实在在由平民而成长起来的智慧丞相，可学；他不是完人，也有失误和教训，可以信赖地学，有选择地学。诸葛亮离我们毕竟遥远，他的身上存在着封建社会思想的烙印，我们要批判地学。诸葛亮的精神和管理智慧，与中华民族伟大传统同根同脉，具有历史发展的借鉴价值。学诸葛亮所得所悟，更取决于学习者的人生观、价值观与学习态度。中国晋朝书圣王羲之的《兰亭集序》中有句名言："后之视今，由今之视昔。"是说，后人将会如何审视今天，源自今人如何审视过去、前人。人的作为，必然是要经受历史检验的。学习诸葛亮，让我们以史为鉴，辩证地、虔诚地、科学地学，并给这个学习赋予时代性的内涵，古为今用，为实现复兴我民族伟大事业服务。

附录1 诸葛亮大事年表

公元 155 年：**（汉桓帝刘志永寿元年）**

诸葛亮所事的刘备的对立面、三国之一的魏国君主曹操出世。

公元 161 年：**（汉桓帝刘志延熹四年）**

诸葛亮所事的君主刘备出世。

公元 181 年：**（汉灵帝光和四年）**

汉献帝刘协出世。诸葛亮出世。

公元 182 年：**（光和五年）** 诸葛亮二岁（以下只说年龄，省去诸葛亮三字）。

同年，三国之一的吴国君主孙权出世。

公元 189 年：**（中平六年）** 九岁。

诸葛亮母章氏去世。四月汉灵帝崩。九月董卓立汉献帝。

公元 192 年：**（汉献帝刘协初平三年）** 十二岁。

诸葛亮父诸葛圭去世。

公元 193 年：**（汉献帝刘协初平四年）** 十三岁。

曹操屠杀徐州。战火波及诸葛亮的家乡琅琊郡。

公元 194 年：**（兴平元年）** 十四岁。

诸葛亮兄诸葛瑾携母赴江东。

公元 195 年：**（兴平二年）** 十五岁。

诸葛玄任豫章太守，诸葛亮随叔叔至豫章（今南昌）。

同年，诸葛玄奔荆州投刘表，诸葛亮随之到了襄阳郡。

公元 197 年：**(建安二年)** 十七岁。

诸葛玄病故，诸葛亮隐居隆中。

诸葛亮拜庞德公、司马徽为师。荆州游学，结交徐庶等四友。

公元 201 年：**(建安六年)** 二十一岁。

九月刘备投奔刘表，来到荆州，驻新野。新野，诸葛亮出山后所仕之处。

公元 207 年：**(建安十二年)** 二十七岁。

刘备三顾茅庐，请诸葛亮出山，诸葛亮献"隆中对"。

同年，刘备子刘禅出世。

公元 208 年：**(建安十三年)** 二十八岁。

七月曹操南征荆州。八月刘表死，刘琮继位。九月曹操至新野，刘琮降曹。九月，诸葛亮赴东吴与孙权等人商谈联盟事，孙刘结盟。十一月，曹操东下，孙刘联军在赤壁击败曹操。

公元 209 年：**(建安十四年)** 二十九岁。

诸葛亮任军师中郎将，驻守临丞。

刘备定荆州四郡，驻屯公安，自领荆州牧。

公元 211 年：**(建安十六年)** 三十一岁。

益州刘璋迎刘备入蜀。诸葛亮同关羽、张飞、赵云驻守荆州。

公元 213 年：**(建安十八年)** 三十三岁。

诸葛亮好友、军师庞统战死。

公元 214 年：**(建安十九年)** 三十四岁。

关羽留守荆州。诸葛亮率张飞、赵云入川。同年夏，诸葛亮助刘备破雒城，进围成都。同年，马超降刘备。刘璋投降，刘备占领成都。刘备自领益州牧。诸葛亮为军师将军兼领益州太守。

公元 215 年：**(建安二十年)** 三十五岁。

诸葛亮奉命治蜀。

同年，曹操定汉中。七月，孙权、刘备平分荆州。

公元 216 年：**(建安二十一年)** 三十六岁。

五月曹操晋位魏王；刘备在法正、诸葛亮支持下进军汉中。

公元217年：（建安二十二年）三十七岁。

刘备进兵阳平关与曹操争汉中。

同年，东吴鲁肃病故，诸葛亮一心筹划建立的孙刘联盟出现危机。

公元218年：（建安二十三年）三十八岁。

刘备进兵汉中，诸葛亮留守成都。负责汉中战的后勤任务。

公元219年：（建安二十四年）三十九岁。

五月，诸葛亮协助刘备破夏侯渊，占领汉中。

七月，刘备自进汉中王。立刘禅为太子。八月关羽发动襄樊战役。十月，吴魏结同盟，吕蒙袭取荆州，关羽亡。

公元220年：（建安二十五年）四十岁。

元月曹操病逝，曹丕继位为魏王；

十月曹丕篡位，废汉献帝，称皇帝位，为魏文帝，东汉亡国。

公元221年：（建安二十六年）四十一岁。

四月，刘备称帝，国号汉，史称蜀汉；四月，诸葛亮任丞相职。

七月，张飞遇刺；诸葛亮劝阻无效，刘备兴兵攻打东吴。

公元222年：（章武二年）四十二岁。

六月陆逊在夷陵大破刘备，刘备退守白帝城，病于永安。

同年，孙权向曹丕称臣，曹丕命孙权为吴王。

公元223年：（章武三年）（建兴元年）四十三岁。

四月，刘备崩逝，时年六十三岁，托孤于诸葛亮。

五月，刘禅即位，时年十七岁，改元建兴，封诸葛亮为武乡侯。

诸葛亮派邓芝出使东吴，吴蜀同盟再度建立。

公元224年：（建兴二年）四十四岁。

诸葛亮重用益州贤能，安定蜀汉政局。坚持"务农殖谷，闭关息民"。

公元225年：（建兴三年）四十五岁。

曹丕崩逝。三月,诸葛亮南征,平定南中;七擒孟获,南蛮服。十二月,诸葛亮班师回成都。

公元 226 年:(建兴四年)四十六岁。

曹丕子曹睿继位。诸葛亮准备北伐,同时联络策反孟达。

公元 227 年:(建兴五年)四十七岁。

三月,诸葛亮上《出师表》,率军北伐魏,屯驻汉中。

同年,诸葛亮长男诸葛瞻出生。

公元 228 年:(建兴六年)四十八岁。

春天,诸葛亮第一次北伐,智取三城收姜维。马谡街亭失守,退还汉中。诸葛亮自贬三等为右将军,行丞相事。

十一月,诸葛亮上《后出师表》。

十二月,第二次北伐,兵围陈仓,退兵斩魏大将王双。

公元 229 年:(建兴七年)四十九岁。

春天,诸葛亮第三次北伐,平定武都、阴平,复丞相位。

同年赵云病逝。四月孙权即皇帝位,九月孙权建都于建业。

公元 230 年:(建兴八年)五十岁。

诸葛亮有效阻防曹魏曹真南征。第四次出祁山,大破魏军。

公元 231 年:(建兴九年)五十一岁。

二月,诸葛亮五出祁山。五月击败司马懿,设伏斩杀魏名将张郃。五月,李严伪传东吴犯境,迫使诸葛亮撤军。李严被流放。

公元 233 年:(建兴十一年)五十三岁。

诸葛亮屯驻斜谷,在汉中建立大粮仓,再度准备北伐。

公元 234 年:(建兴十二年)五十四岁。

二月,诸葛亮率十万大军出武功,与司马懿对峙于五丈原。

八月,诸葛亮在五丈原病逝,终年五十四岁。

附录2 诸葛亮业绩梳理

    诸葛亮一生鞠躬尽瘁,业绩辉煌。我们梳理其业绩,为了便于记忆与传诵,把它归纳成按数的自然序列从一到九(九个方面)去表述。但要说明,如此做法,与该数字所要表述的事发生的时序不吻合。该数字所要表述的按时序排列,大致应是一、二、三、四、七、六、八、五、九。

    1.**"一言定乾坤"**。刘备三顾茅庐,诸葛亮为刘备献上一言:"草庐对"("隆中对")。此一言,为刘备打天下,创蜀国,定乾坤,三分华夏打下了扎实的谋略基础。

    2.**"写了二本书"**。诸葛亮是政治家,他把丰富的治国经验写成书:《便宜十六策》;诸葛亮还是位出色的军事家,他也写了一本兵法方面的书:《将苑》。

    3.**"放三把火"**。一把火,火烧曹军于博望坡;二把火,火烧曹军于新野;三把火,在赤壁之战中,诸葛亮与周瑜一起火烧曹营于赤壁。这三把火,使刘备有了立足之地,有了进军西川的基础。

    4.**"四次杀斗"**。赤壁之战前后,周瑜感到诸葛亮才智超人,千方百计想把诸葛亮杀掉,这样就出现了周瑜想杀、诸葛亮与之斗的四次杀斗故事。第一次,赤壁之战前夕,周瑜决定杀诸葛亮,但在鲁肃的开导下免却了杀的做法,叫诸葛瑾(诸葛亮的哥哥)做工作,争取孔明归顺孙权,结果诸葛瑾反遭诸葛亮的归汉劝说。第二次,赤壁之战前夕,周瑜要诸葛亮去聚铁山劫曹操粮道,想借曹操的手杀诸葛亮,诸葛亮智说周瑜无能陆战,周瑜自负,赌气不再让诸葛亮去劫曹粮。第三次，时在赤壁大战中，周瑜要诸葛亮造十万枝箭，限期十天完成，不然将以军法治罪。诸葛亮利用大雾、草船，只用了三天时间，就向曹军"借"到了如数的箭。第四次，赤壁大战中，诸葛亮向老天借得了东风，周瑜立即派兵将追杀诸葛亮，诸葛亮却坐上赵云早就准备好了的船提前离开了吴国。这四次杀斗的和平破解，为刘备、诸葛亮占荆州，入西川，得益州，建蜀国，奠定了基础。

5. **"魂归五丈原"**。建兴十二年（234年），诸葛亮在五丈原去世，享年五十四岁。他自二十七岁出山到薨，时长二十七年，把全部的身心贡献给了刘备、刘禅，汉蜀事业。

6. **"六出祁山"**。建兴六年（228年），诸葛亮为巩固蜀汉政权，为光复汉室，开始进兵中原，北伐曹魏，至孔明病逝军营时止，先后六次兵出祁山，扩大了蜀国疆土，但终因北魏实力强大，加上诸葛亮身体状况不好，最后还是如杜甫所言的那样："出师未捷身先死，长使英雄泪满襟。"

7. **"七擒孟获（平定南中）"**。建兴三年（225年），诸葛亮在稳定了蜀国政局的情况下，为出师北伐中原作准备，开始平南中，用"心战为上"的策略与南蛮首领孟获战，七擒七纵孟获，最终感动了孟获，表示要永远地示忠于蜀。

8. **布"八阵图"**。此外，诸葛亮还发明了"木牛流马"、"连弩箭"等器械和高效兵器。

9. **"九九归三"**。诸葛亮的功绩和精神可概括为三个字：一"忠"，献"隆中对"，上前、后"出师表"，忠于刘备、刘禅，忠于蜀汉，忠于人民，鞠躬尽瘁，死而后已。二"智"，神机妙算，才智超群，诸葛亮治国用智，打仗用智，他所指挥打的仗，绝大部分都是靠奇谋获胜的。三"诚"，诸葛亮一生，兢兢业业做事，诚诚恳恳做人，澹泊明志，宁静致远，严以律己，宽以待人。他给后辈写的《诫子书》等书信，是自己立志修身的经验总结，流芳千古，遗爱后人。

附录3　诸葛亮主要战事梳理

（据《三国演义》故事所发生的时序列出）

1. **火烧博望坡**　公元207年，曹操遣夏侯惇引兵十万，杀奔新野而来。诸葛亮出山后，初用兵，于博望坡左右山林设伏，专烧城中屯粮之所和曹军的辎重粮草，又值大风，曹军大败。（第39回）

2. **火烧新野**　曹操起兵五十万，令曹仁等人引军十万为前队，杀奔新野来。诸葛亮用骄兵之计，诱敌深入，进入新野县城，事先已将城内百姓疏散，城内暗布硫黄焰硝引火之物。用城中火烧、放白河水淹，水火并用等办法破曹兵。（第40回）

3. **火烧赤壁**　公元208年十一月，曹操南征荆州，刘琮降曹，刘备兵败当阳。危难之际，诸葛亮亲赴东吴做说客，促成孙刘联盟，与周瑜策划对曹操实行火攻战，在赤壁施火攻，大败曹兵，遏止了曹操南下气焰，为三国分立奠定基础。（第43—49回）

4. **智算华容道**　公元208年冬，曹操赤壁兵败之前，诸葛亮离开东吴返回夏口，布置截击曹操的任务。令关羽据守华容道口，截曹。果然曹操兵逃经华容道。因关羽念曹操旧日之恩，义释曹操，留了曹操一命。（第49—50回）

5. **南郡之战，"一气周瑜"**　曹仁与周瑜激战。诸葛亮借周、曹激战之机，率部智取了南郡，活捉曹仁副将陈矫，截获兵符；遂用兵符，星夜诈调荆州守军出城来救，叫张飞袭了荆州；又用兵符，诈称曹仁求救，诱夏侯惇兵出，叫关

羽袭取襄阳。诸葛亮使周瑜空忙一场，是谓诸葛亮"一气周瑜"。（第51回）

6. **计取零陵** 零陵太守刘度、其子刘贤、上将邢道荣引兵万余迎战孔明。孔明诱敌。邢道荣直取中军，结果陷入重围被俘。孔明说放邢道荣回去，以捉刘。邢说今晚可劫刘贤营寨，自作内应。邢回寨后却要伏击孔明。当夜二更，刘、邢杀奔孔明大寨，却是空营。待回本寨时，刘寨已被孔明占领，邢被刺死，刘贤被活捉，孔明诚待刘贤，赐酒压惊，叫其入城说其父投降，其父刘度感孔明之恩，出城纳降。随后，赵云计取桂阳，关羽收取长沙。荆州江南四郡被刘备收服。（第52回）

7. **"二气周瑜"** 孙权、周瑜为取荆州，设计骗刘备去东吴招亲，诸葛亮将计就计，用三个锦囊妙计，致使孙刘联姻变假成真，周瑜则"赔了夫人又折兵"。（第54—55回）

8. **"三气周瑜"** 周瑜为得到荆州，施"假涂灭虢"之计，假说去取西川，借道荆州杀刘备，诸葛亮识破周瑜的图谋，针锋相对，周瑜兵败而回。（第56回）

9. **计捉张任** 刘备进川，攻雒城受阻，军师庞统被川将张任射杀。诸葛亮离荆州领兵进川支援，会攻雒城。张任固守。诸葛亮听取降将吴懿的建议，决定"先捉张任，后取雒城"。于是设诱兵之计，诱张任出城，进入金雁桥一带的埋伏区，将张任活捉，雒城随即攻陷。（第64回）

10. **智收李严** 诸葛亮取雒城后，遣黄忠等人继续进军。绵竹守将费观遣李严出迎。黄忠与李严激战，不分胜负。再战，孔明施计，令黄忠诈败，引入山谷，李严遭魏延等包围。孔明在山头喊话叫降，李严拜服。李严则回城招降了费观，刘备遂入绵竹。（第65回）

11. **智收马超，刘备和平入主成都** 东川张鲁遣马超支援刘璋，攻打刘备占领的葭萌关。张飞出战马超，激战，不分胜负。孔明知马超是虎将，若与张飞死战，必有一伤，于是从绵竹星夜赶来，为刘备设计：派人用金银买通张鲁的谋臣杨松，断了马超回东川的归路。在马超进退两难之时，派马的故人李恢说以利害，马超归降刘备。随后，经马超的威慑、法正的劝说，刘璋投降，刘备和平入主成都。（第65回）

12. **智取汉中** 曹操遣大军从斜谷小路来取汉水。孔明设疑兵计与之交战。曹兵搦战，蜀营不战。当夜间曹营灯火方息，蜀营鼓角齐鸣。曹营惊慌，一连三夜。曹操心怯，拔营后撤三十里。刘备兵渡汉水，两军交战。蜀军退向汉水，并多弃马匹军器，曹操大疑，"火速退军"。曹兵方回头时，刘备军各路杀来，曹军大败。曹操令军回南郑，但南郑已被蜀将先得。曹操退回阳平关。蜀军截曹操粮道，放火烧山，刘备得汉中。（第 72 回）

13. **巧布八阵图**（第 84 回）

14. **安居平五路**　章武三年（223 年）四月刘备病逝。北魏曹丕乘机攻蜀。司马懿用五路兵伐蜀：一路是贿赂鲜卑国王，从旱路取西平关；二路是买通南蛮孟获攻打益州等四郡；三路联合东吴，许以割地，起东吴兵攻两川峡口，取涪城；四路是派降将孟达起兵，西攻汉中；五路派大将军曹真，出阳平关取西川。蜀边报报警，蜀朝中震惊。后主刘禅亲到相府向诸葛亮讨问对策。孔明已秘密地早做了防范部署：由羌人敬畏的马超守西平关；以魏延用疑兵之计，镇住孟获；用与孟达有生死之交的李严的亲笔手书送与孟达，孟达则不出；以赵云带兵把守阳平关一带险峻关隘，曹军不得进入；最后精心选派邓芝出使东吴，说以利害，使吴蜀重归于好，东吴出兵问题随之也予以解决。曹魏的五路兵问题被一一化解。（第 85 回）

15. **南征平定叛乱**　诸葛亮用离间计等方法，各个击破，消灭了雍凯、高定、朱褒三股反叛势力，孤立了蛮王孟获。（第 87 回）

16. **烧藤甲兵七擒孟获**　南蛮王孟获已六次被孔明所擒，但仍不心服，于是投乌戈国，搬来了刀箭不入的三万"藤甲军"支援。诸葛亮决心用火制服藤甲军。蛮兵追杀魏延屡屡得胜，于是放心地追到没有林木的盘蛇谷。结果前后被蜀军堵绝，干柴、地雷车，火炮连天，可怜三万藤甲军，遇火藤甲俱着，皆死于谷中。最终，孟获被擒。（第 90 回）

17. **智取三城**　诸葛亮首出祁山，率主力围住了魏军主帅夏侯楙所在的南安郡。诸葛亮用计，魏延诈取了安定郡，俘获安定太守崔谅。崔说南安太守杨陵与己交契甚厚，孔明请崔去南安城说杨陵擒夏侯楙。崔入南安后却与杨陵、夏侯楙商定，将计就计赚孔明入城杀之。崔告知孔明，说杨陵愿意献城。孔明要崔先入城去，待半夜时分，令杨陵打开城门，杨陵下城迎接，跟随崔的关兴斩杀杨陵，张苞刺死崔谅，关兴上关举火，蜀兵奔入城中，夏侯楙被王平生擒。孔明又用计袭取了天水郡。（第 92、93 回）

18. **智收姜维**　诸葛亮智取南安，俘获了魏军主帅夏侯楙，封锁消息，派人扮成夏侯楙的心腹将到天水，要天水太守马遵星夜来救夏侯楙。此计被天水的中郎将姜维识破，打败了前来袭取天水的赵云军。诸葛亮亲自率兵来攻，却又中了姜维的埋伏。诸葛亮决心用计收服姜维。姜维是孝子，其母居冀城，于是：一唤魏延虚张声势取冀城，姜维恐母有失，回兵守冀城，把姜维从天水调出；二从南安放出夏侯楙，以证实诈传的姜维已降蜀，切断了姜维归魏之路；三诱姜维出城劫蜀军粮草，蜀军乘机袭取冀城，姜维的兵终被打散，使姜维处于走投无路的境地；四诸葛亮亲自包围姜维，诚恳说服姜维弃魏归蜀，姜维降。（第93回）

19. **骂死王朗**　北伐的蜀军前锋已临渭水之西。曹睿拜曹真为大都督，司徒王朗为军师，领兵二十万，迎敌蜀军。阵前，王朗出阵与孔明舌战，孔明历数王朗投曹背汉的罪行，七十六岁的王朗被骂得气满胸膛，大叫一声，撞死于马下。（第93回）

20. **乘雪破羌兵**　王朗死后，曹真向西羌国王彻里吉求救。彻里吉令雅丹丞相与越吉元帅领兵十五万，直扣西平关。羌兵惯使弓弩、带有战车，号称"铁车兵"。首战，蜀军败。时值十二月末，天降大雪。姜维引军出，越吉引铁车兵来战，姜维退走，羌兵追到寨前，姜维从寨后转出。越吉又见孔明携琴上车，则引数骑往寨后追，越吉催兵急进。山路已被雪覆盖，羌兵只顾追击，绕过山后，忽然轰响，伏兵四起，羌兵落入坑堑之中，铁车急难收止，羌兵自相践踏，越吉被杀，雅丹被捉。（第94回）

21. **弹琴退仲达**　马谡拒谏失街亭后，司马懿领十五万大军杀奔诸葛亮据守的西城。此刻的诸葛亮手中只有老兵两千多人，大将一无。孔明传令，将旌旗藏匿，诸将各守城铺（岗位），大门四开，每一门上用二十军士，扮作百姓，洒扫街道。孔明自披鹤氅，戴纶巾，引二小童携琴一张，于城上敌楼前，凭栏而坐，焚香操琴。司马懿见此，知孔明谨慎，从不弄险，害怕城内有伏，急令退军。（第95回）。

22. **围陈仓智诛王双**　诸葛亮二出祁山，袭取陈仓道口。魏将郝绍固守，大将王双带二万兵来支援陈仓。初战，蜀将张嶷被王双的飞镖打伤。孔明因无粮而转战祁山，用姜维之计，大败曹魏大都督曹真，占领了祁山。曹睿知蜀军中无粮，派陇西孙礼运粮车数千引诱蜀军劫粮。孔明设计布埋伏，攻杀魏军,魏军大败。孔明乘胜撤军,魏延领诸葛亮密计,当夜二更蜀军拔寨急回汉中。王双得知后,拼力追赶,追出二十余里,背后魏兵叫:"城外寨中着火,恐中敌人奸计。"王双慌令退军。行到山坡左侧,此时,魏延从林中杀出,王双措手不及,被魏延一刀砍于马下。(第98回)

23. **利用天候退曹兵** 建兴八年(230年)秋,曹真领大军四十万入寇西川。孔明派张嶷、王平引兵千人去守陈仓古道挡魏兵,随后孔明提大兵接应。张、王嫌兵力不足不敢去。孔明说:吾观天文,此月内必有大雨。魏兵虽有四十万,安敢深入山险之地?吾军在汉中安居一月,以逸待劳,敌可胜。孔明随后统大军出汉中,预备干柴草料细粮供一月支用。天气果如孔明所料,未及半月,天降大雨,连降三十日,陈仓城外水深三尺,魏军全无战心,曹真退兵。(第99回)

24. **蜀兵劫寨破曹真** 与上战例所说的时间紧挨。曹真与蜀战,令副将秦良引兵五千哨探,不料被蜀军包围,秦良被斩。孔明把降卒拘于后军,却将魏军衣甲让蜀军穿了,扮作魏兵,令关兴引着径奔曹真寨来。先令报马入寨说:"只有些小蜀兵。"曹真大喜。又报秦良引兵回来了,诱曹真出帐迎。此刻,有火起,曹真急回寨看时,关兴等就营前杀来;马岱等从后杀来;马忠等也引兵杀到。魏军措手不及,大败。不久曹真因战败气恼而死。(第100回)

25. **武侯斗阵辱仲达** 曹真死,孔明尽起祁山之兵到渭滨,与司马懿对阵。先打口仗,诸葛亮在回敬司马懿的话后说,你的祖先是汉人,不思报效,反助篡逆,岂不自耻,使司马懿一脸羞惭。后打阵仗,诸葛亮摆了一个"八卦阵",杀得司马兵损兵折将。(第100回)

26. **木门道射死张郃** 建兴九年(231年)春二月,孔明五出祁山伐魏。司马懿迎敌,张郃为先锋。恰有李严书信告急,说东吴犯境,孔明无奈放弃有利作战态势,安排退兵回汉中。孔明安排杨仪等人,引一万弓弩手去剑阁木门道设伏;又唤关兴等断后。司马懿得知蜀军已退,命张郃追赶。张郃追三十里,遇蜀军魏延与之战,魏诈败。张又追三十里,蜀军关兴又与之战,关兴又败走。如此,魏、关二将轮流与张郃战。天色将黑,张郃一直追杀到木门道中。此时,阵地上一声炮响,山上火光冲天,大石乱柴滚下,阻截张去路,张郃被乱箭射死。(第101回)

27. **火烧上方谷**　司马懿攻杀蜀兵，擒得蜀兵数十人。司马懿从蜀兵口中得知孔明在上方谷贮有粮草，决定佯攻祁山大寨，然后乘虚攻上方谷。司马懿领二子杀奔上方谷。魏延在谷口与司马懿交战，不三合，魏延拨马便走，司马懿紧追不舍。懿使人探明上方谷内并无伏兵，山上只有一些草房，以为必是积粮之所，遂大驱士兵尽入谷中。此刻，天时已晚，阵地上喊声大震，火把直飞，烧断谷口，草房内干柴都着，火势冲天，司马懿惊得手足无措，抱着二子大哭。正哭间，天公不作美，狂风起，骤雨下，满谷之火，尽皆浇灭，司马懿脱险，但魏军渭南大寨已被蜀军占领。（第103回）

28. **死诸葛吓走活仲达**　司马懿知孔明已死，引兵杀奔五丈原来。杀入蜀寨时，望见蜀兵在不远处，乃奋力追赶。忽然山后一声炮响，喊声震天，只见蜀兵俱回旗返鼓，树影中飘出中军大旗，上书"汉丞相武乡侯诸葛亮"。司马懿大惊，只见军中数十员上将，拥出一辆四轮车来，车上端坐孔明，羽扇纶巾，鹤氅皂涤。司马懿惊叫："孔明尚在，吾轻入重地，中其计矣！"急勒回马便走。其实，这个诸葛亮乃木人一个，这叫做"死诸葛吓走活仲达"。（第104回）

后记

《向诸葛亮学管理》书稿杀青。先写一首打油诗以归纳诸葛亮生平业绩，同时表述我们写本拙作的情结与希望：

诸葛卧龙兮飞天长啸，躬耕村夫兮待时跃起。

草庐献对兮百世决胜，火烧赤壁兮三国分立。

作《出师表》兮武侯尽忠，魂归五丈原兮死而后已。

张杨合力兮写书示教，不图虚名兮愿学有益。

人们称颂诸葛亮"鞠躬尽瘁，死而后已"，其实诸葛亮虽死，据《三国演义》第 104 回说，其阴魂抗敌未已，他的雕塑之像抗敌未已。从社会事实看，他的人品、业绩更没有死而后已，人们修庙纪念他，写诗歌颂他，演孔明戏赞扬他，播电视剧颂扬他，众口皆碑地夸奖他的治国、治军、治吏、律己的业绩。请看，我们张杨两人不是也不自量力地写起了关于诸葛亮的书吗？但愿我们这个滥竽之作读者能肯定它、欢迎它。

本书由张学信、杨先举合作写出，书的总体思路由张杨合定。本书第一作者张学信写出初稿、二稿。第二作者杨先举在二稿基础上大量地增减内容加工，成三稿。张杨合作再改，成四稿。如此多次反复，最后由杨通纂审定完稿。

我们写本书，是大量地读了他人的著作而就的，主要有三本书：《诸葛亮集》、《三国志》、《三国演义》。需要重点说说《三国演义》这本书。《三国演义》是演义，是小说，是作者罗贯中根据陈寿的《三国志》，南朝裴松之、东晋习凿齿等人所写的有关史料，以及民间流传的关于三国的故事、野史等为素材而编成的。其中有虚构成分，有不实部分。按理说，写本书是不能取材于它的。但是在本书中，却大量地引用了《三国演义》中的某些素材，这是因为我们这样想：一、《三国演义》中所描写的基本是据史料而来的，其内容大部分是真实的，是可信的。人们说它"七分是事实，三分是虚构"。二、《三国演义》是我国古代四大名著之一，有很好的艺术性与观赏性，阅读的普及率极高，其中有些故事几乎是家喻户晓，如"草船借箭"、"借东风"、"空城计"等，社会影响很大。由此，我们在本书中大量地录用了《三国演义》的素材。

我们衷心期盼本书能获读者欢迎，并请读者指正。